语言·文化·传播丛书

语篇指称偏误研究

Yupian Zhicheng Pianwu Yanjiu

高玮 著

中国传媒大学出版社
·北京·

序 言

高玮的书稿就要出版了,看着多年的辛苦和付出终于修成正果,我由衷地为她感到高兴。

高玮的学术之路既艰难又多彩。她本科学的是经济,毕业后曾在徐州广播电视台做记者。记者当得好好的,却又跑来中国传媒大学(当时还叫北京广播学院)读了播音主持艺术学院播音学的双学位,紧接着考取了我国节目主持研究开山之人吴郁教授的硕士研究生,就是在那时,我教过他们现代汉语语法课。研究生毕业后,她留校做了一名对外汉语专业教师。第二年,她竟然跑到我家里说是要报考我的博士。我听了很吃惊,因为我知道,语言学不是一门不学而能的学科,要真正入门,没那么容易,她从本科到硕士,基本没有语言学习和语言研究的经历,行吗?但她目前的工作,确实又要求她必须具备语言学的理论基础和专业知识。于是我问她,“你喜欢你目前的工作,你准备好了要干一辈子吗?”她看着我,目光坚定地点点头。我又问她,“语言学很抽象,很枯燥,学起来不易,研究就更难,这注定了是一条十分艰难的路,你确定要走吗?”她又坚定地点点头。就这样,她开始走上了语言学习和语言研究的坎坷之路。这个博士,一读就是7年。这期间,我们有过无数次的讨论。当最后她把论文交给我时,我不由得为她而激动:你终于脱胎换骨,进入语言学研究的殿堂了!

面前这本书,就是她7年学习和研究的结晶,总结起来,至少具有开创性、科学性、理论性这样几个特点。

开创性，表现在书稿的选题上。偏误，是中介语的重要特征，是观察第二语言学习者语言认知心理过程的一个窗口，自然是对外汉语教学研究的重要领域，研究者众。但语篇层面的偏误研究，在21世纪初还很少有学者涉及。篇章是人们话语表达的基本单位，句子只是篇章中的意义构成单元，句子如何组织，要服从整个篇章表达的需要，要受到上下文的制约。因此，篇章应该是第二语言教学和分析语言结构的立足点、出发点。高玮选择基于语料库的、从语篇出发的指称偏误研究，在当时来讲，还是很具有开创性的，也因此获得了国家社科基金的支持。

科学性，表现在研究的方法上。以往的偏误研究由于技术手段的限制或语料的有限，往往是举例式的定性分析，缺乏必要的数据支撑。21世纪初，恰逢语料库语言学开始在国内兴起。高玮为她的研究专门建立了一个包括435篇留学生作文文本、30万字的中介语语料库，并对每篇文本都做了元数据标注和偏误内容标注，为指称偏误的分析提供了可靠的数据支撑。定性与定量相结合的研究方法，使得她的分析特别扎实，她得出的结论很是可信。

理论性，表现在研究的内容上。以往的偏误研究，往往是就事论事，只指出偏误所在，至于为什么是这样，很少涉及。高玮的研究却能将篇章指称偏误的分析与前景、背景信息的差异、话题链、指称本身的可及度等结合起来，从整体的篇章结构角度探寻指称使用偏误背后的动因。她查阅了大量的有关文献，从前辈和时贤的论著中汲取了丰富的理论营养，在滋养和强大自己的同时，也增加了研究的深度，提升了理论的高度。

作为一名已有十几年教龄的国际中文教育教师，高玮是有研究潜力的。我祝愿她在自己深爱的岗位上越做越好，在语言研究的征程上越走越远。

侯　敏

2020年6月10日

于山野村居

自 序

本书是我用7年的时间完成的一篇博士论文，也是社科基金的结项成果。本研究以本人自建的一个不同年级留学生的30多万字作文语料库为基础，通过对其中的偏误进行标注及数据统计，以数据驱动的方法，从篇章的角度对其中的指称偏误，特别是先行语及回指的各类偏误进行了细致的描写与分析，并对其背后的动因进行了深入的探讨。

由于指称在篇章中出现的顺序不同，因此在表达的形式、定指程度的强弱及句法位置等方面都存在很大的差异，本书首先把指称分为先行语和回指两大类。由于回指的情况比较复杂，为了更清晰地描写与分析各种回指偏误，本书对回指进行了细分，并确立了“指称偏误分析的框架”，从而能够对语料中的各类偏误进行精准的标注、描写与分析，发现了本体研究所忽略的一些指称使用的规范，如对定指与不定指的使用差异及其在习得过程中的难易程度的探讨、不同指称表达式习得难度的分析、对“代+量+名”组合与“这/那样+的+名”组合之间细微差异的描写以及对各种代词在总括性回指中的差异分析等，这些对汉语母语者都不是问题，但是由于二语学习者缺乏汉语的语感，往往会出现混淆错用的偏误。本书通过探寻各类指称偏误背后的真实动因，发现了本体研究所忽略的一些问题，因此有一些新的发现，并在此基础上提出了有针对性的教学策略。

本书从篇章整体结构的角度对各类指称偏误的真实动因进行了深入探究，主要是以指称本身的可及性、前景背景信息的差异、话题链等为出发点，发现了以往本体研究所未发现的问题，为汉语教学特别是写作教学提供了一些有针对性的建议及切实可行的操作规则，并针对篇章建构提出相应的教学对策。如通过对人物介绍及动作过程这两个常用的话题链的操练，帮助留学生写出符合汉语规范的篇章，从而有效地提升汉语学习者的篇章建构能力。

在成书过程中，我得到了导师侯敏教授的悉心指导。侯老师不仅耐心指导我完成了这部论著，“完成了向语言学的转向”，而且在生活的各个方面引导我，给我树立了良好的人生榜样，让我经历了一段充满成长的艰辛与喜悦的人生阶段，进入了一个更加丰富的人生，感谢我亲爱的导师——侯敏教授！

在本书即将出版之际，我心中充满了感恩！许多师长、同行及亲朋都为我的专著提供过帮助、支持和鼓励，特别是语言学大家冯志伟先生和师母郑初阳老师，给予我非常多的鼓励及关怀。我的朋友兼同行北京语言大学的张俊萍老师，为语料库的建设提供了大量原始语料。此外，我的家人亲朋，他们在论文进行过程中给予了我丰富的爱。

特别要感谢我在天上的老爸，他爱我、宠我，按我本来的样子接纳了我！他无条件的爱一直陪伴着我，引导着我并激励着我！

感谢我身边的每一位！在此我虽然不能一一提名感谢，但是，你们的关心、帮助与支持，让我坚定地走好每一步。

目 录
CONTENTS

第一章　绪　论

第一节　研究背景

偏误作为"观察第二语言学习者语言认知心理过程的一个窗口"，早在20世纪50年代就作为语言教学研究的一个重要方面，备受关注。传统语法分析一般以脱离语境的单句为研究语料，以往的偏误分析(error analysis)也主要是针对单个的小句，"到目前为止的许多偏误评估的实验，都是把偏误放在孤立的句子中，只注重句法偏误而忽略了语境偏误"①。

当然，这种在句子层面上的语法及词汇的偏误分析在汉语学习的初级阶段是有一定意义的，也是十分必要的。然而，这种偏误分析存在一定的局限性。一方面，从理论上说，"句法和篇章的关系密不可分。篇章有赖于语法标记以显示其组织，而许多句法手段却又植根于篇章"②。"揭示句法规律，可以从结构内部找到制约条件；解释结构形成的原因，则要到更大的语法单位中考察"③。可见，句子是离不开篇章的，句子中的偏误需要在篇章中考察。另一方面，在对外汉语教学的实践中，发现留学生的表达往往是一些小句的简单相加，这些句子表面上看似没有什么问题，组合在一起却让人觉得很别扭。如下例：

(1)我是山东人，我的老家在农村，我二十一岁，我在北京想找好

① 周小兵，朱其智，邓小宁，等.外国人学汉语语法偏误研究[M].北京：北京语言大学出版社，2007：37.

② 屈承熹.汉语篇章语法[M].潘文国，等译.北京：北京语言大学出版社，2006：8.

③ 张伯江，李珍明."是NP"和"是(一)个NP"[J].世界汉语教学，2002，61(3)：59-69.

工作……

(2)他[十是]从广州来的，他是二十四岁，他在对外经贸大学学习日语。……他真是很热情，爱笑的人。他是个子高，短头发。他有耐心的人。

[注："十"表示"缺失"，为此处需要添加之意]

以上两例中的每个句子都没有问题，但是几个句子连接在一起就出现了冗余的现象，这里人称代词的多余与留学生的篇章建构能力有关。这种情况与传统的第二语言教学以句子作为主要的，甚至是唯一的结构单位不无关系。"因此，汉语语法研究是不是应该以句子为中心，到句子为止，就很值得重新考虑。因为人们说话并不总是只说一个句子，写文章也不会只写一句话，也因为句子的构造跟一定的语言环境和上下文有紧密的关系，所以如果要全面揭示语法规则，就必须在话语和篇章中进行研究。"①

从交际来说，语篇是人们话语表达的基本单位，句子只是篇章中的意义构成单元，句子如何组织，要服从整个篇章的表达需要，往往受到上下文的制约。因此，篇章应该是进行第二语言教学和语言结构分析的立足点、出发点。

本书的偏误分析将从篇章的角度，主要针对留学生作文中的指称偏误进行考察。虽然指称偏误主要体现在一些名词性成分的使用上，但是与篇章的整体结构直接相关，需要有篇章全局的观念，而不能局限于具体的词语或小句，这能使研究结果更具说服力，也能避免因观察角度狭小导致的分析失当。

值得一提的是，本书是在数据驱动下进行的偏误研究，概率是语言在使用中显示出来的一个基本特征，留学生作文中的指称偏误在概率上也有不同的表现，它将成为语言教学的重要参考。以往的偏误研究由于技术手段或语料数量的限制，往往是举例式的定性分析，缺乏必要的数据支撑。本书使用的语料，是在国家社科基金资助下创建的一个 30 多万字的中介语语料库，其中包括四个不同等级留学生的 435 篇期末考试作文，语料一共约有 312,000 字。通过对这些语料进行录入、标注及统计，挖掘出真实可靠的统计数据，从而得以对留学生作文中的指称使用状况进行一个全面综合的考察。

第二节　研究综述

偏误"是语言习得过程中所产生的中介语的有机的组成部分……因此，偏误分析

---

① 吕必松.对外汉语教学研究[M].北京：北京语言学院出版社，1993：166.

从理论上说，可以发现语言习得规律并深化我们的认识；从实践上说，可以帮助我们预测和避免偏误，指导教学”[①]。与以往研究不同的是，本书的偏误研究是基于篇章的偏误研究，且是基于中介语语料库的指称偏误研究。

因此，本书的特色也就在于：首先，是针对指称偏误的研究；其次，是基于篇章的偏误研究；最后，是基于中介语语料库的数据驱动下的定量与定性相结合的指称偏误研究。下面将以逐层递进的方式对相关的研究进行一个全面的梳理。

一、偏误研究

偏误（errors）“指的是中介语与目的语规律之间的差距”[②]。偏误是由于对目的语的规则“掌握得不准确、不全面”[③]所致，这种错误一般学习者自己难以觉察，也不易改正，并且会多次重复出现，往往是有规律、成系统地体现出学习者语言能力的不足。

S.P.Corder（S.P.科德，1997）认为偏误的作用在于：（1）能使教师了解学习者的学习情况；（2）能使研究者了解学习者是如何学习语言的；（3）是学习者赖以发现目的语规则的工具。因此，“汉语偏误分析和中介语研究在汉语习得研究发展过程中占有重要的理论地位”[④]，不仅在于其在第二语言习得研究中的重要作用，而且对语言研究本身也有贡献，“语法偏误的研究不仅有利于教学实践，还可以促进汉语语法本体的研究，因此越来越受到重视”[⑤]。

鲁健骥将留学生作文中的偏误大致分为两个层面：（1）单句平面及单句平面以下。诸如错别字、用词不当和各种句法方面的问题，都属于这个层面，这类问题往往很明显，有公认的标准，也很容易判别和修改。（2）篇章层面。该层面的问题不太明显，必须联系具体上下文甚至整个篇章才能识别出来，因此很容易被忽视。遗憾的是，在实际的偏误研究中从篇章角度对偏误进行的研究并不多，更多的是对具体的语法项目如汉字、语音、词汇等的偏误研究。国内第一篇有关偏误分析的文章是1984年鲁健骥的《中介语理论与外国人学习汉语的语音偏误分析》，此后，鲁健骥（1987、1993、1994、1999）分别对词汇、语用、语法和篇章的偏误进行了有针对性的系列研究，对偏误分析的范围不断扩展。此外，李大忠（1996）的《外国人学汉语语法偏误分析》是我国第一本汉语偏误分析专著，周小兵、朱其智、邓小宁等（2007）的《外国人学汉语语法偏误研究》

① 肖奚强.略论偏误分析的基本原则[J].语言文字应用，2001(1)：46-52.

② 鲁健骥.中介语理论与外国人学习汉语的语音偏误分析[J].语言教学与研究，1984(3)：44-56.

③ 周小兵，朱其智，邓小宁，等.外国人学汉语语法偏误研究[M].北京：北京语言大学出版社，2007：33.

④ 王建勤.汉语作为第二语言的习得研究[M].北京：北京语言大学出版社，2006：14.

⑤ 周小兵，朱其智，邓小宁，等.外国人学汉语语法偏误研究[M].北京：北京语言大学出版社，2007：23.

也是一部从语法的角度比较系统地分析偏误的专著，还有肖奚强(2008)的《汉语中介语语法问题研究》等。还有一些针对不同国别留学生的偏误分析专著，如吴丽君等(2002)的《日本学生汉语习得偏误研究》，崔健(2002)的《韩汉范畴表达对比》等。此外，还有一些关于偏误的论文，都分别从词语偏误、语法点的偏误、句式的偏误以及不同国别留学生的偏误等角度进行过分析。

目前偏误分析也存在着一些问题，正如王建勤所言"由于研究方法的缺陷，汉语偏误分析的语料收集，对影响偏误的变量基本上没有控制，材料来源混杂，结论自然不可靠。偏误分类没有统一的标准，仁者见仁，智者见智。这些问题大大地影响了偏误分析的研究质量"。另外，"由于没有一定的理论支撑，汉语偏误分析大都是简单的错误分类，理论分析就事论事，失之肤浅"。①

总之，当前偏误研究存在的主要问题在于以下三个方面：一是研究视角有待于进一步拓展；二是研究语料的可靠性及语料规模的局限性问题；三是偏误研究除了二语习得理论之外，还需要其他相关的理论支撑。尽管如此，偏误研究是十分必要的，正如Ellis(埃利斯)所言，"事实上，偏误分析的方法还在运用。尽管这种方法不能够作为综合调查学习者语言系统的工具，但是仍然可以作为研究某些特定问题的工具"②。

有鉴于此，本书专门建立了一个30多万字的中介语语料库，包括四个不同等级的本科留学生的作文语料，不仅保证了偏误研究所需语料的整体水平，而且也达到了一定的规模。在此基础上运用语料库方法对其中的指称偏误进行了系统标注、数据提取及统计分析，虽然各种指称偏误往往体现在一些名词性成分的使用上，但这与各种篇章因素是直接相关的，因此，本书除了从篇章整体的角度对各类指称偏误进行了细致的描写以外，还对其背后的动因进行了深入系统的探讨。

二、基于篇章的偏误研究

"篇章分析以实际运用中的语言为研究对象，这对于帮助人们了解语言现象本身提供了一个角度，补充了纯粹形式的语言研究。篇章研究成果应该会有很广阔的应用前景，特别是在语言教学、信息处理、解决社会问题等方面。"③

需要说明的是，本书中的篇章概念涉及具体和抽象两层意义：所谓"具体的篇章"概念是指由字、词、句到篇章这样一个实际的语言单位；所谓"抽象的篇章"是本书所采纳的一种基于篇章的研究视角。

---

① 王建勤.汉语作为第二语言的习得研究[M].北京：北京语言大学出版社，2006：13-14.

② ELLIS R. Understanding second language acquisition[M]. Oxford：Oxford University Press，1985.

③ 廖秋忠.现代汉语并列名词性成分的顺序[M]//廖秋忠.廖秋忠文集.北京：北京语言学院出版社，1992：201-202.

首先，界定一下"具体的篇章"。与篇章概念相关的一些说法还有很多，如话语、语篇等，本书使用廖秋忠对"篇章"的界定，"指的是大于句子的语言体。这个语言体的意义是连贯的，整个是独立的"①。之所以使用"篇章"这个概念，原因在于"语篇"的概念比较宽泛，"通常指一系列连续的语段或句子构成的语言整体。它可以是独白、对话、交谈、讲话、文章等"②。本书的研究对象比较单一，主要是留学生的作文，都是书面语，因此使用"篇章"这个概念更恰当。虽然在"句法和篇章之间未必有一条清晰的界线，而是一条逐渐展延的连续统"③，但是偏误的研究有必要从大于句子层面的篇章的角度进行，因为"篇章平面可以帮助我们看到一些静态结构中看不到的事实"④。周小兵把"篇章语用因素"列为"对非母语者的教学语法的八个特点"之一，李晓琪认为"着眼语篇，在语法与语篇之间建立起有机的联系"，"是对外汉语语法教学的一个方向"⑤。鲁健骥在《外国人学汉语的语法偏误分析》一文中曾指出："在很多情况下，特别是在中高级教学阶段，偏误不完全表现在形式合不合语法上，而是表现在篇章中。"⑥近来 HSK 考试也开始关注留学生的成段表达能力，"汉语成段表达能力的高低直接反映了留学生汉语水平的高低，因此通过语段测试来考查汉语学习者的实际汉语水平是一个行之有效的理想方法"⑦。

其次，语言本体研究从句子到篇章的发展，为本书基于篇章的偏误分析提供了许多有益的理论支撑，也为偏误分析提供了一个更为开阔的研究视角。这种篇章研究的视角，汉语教学界许多学者也开始关注"要让留学生尽快习得'汉语化'的语篇模式，必须加强语篇教学"⑧。卢福波认为"对外汉语语法教学只求句法结构基本框架的把握并不能真正解决学生实际运用汉语能力的问题，要想真正解决这一问题，就必须扭转只重句法形式教学的局面……以往对外汉语语法教学的最大缺陷是没有很好地体现培养学生实际运用汉语的能力这一教学目的，而只是偏重于语法知识的教学，教什么和怎样教常常跟应有的教学目的以及学生的学习目的相违背。突出地表现在，只将汉语处理为一种静态的语言知识的教学，而不是与现实语境、现实交际目的结合的动态的言语教学"⑨。

---

① 廖秋忠.现代汉语中动词的支配成分的省略[M]//廖秋忠.廖秋忠文集.北京：北京语言学院出版社，1992：16.

② 黄国文.语篇分析概要[M].长沙：湖南教育出版社，1988：7.

③ 屈承熹.汉语篇章语法[M].潘文国，等译.北京：北京语言大学出版社，2006：2.

④ 张伯江，李珍明."是 NP"和"是(一)个 NP"[J].世界汉语教学，2002，61(3)：59-69.

⑤ 赵金铭.对外汉语教学语法与语法教学[J].语言文字应用，2002(1)：107-111.

⑥ 鲁健骥.外国人学汉语的语法偏误分析[J].语言教学与研究，1994(1)：49-64.

⑦ 张宝林.汉语水平考试中的语段测试[J].汉语学习，2005(4)：51-57.

⑧ 曹秀玲.韩国留学生汉语语篇指称现象考察[J].世界汉语教学，2000，54(4)：77-83.

⑨ 卢福波.谈谈对外汉语表达语法的教学问题[J].语言教学与研究，2000(2)：43-47.

最后，在偏误研究方面，“20 世纪 90 年代还是空白……但近十年来，汉语语篇偏误分析有了很大的进展。……文章大部分都是关于外国学生语篇衔接偏误的研究”①。在汉语教学界，从篇章的角度对偏误进行的研究还不是很多，不过一些学者已经开始了这方面的研究，如王绍新(1996)对超单句偏误的思考，何立荣(1999)对留学生汉语写作中的篇章失误的研究，辛平(2001)对 11 篇留学生汉语作文中偏误的统计分析，黄自然、肖奚强(2012)基于中介语语料库的韩国留学生“把”字句习得研究，李丹(2013)对语篇偏误分析的一点认识等。前人的研究让我们看到基于篇章的偏误分析日益被汉语教学界所关注，其重要性不容置疑。本书从篇章的角度对留学生指称的偏误进行描写与分析是非常有意义的，也是十分必要的。

三、基于篇章的指称偏误研究

指称(reference)问题一直倍受国内外学术界的关注，“在词语跟所指对象的种种对应关系之中，最为基本的一种关系是名词的所指观念，这是逻辑语言学家和功能语言学派双方都极其重视的研究课题”②。多年来，不同领域的学者分别从哲学、逻辑学、语言学等不同角度进行过研究，且都提出了各自的看法。

由于指称的复杂性，无论语言本体研究领域还是语言教学领域都对指称进行了研究，因此，研究综述涉及这两个领域的研究成果。首先，在汉语教学领域更多是从传统语法研究的角度，针对某种指称偏误进行分析，缺乏系统性。其次，指称是一种语用现象，“各种不同性质的指称的产生都是源于语言交际的实际需要”③。因此，本书对指称偏误的分析主要借鉴语言本体研究的成果，从认知、功能的角度对留学生作文中的指称偏误进行全面系统的描写与分析，从篇章建构的角度探讨各类指称偏误的动因。

(一)语言本体对指称的研究

许多学者(陈平，1987；徐烈炯，1995；张伯江，1997；张谊生，2003；王红旗，2004；杨成凯，2003；邹韶华，2003 等)从各自的研究角度出发，提出了名称各异的指称类型，其中有交叉重叠，也有相互对应，具体有：“有指(referential)”和“无指(non-referential)”、“定指(identifiable)”和“不定指(non-identifiable)”，此外还有“实指”和“虚指”、“显指”和“隐指”、“单指”和“通指”、“上指”和“下指”、“褒指”和“贬指”、“原指”和“特指”、“类指”和“非类指”、“专指(specific)”和“泛指(generic)”等各种指称类

① 王建勤.汉语作为第二语言的习得研究[M].北京：北京语言大学出版社，2006：7.

② 杨成凯.关于“指称”的反思[M]//中国语文杂志社.语法研究和探索(十二).北京：商务印书馆，2003：1.

③ 张谊生.统括副词前光杆名词的指称特征[M]//中国语文杂志社.语法研究和探索(十二).北京：商务印书馆，2003：178.

型。陶红印、张伯江认为这种“与名词所指有关的几类属性交错严重,导致不少误解”[①]。

这些交错及误解可以说明指称研究本身就是一项复杂的系统工程,而且在语言研究中也是非常重要的。Du Bois(杜・博伊斯)讨论了有指和无指的含义,无指成分出现的各种条件,深入细致地分析了定指成分及不定指成分的话语功能。Givón(吉翁,1973,1978,1984,1991)从话语、认知的角度研究了有指与无指、定指与不定指产生的原因以及定指与不定指的话语功能,对指称不确定性产生的句法语义条件进行了深入的挖掘。

Givón关于指称连续性的观点可概括为以下两点:

(1)各种指称性质之间是连续的。

(2)各种指称性质连续性的等级序列是:已指(定指>不定指)>未指>类指。这个等级序列分解开来表述就是:定指与不定指之间、不定指与未指之间、未指与类指之间都是连续的。

在汉语指称的研究方面,陈平讨论了与汉语名词性成分相关的四组概念:有指与无指、定指与不定指、实指与虚指以及通指与单指。对其含义、相互关系、表现方式及语法特点都进行了深入的分析。[②] 至于指称的分类问题,徐烈炯(1995)、张伯江(1997)、张谊生(2003)、王红旗(2004)等都对指称类型进行了不同的划分。与Givón的观点不同,王红旗认为汉语指称只有在定指与不定指之间才存在连续性,而未指与类指、不定指与未指之间都不存在连续性。[③]

在语言本体研究中,许多学者还对篇章中的回指进行了深入的探讨。回指(anaphora)又译为上指、前指或照应,按照回指出现的先后又可以分为“回指和后指”,或“上指和下指”“前指和后指”“回指和反指”等。本书使用学界常用的“回指”这一术语,许余龙对回指的界定如下:

> 回指(anaphora)是指如下的一种语言现象,即一个(往往是简略的)语言表达式用来指代同一篇章中(通常是上文已出现过的,但也不排除是下文中的)另一个语言表达式所表达的事物或意义。前一个语言表达式称为回指语

① 陶红印,张伯江.无定式把字句在近、现代汉语中的地位问题及其理论意义[J].中国语文,2000,278(5):433-446.

② 陈平.释汉语中与名词性成分相关的四组概念[M]//陈平.现代语言学理论研究:理论・方法与事实.重庆:重庆出版社,1991:120.

③ 王红旗.功能语法指称分类之我见[J].世界汉语教学,2004(2):16-24.

(anaphor),后一个语言表达式称为先行语(antecedent)。[①]

值得一提的是,徐赳赳在对现代汉语回指中的名词性成分进行了深入分析的基础上,提出了"汉语名词回指的框架"[②],见图 1-1。

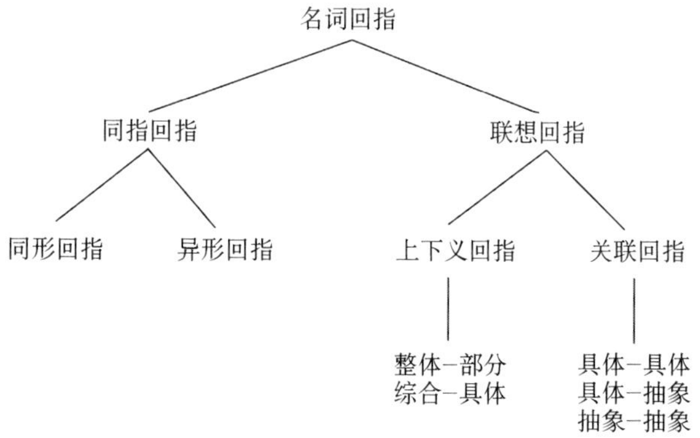

图 1-1 汉语名词回指的框架

回指语和先行语之间的语义关系最常见的是所指范围相同的同指(co-reference)回指,篇章中回指语和先行语均为名词性成分的同指回指现象最为常见。正如许余龙所言,"在理论语言学中,回指这个术语最常用的用法是指两个名词性词语被赋予相同的指称或范围"[③],许多学者的研究也主要集中在同指回指上。

此外,往往有这样一种语言现象:没有明确的先行语,或者先行语和回指语的范围存在差异。如:"房子"和"门","鸟"和"全身羽毛、嘴","水果"和"苹果、香蕉"等,这种整体一部分及种一属关系,廖秋忠称为"框—棂结构",徐赳赳称为"联想回指",并将其分为上下义回指和关联回指两大类。

"语言学家之所以重视回指的研究,是因为人们在使用语言时,经常会用到具有回指性质的词,如零形式、代词、名词性词组等,对回指的理解,直接影响到读者/听者对话语和篇章的理解。"[④]

从 20 世纪 70 年代开始,"语言学家至少已经调查了 500 多种自然语言中的回指

① 许余龙.篇章回指的功能语用探索:一项基于汉语民间故事和报刊语料的研究[M].上海:上海外语教育出版社,2004:1.

② 徐赳赳.现代汉语联想回指分析[J].中国语文,2005,306(3):195-204.

③ 许余龙.篇章回指的功能语用探索:一项基于汉语民间故事和报刊语料的研究[M].上海:上海外语教育出版社,2004:6.

④ 徐赳赳.现代汉语联想回指分析[J].中国语文,2005,306(3):195-204.

现象”[1]。因为“回指具有重要的篇章组织功能,可以使篇章中的句子构成一个有机的整体”[2],所以许多学者分别从句法、语义、语用、篇章和认知等不同角度对回指进行了研究。廖秋忠探讨了汉语篇章中各种指同表达式的“一些倾向性和强制性的制约条件”[3],并分析了这些不同的表达式所用词语之间存在的不同的语义联系;陈平把汉语的回指形式分成零形回指(zero anaphora)、代词回指(pronominal anaphora)和名词回指(nominal anaphora)三种,并在此基础上,对汉语零形回指的微观和宏观连续性的强与弱进行了分析;[4]徐赳赳在对汉语篇章中的零形回指、代词回指及名词回指进行系统分析和研究的基础上,总结了零形回指和代词回指中使用“他”的制约因素;[5]许余龙从篇章理解的角度提出了回指确认原则。[6] 此外,屈承熹的《汉语篇章语法》中专列一章谈论“篇章中的回指”,徐赳赳《现代汉语篇章语言学》一书也专门列出了“篇章回指”一章。

总之,各种指称的选择并非随意,在语篇中往往受话题链、前景背景等各种因素的制约,是各种认知因素共同作用的结果。下面主要从认知及篇章方面梳理一下与指称选择相关的语言本体研究成果。

(二)汉语教学领域对指称偏误的研究

指称所体现的是篇章中的某一名词性成分与指称对象之间的相互关系,是把孤立的句子组成连贯的篇章的主要手段之一。指称不仅体现在句子层面上,更体现在大于句子的篇章层面上,用以衔接整个篇章。Halliday(韩礼德)和 Hasan(哈桑)对英文篇章的调查统计显示,作为五大衔接手段之一的指称占整个篇章衔接现象的 32%。[7] 可见,指称在篇章的衔接与连贯方面具有非常重要的作用。

对于指称偏误方面的研究主要涉及“学习者在指称形式、指称类型、衔接手段等方面的偏误问题”[8]。主要研究有:肖奚强对外国留学生的照应偏误进行的分析,主要讨论了名词、代词和零形式之间六种照应偏误情况,并分析了不同的偏误对篇章的连贯、

---

① 徐赳赳.现代汉语篇章回指研究[M].北京:中国社会科学出版社,2003:1.

② 许余龙.篇章回指的功能语用探索:一项基于汉语民间故事和报刊语料的研究[M].上海:上海外语教育出版社,2004:7.

③ 廖秋忠.现代汉语篇章中指同的表达[M]//廖秋忠.廖秋忠文集.北京:北京语言学院出版社,1992:45.

④ 陈平.汉语零形回指的话语分析[J].中国语文,1987(5):363-378.

⑤ 徐赳赳.现代汉语篇章回指研究[M].北京:中国社会科学出版社,2003:8.

⑥ 许余龙.篇章回指的功能语用探索:一项基于汉语民间故事和报刊语料的研究[M].上海外语教育出版社,2004:7.

⑦ HALLIDAY M A K, HASAN R. Cohesion in English[M]. London: Longman, 1976.

⑧ 王建勤.汉语作为第二语言的习得研究[M].北京:北京语言大学出版社,2006:7.

理解的不同影响；[①]高宁慧对留学生的代词偏误进行的分析，提出了代词在篇章中的使用原则。[②] 还有一些学者对不同母语背景汉语学习者的指称偏误进行了分析，如：曹秀玲对韩国留学生汉语篇章中的指称类型、指称方式、指称偏误的考察；[③]杨春对英语国家留学生初级汉语语篇照应偏误的考察；[④]陈晨对英语国家留学生中高级阶段汉语篇章衔接手段方面的偏误考察；[⑤]高鲜菊对泰国留学生汉语叙述体语篇人称指称偏误的研究等。[⑥] 此外，一些硕博士论文，如王瑶从指称类型考察中高级阶段越南留学生的语篇连贯性问题。[⑦] 还有一些专著用专门的章节对指称方面的偏误进行了研究，如：肖奚强《汉语中介语语法问题研究》中有专门的一章对外国留学生篇章中的代词照应偏误进行了分析；吴丽君等用专门章节论述了日本留学生汉语篇章中的指称偏误；赵成新在《汉英指示指称词语对比及汉语习得研究》一书中运用语料库对两种语言进行对比，提出了指示指称词语在习得过程中的偏误预测并进行了验证。

这些研究成果无论是对汉语教学还是对本书都是非常有意义的，具有一定的启发性。当然这些对指称的研究本身也存在着一些有待研究的空间，具体如下：首先，对指称偏误方面的研究主要集中于篇章回指（又称"照应"），而对篇章中首次出现的先行语偏误关注不够，几乎很少涉及，即使有所涉及，也只是在词汇层面上的分析，对先行语研究不够深入；其次，对回指的偏误研究虽然比较多，但是，缺乏对整个回指系统的全面考察，如赵成新主要是对汉英指示指称词语的对比研究，没有涉及完全同形的回指问题，对偏误的解释更多站在传统的语法研究的角度，从篇章建构的角度对指称偏误进行解释的比较少；最后，对指称偏误的分析多为举例说明的定性研究，以语料库为基础的数据驱动下的定量研究较少。

正如赵成新所说，"由指示指称词语所组成的指代系统，不但涉及句法，而且涉及篇章结构；不但是汉语本体研究的难点，也是汉语作为第二语言学习的难点"[⑧]。正因为是"难点"，才有必要在前人对指称偏误进行的多角度研究基础上，对各种指称问题进行更为深入细致的研究。

（三）与指称相关的认知因素研究

语言本体研究领域在对指称的研究中发现，在指称人、事、物时可以选用零形式、

① 肖奚强.外国学生照应偏误分析[J].汉语学习，2001(1)：50-54.
② 高宁慧.留学生的代词偏误与代词在篇章中的使用原则[J].世界汉语教学，1996，36(2)：61-71.
③ 曹秀玲.韩国留学生汉语语篇指称现象考察[J].世界汉语教学，2000，54(4)：77-83.
④ 杨春.英语国家学生初级汉语语篇照应偏误考察[J].汉语学习，2004(3)：63-67.
⑤ 陈晨.英语国家学生中高级汉语篇章衔接考察[J].汉语学习，2005(1)：66-72.
⑥ 高鲜菊.泰国学生汉语叙述体语篇人称指称偏误研究[J].邵阳学院学报，2009(6)：83-86.
⑦ 王瑶.从指称类型考察中高级阶段越南留学生的语篇连贯性问题[D].桂林：广西师范大学，2004.
⑧ 赵成新.汉英指示指称词语对比及汉语习得研究[M].开封：河南大学出版社.2009：前言.

代词、名词、复杂结构的名词性成分等不同的形式。那么究竟选择哪种指称形式，除了篇章上下文的影响以外，各种认知因素也起了一定的作用。

1.指称选择与信息结构(information structure)的差异

在篇章中透过连续的话语传递出一连串的信息，称为“信息流”，其中包括新信息和旧信息两大类。为了便于传递和接收，这些信息会以各种不同的方式组织起来，在口语中可能会以重音、语调等方式，在书面语中会用特定的词语、句式或语序等方式。“发话人把一个新信息首次引入话语的时候，往往需要加上一定的说明性成分，形式上常常表现为名词性成分前加一些修饰语，整个宾语的音节数就较多；而作为已知信息谈及的事物，则不需要太多的说明，形式上也就不需要太多的修饰语，宾语的音节数就会少些”①。在篇章中已知信息往往使用定指，表达形式比较简短，这符合语言的经济性原则，而未知的新信息往往使用不定指，由于是新信息，表达形式比较复杂，这是语言明晰性原则在起作用。

信息结构不仅会影响篇章中指称的选择，而且还往往与句法的分布有一定的关系。“从信息传递的角度看句子的结构，陈述句一般包含两个部分：主语部分表达的是听者已经知道的信息，称为‘已知信息’或‘旧信息’，谓语部分表达的是听者还不知道的信息，称为‘未知信息’或‘新信息’。这已是一般的语法常识”②。

这种信息传递方式并非是汉语所独有的，“所有语言都有按这种相对程度来标记信息新旧的手段，包括一系列相对‘长大’和相对‘短小’的形式，以及词序的变异。具体而言，各种语言都有一种倾向，旧信息(可预设度较高)用小句中靠前的短小形式表示，新信息(可预设度较低)用小句中靠后的长大形式表示”③。

新旧信息的差异导致指称选择的不同，一般引入一个新的信息往往采用比较复杂的指称形式，如果是已知的信息则选用短小简省的指称形式，因此，在信息流中指称的选择往往呈现出“名词或名词短语在前，代词或零形回指在后”④这样一种单向的、趋简的倾向。

信息结构的差异不仅体现在指称选择上，在句法分布上也有体现，一般定指出现在主语的位置上，而不定指则往往出现在宾语的位置上。当然这并不是绝对的，有些宾语也可以是定指，还有一些“无定名词主语句”。在本书第三章“先行语偏误”中将对

① 张伯江，方梅.汉语功能语法研究[M].南昌：江西教育出版社，1996：108.

② 沈家煊.不对称和标记论[M].南昌：江西教育出版社，1999：51.

③ 西门幻，梁兆兵.汉语叙述话题中的小句结构变异：发展过程分析[M]//戴浩一，薛凤生.功能主义与汉语语法.北京：北京语言学院出版社，1994：267.

④ 徐赳赳.叙述文中“他”的话语分析[J].中国语文，1990(5)：325-337.

留学生篇章中定指及不定指偏误进行分析。

2.指称选择与可及性差异

Ariel(阿里尔)提出了可及性理论(The Theory of Accessibility),指说话人认为听话人从记忆中提取所指对象的难易程度。可及性[也有人称为"可及度"(Accessibility)]概念是从心理认知的角度分析一个名词性成分所指对象被提取的便捷程度。① Ariel 认为影响先行语可及性的因素是:先行语与回指语之间的距离(distance)、几个先行语之间的竞争力(competition)、先行语的显著性(saliency)、先行语与回指框架的一致性(unity)。她还列出了与指称强弱有关的不同表达式。

在篇章中,与指称趋简倾向相对,其可及性往往是以从低到高的方式呈现的。许余龙提出可及性高低遵循如下三个编码原则:(1)信息量,即一个名词短语形式表达的(词汇)信息越多,其编码为低可及性标示语的可能性越大;(2)确定性,即一个名词短语形式越是能确定无疑地指称某一实体,其编码为低可及性标示语的可能性越大;(3)简略度,即一个名词短语形式简略程度越高,其编码为高可及性标示语的可能性越大。这三者既有联系又有区别。因而代词和零形式都可看作高可及性标示语,零形式比代词的可及性更高。因为它们都用于回指,前面一定已经出现过一个作为先行语的名词或名词短语,又因为是再次(第二、三……次)指同,从记忆中提取就更加便捷,指称形式往往比较"短小"。

许余龙认为,影响回指使用和理解的两个最重要的因素是"先行语表达的主题性"和"回指语表达的篇章实体的可及性"。② 这些都与下面要谈的篇章因素有关。

(四)指称的选择与篇章因素

指称的选择不仅与信息因素、可及性以及作者在表达中的认知因素有关,还与篇章的结构、话语的组合方式等篇章因素有一定的关系。

1. 指称选择与话题管理

与主语突出的英语不同,汉语是主题突出的语言。"主题(topic)"也称为"话题",在汉语的篇章中往往体现为"话题链",Li and Thompson(李,汤普森)对话题链的界定为"第一个小句提及指涉对象,接下来的几个小句虽不明显提及,但谈论的都与之有关"③。Li 则进一步修改为"话题链至少包括两个小句(clause),小句之间由显性话题

① ARIEL M.The function of accessibility in a theory of grammar[J].Journal of pragmatics,1991:16.

② 许余龙.汉语主从句间的回指问题[J].当代语言学,2003,5(2):97-107.

③ 屈承熹.汉语篇章语法[M].潘文国,等译.北京:北京语言大学出版社.2006:248.

NP 与零形 NP 具有的同指关系连接”[①]。提出“话题链是一组以 ZA(零回指)形式的话题连接起来的小句”[②]。

曹逢甫对“话题链”的界定也类似,并提出“在语段取向的语言中,语段信息是对句子进行句法分析的前提”[③]。因为在语段中由话题主导,各种成分互相作用。“结果,句子脱离上下文以后,主题、主语、宾语常常分辨不出来了。只有在语段中来考察句子才能分清它们的作用。”可见,作为一个篇章建构单位,“汉语的话题链很可能是句法和篇章的会合处”。[④]

本书从语料中发现许多指称偏误都与话题链有关,留学生在篇章建构过程中缺乏“话题”意识,往往以小句为单位组建篇章,导致文章缺乏必要的衔接与连贯。本书对话题的研究不仅涉及话题的引入及延续,同时也关注话题链内部与零形回指有关的各种偏误,将在第七章对叙述性篇章中的各类话题链偏误进行细分,希望能通过这种深入的研究,帮助留学生树立“话题链”意识,从而有效地建构汉语篇章。

2. 指称选择与前景背景差异

在篇章分析中,前景和背景是经常使用的两个概念。Ellis 认为,篇章中的信息可以归为两类,一类是“前景信息”(foreground),另一类是“背景信息”(background)。[⑤]这两种信息的差异往往体现在叙事性篇章中,方梅的界定如下:叙事语篇中,构成事件主线、直接描述事件进展的信息属于前景信息。围绕事件主干进行铺排、衬托或评价的信息(如:事件的场景、相关因素等)属于背景信息。[⑥] 因此,前景表达主要信息,背景表达次要信息或辅助信息。

当然,前景信息与背景信息并非截然对立的,“可以说,一个小句所提供的信息对事件主线的重要程度或相关程度不同,背景与前景之间也是一种连续统。对事件主线的重要程度或相关程度较高的,它的前景性强,反之,则前景性弱、背景性强”[⑦],从背景化的角度对主语零形反指和描写性关系从句这两种句法结构进行了深入的探讨。

在篇章中指称形式的选择与前景背景信息的差异直接相关,“任何话语理论以及

---

① LI C, THOMPSON S. Mandarin Chinese: a functional reference grammar [M]. Berkeley: University of California press.1981:659.

② 屈承熹.汉语篇章语法[M].潘文国,等译.北京:北京语言大学出版社.2006:250.

③ 曹逢甫.主题在汉语中的功能研究:迈向语段分析的第一步[M].谢天蔚,译.北京:语文出版社,1995:17,43.

④ 屈承熹.汉语篇章语法[M].潘文国,等译.北京:北京语言大学出版社.2006:248-259.

⑤ ELLIS R. 第二语言习得研究[M]. 上海: 上海外语教育出版社, 1999:107.

⑥ 方梅.由背景化触发的两种句法结构:主语零形反指和描写性关系从句[J].中国语文,2008,325(4):291-303.

⑦ 徐赳赳.现代汉语篇章语言学[M].北京:商务印书馆,2010:218.

探讨读者是如何理解话语的，都必须涉及话题是如何进入前景，又是如何退出前景的”①。

正如廖秋忠所言，“关于汉语主语与宾语的有定与无定的语感只能在篇章中来验证”②，指称作为一个句法成分，既有句内衔接功能，又具有篇章衔接功能。在篇章中，不同的指称形式交替使用不仅是语言经济性原则的体现，也体现了指称的篇章功能，“紧凑、连贯(coherence)，是一个整体”③。可见，指称的选择是多种因素共同作用的结果，除了话题链、前景背景因素外，句法位置、指称本身的生命度(animacy)等因素也起着一定的作用。

总之，无论是语言本体研究领域还是汉语教学领域的这些研究成果，都为本书提供了有益的理论参考，为指称偏误分析提供了非常丰富的理论资源及独特的研究视角。在汉语教学界，一些学者对不同语言中指称的使用状况、指称的偏误等进行的研究，其成果对汉语教学都起到了一定的指导作用。但是到目前为止，对留学生中介语的指称使用状况缺乏一个系统的、整体性的考察，如对回指偏误研究较多，而对先行语的偏误分析则很少，对某些指称如代词的使用偏误关注较多，而对指称中的名词偏误关注较少。

“指称问题是当代语言学家、逻辑学家和哲学家等共同关注的前沿课题，它涉及很多方面，与语义、形态、句法、话语信息结构、认知等都有关系，而且几个方面纠葛很深。”④在篇章中各种指称形式的选取并非随意的，往往受话题链、前景背景等各种篇章因素的制约，同时也是各种认知因素共同作用的结果。因此，基于篇章的指称偏误研究是一个全新的偏误研究视角。

四、基于中介语语料库的指称偏误研究

本书是基于中介语语料库的指称偏误研究，是数据驱动的研究，且是从篇章的角度对不同汉语水平的留学生作文中指称的使用偏误进行的比较全面系统的研究。由于历史条件的限制，以往学者的偏误研究较少使用语料库的方法，往往缺乏足够的数据支持。可喜的是一些学者如陈晨以大规模中介语语料为支撑，以定量和定性的方法对英语国家留学生中高级阶段汉语篇章衔接手段方面的偏误进行了系统性考察，⑤赵

---

① 方梅.由背景化触发的两种句法结构：主语零形反指和描写性关系从句[J].中国语文，2008，325(4)：291-303.

② 廖秋忠.篇章与语用和句法研究[M]//廖秋忠.廖秋忠文集.北京：北京语言学院出版社，1992：201.

③ 黄南松.现代汉语的指称形式及其在篇章中的运用[J].世界汉语教学，2001，56(2)：28-37.

④ 刘丹青.汉语类指成分的语义属性和句法属性[J].中国语文，2002，290(5)：411-422.

⑤ 陈晨.英语国家学生中高级汉语篇章衔接考察[J].汉语学习，2005(1)：66-72.

成新已经将这种数据驱动的研究方法运用在偏误分析和学习难度预测等方面。这是很好的开端，但目前数量有限，而且研究范围及深度都有待进一步拓展。总之，基于概率的数据驱动研究是今后语言学和语言教学都需要关注的一种发展趋势，因为它能克服语言学家观察语言现象时的主观性和片面性。①

中介语语料库中的语料如实地反映了留学生汉语学习状况，这些未经加工的“生语料”对于语言研究非常有用，经过加工之后的“熟语料”可以变为更加有用的语言资源。本书首先对语料中的指称偏误进行标注，并运用国家语言资源监测与研究有声媒体中心开发的检索软件 RCRS 对其进行数据统计。第二章将专门介绍中介语语料库中对指称偏误的标注框架及标注规范等方面的信息，在此就不赘述了。

五、相关的二语习得研究综述

对偏误的研究一定要结合二语习得理论，在留学生作文语料中，指称的选择偏误往往与留学生的汉语水平、指称本身的难易程度等多种因素有关，下面介绍本书中使用的相关理论。

（一）标记理论与母语迁移现象

沈家煊最早将标记理论运用于词类、语法等不同层面的研究，指出，“语言中的标记现象（markedness）是指一个范畴内部存在的某种不对称现象”②，并对汉语语法中各种对称及不对称现象做了统一的描写和解释。认为标记模式具有普遍意义，一般来说，无标记项的分布范围要比有标记项大。语法中无标记项的意义一般比有标记项的意义宽泛，或者说有标记项的意义包含在无标记项之中。从认知角度上讲，有标记项的理解比无标记项的理解来得复杂。

对语言迁移现象 Ellis 和 Selinker（塞林格）等都进行了研究，语言迁移既是一种言语行为，表现在语音、词汇、语法和语用各个层面，也是一个复杂的心理过程。学习者在构建中介语系统时，对母语知识的运用是一个高度选择的过程，某些母语规则比其他规则更可能产生迁移现象。当母语规则与目的语规则相同时，学习者把母语规则迁移到目的语中去，促进了目的语的学习，这种母语对目的语学习的积极影响被称为正迁移；当母语规则与目的语规则有差异时，学习者把母语规则迁移到目的语中，造成母语对目的语学习的干扰，这称为负迁移。③

---

① 赵成新.汉英指示指称词语对比及汉语习得研究[M].开封：河南大学出版社，2009：15.

② 沈家煊.不对称和标记论[M].南昌：江西教育出版社，1999：22.

③ 刘珣.对外汉语教育学引论[M].北京：北京语言大学出版社，2000：168.

寮菲认为语言的标记性理论从另一角度对母语迁移现象提供了更为合理的解释，寮文还列出了 Ellis(1986)对标记性与母语迁移之间的关系的归纳：[①]

表 1-1 语言的标记性与母语迁移(Ellis,1986)

母语 L1	目标语 L2	过渡语
无标记	无标记	无标记
无标记	有标记	无标记
有标记	无标记	无标记
有标记	有标记	无标记

凡无标记性设置或标记性较弱的规则较易或较早习得。当母语有标记性设置而目标语无标记性设置时，迁移不会发生；当母语无标记性设置而目标语有标记性设置时，迁移才可能发生。中介语中无标记的参数设置总是先于有标记的设置。中介语在四种情况下的预测都是无标记的，这与自然语言的使用相一致：无标记现象总是多于有标记现象。

王永德通过对汉语句子的标记因素对留学生理解的影响程度的研究发现，同一标记因素中有标记结构规则在语言加工中相对较难，有时同样结构规则的汉语句子对不同母语类型的留学生难易不同，甚至相反。因此，他认为在对外汉语教学中要加强对有标记结构规则的训练，同时也应加强对那些在某些结构规则上学习困难的留学生的帮助。[②]

总之，母语的迁移及标记理论提醒我们，一些有标记的结构在二语习得过程中难度较大，但是如果增加其输入的频率，就可以降低这些有标记结构的学习难度。

(二)难度等级序列

周小兵介绍了西方语言对比分析家根据语言的差异点和相同点而提出的与学习难度相关的等级分类：

第一，第一语言和第二语言某个语言点无差异。如汉语词语“家庭”“研究”跟韩语基本对应。这些语言项的学习没有困难。

第二，第一语言两个语言项对应第二语言一个语言项。这类语言项学习难度较低。学习者只要将母语的两个项目合并成目的语的一个项目就可以了。

第三，第一语言某语言项在目的语中不存在。韩语有敬语；泰语对话时有表示说

① 寮菲.第二语言习得中母语迁移现象分析[J].外语教学与研究，1998，114(2)：58-64.

② 王永德.汉语句子的标记因素对外国留学生理解的影响[J].心理科学.2006，29(2)：189-193.

话人性别的成分。汉语没有这类成分。

第四,第一语言某语言项在第二语言中等值项分布不完全一样。有相同点,又有不同点,留学生会误认为两种语言相同,使用时(输出)容易混淆,学习难度较高。

第五,第一语言有某个语言项目,第二语言没有。如汉语有量词而很多语言没有。再如汉语有形容词重叠式,韩语没有。学习母语没有的项目,难度当然比较高。

第六,第一语言一个语言项对应于第二语言的两个或多个语言项。此种情况学习难度最大,留学生不知道如何根据上下文选择合适的词语。难度高的语言项目,容易引发干扰性偏误,又称“语际偏误”。[①]

第三节 研究思路、方法及创新之处

本书对指称偏误的分析是在吸收借鉴理论语法研究成果的基础上进行的,正如刘月华所说:“理论语法是教学语法的来源和依据。教学语法一般来说不可能另搞一套,它总是根据该语言的语法研究而制定……如篇章语法、功能语法、认知语法,都会对对外汉语教学语法有帮助。”[②]

一、“指称”的界定及研究思路

由于“指称”本身的复杂性,也由于各位学者的观点存在一定的差异,在此首先需要对“指称”概念进行界定,要尽可能使用现有的比较公认的相关概念及术语。如在指称的分类上,各位学者之间存在分歧,本书有选择地使用其中与本书相关且比较公认的、常用的概念,并对这些概念本身涉及的范围作相应的解释。

(一)本书对“指称”的界定

许多学者如沈家煊、黄南松、朱永生、张谊生、王红旗、张斌等,分别从不同的角度对“指称(reference)”概念进行了界定。

张谊生认为,“指称(reference)就是语言与真实世界之间的关系,也就是语言中的词与实际所指对象之间的关系”[③]。

王红旗根据功能语法的观点,认为“指称指的是篇章中某个名词性词语与其话语

① 周小兵.学习难度的测定和考察[J].世界汉语教学,2004,67(1):41-48.

② 赵金铭.对外汉语教学语法与语法教学[J].语言文字应用,2002(1):107-111.

③ 张谊生.统括副词前光杆名词的指称特征[M]//中国语文杂志社编.语法研究和探索(十二).北京:商务印书馆,2003:175.

所指物之间的关系”①;并对名词是否具有指称功能进行了分析,“专有名词、人称代词、‘指量名’词组作为指称成分是无条件的,是无标记的,而普通名词、‘(一)量名’词组作为指称成分是有条件的,是有标记的”②,因此,指称的确认在某些情况下需要依靠上下文具体的语境。

此外,“指称”这一概念在不同的研究者眼中所指的内容、所涉及的范围存在着差异,“语言中的指称性词语并不局限于名词短语,也包括小句、动词短语、介词短语等”③。

本书采用王红旗对“指称”的界定:“篇章中的名词性成分与其所指之间的关系,这种所指关系既可能是客观世界中的人、事、物等,也可能是上下文中出现的‘话语所指物’。”④这个概念的使用,与本书的内容及范围直接相关,本书中的“指称”具有以下特征:第一,“指称”主要是篇章中出现的名词性成分。第二,“指称”所涉及的关系既包括名词性成分和外部世界的关系,即第三章所关注的先行语,也包括上下文中的各种回指关系。具体包括以下三类:名词性成分之间的回指关系;词语与短语、小句、句群甚至段落等篇章内容的总括性回指关系;少量的上下义、整体和部分等联想回指关系。本书所关注的是名词性成分与其所指之间的各种不同类型的指称关系。

本书对指称偏误的研究主要涉及以下三个方面:第一,针对篇章中的名词性成分;第二,这些名词性成分一般是有指的,或者直接指称某个实体,或者指代上下文中出现的某个词语或某段篇章内容;第三,从篇章的层面考察这些名词性成分的使用状况,综合考虑影响指称选择的各种因素。因此,本书是在一个全面系统的指称使用框架内对各种偏误进行的梳理。第二章将专门对指称进行分类,并在界定相关概念的基础上,确立本书的“指称偏误分析框架”,这也有助于对各类指称偏误进行整体全面的梳理及分析。

(二)研究思路

本书从篇章的角度对30多万字中介语语料库中的指称偏误进行了全面考察,对留学生指称使用的情况进行分类,并确立了“指称偏误分析框架”。这一框架的确立为进一步全面系统地研究指称偏误提供了一个整体性视角,这既是本书的出发点,也是创新之处。

此外,本书不仅涉及一些显性偏误,还更多地关注在孤立的句子中无法发现的隐性偏误,如回指中的偏误出现的频率比较高、涉及的范围也比较广,有些指称形式(人

---

① 王红旗.功能语法指称分类之我见[J].世界汉语教学,2004,68(2):16-24.

② 王红旗.非指称成分产生的原因和基础[J].汉语学习,2006(1):7-13.

③ 沈家煊.雷·贾肯道夫的《语义学和认知》[J].当代语言学,1985(4):19-22.

④ 王红旗.功能语法指称分类之我见[J].世界汉语教学,2004,68(2):16-24.

称代词、指代词等)孤立地考察每个小句,似乎都可以接受,但是结合上下文综合考察时,可接受度就明显不同,呈现出比较复杂的动态变化。有时,语料中的某个偏误,单从孤立的句子看是一种偏误,而结合上下文语境来看,则为另一种偏误,对其修改方案也会有所不同,因此,从篇章整体的角度对语料进行分析往往能够发现原本在单句中无法发现的偏误。

本书对中介语语料中的指称偏误进行全面系统的描写与分析,主要涉及两个方面:一是以往研究所忽视的先行语的偏误分析;二是结合语料,对回指偏误进行细分,使研究更加深入。

第一部分是先行语偏误。先行语部分主要涉及定指与不定指形式这两类,但定指与不定指在篇章中的功能是存在差异的,一个在篇章中首次出现的、将要谈论的重要话题往往使用不定指的形式,也就是以数量结构的方式引入,以往的研究都证明了这一点。留学生的篇章中引入的话题人物却多使用定指,即使有些留学生尝试使用不定指,偏误往往也比较多,其中与数量结构有关的偏误最为突出。本书通过偏误分析探讨了这两种指称形式在使用中的难易度差异;同时,深入考察了与指称选择有关的各种句式中出现的偏误,从而挖掘出一条留学生习得不同指称形式的发展轨迹,并据此提出了相应的教学对策。

第二部分是回指偏误。本书通过对指称偏误的分析及标注发现,留学生在不同阶段出现的指称偏误情况不同,既有初中级阶段出现较多的同形名词回指偏误,也有在中高级阶段出现较多的对上文描述情形、上文所述内容的总括性回指,如"这、这个、这儿、这样"等在篇章回指中的偏误。本书根据回指语及先行语表达式的异同,将其细分为同形回指、异形回指。由于回指涉及的内容比较丰富,本书将以四章的篇幅分别对同形回指、异形回指、总括性回指中的各种偏误进行比较细致的描写与分析,并对人称代词及其在话题链中的各种偏误单列一章进行专门研究。

需要说明的是,"代+量+名"组合偏误在留学生作文中出现的频率比较高,许多学者(孙朝奋,1994;许余龙,2004)研究表明,数量词语的使用往往与语篇中话题的延续有直接的关系,根据差异大于共性的宜分开讨论的偏误用例分类原则——"不宜将不同类的偏误放在一起分析。这样可能忽视它们之间的区别,影响分析的深度"[①],本书将"代+量+名"组合在各种回指中的偏误都单列出来进行分析,考察其在不同回指中的偏误情况和原因。

值得一提的是,在篇章分析中,标点符号是十分重要的,可是很多留学生标点符号

① 肖奚强.略论偏误分析的基本原则[J].语言文字应用,2001(1):46-52.

使用不够规范，因此本书主要根据上下文的语义内容，将语料中一些标点符号缺失，但按正常的汉语语感应该算作独立小句的，用逗号、句号、分号、问号等隔开。书中的例句基本上尊重原文，但是为了避免其他方面的错误导致注意力的转移，有些例句并非完全照搬，而是对标点符号以及字词错误进行了适当的修改，有的个别词语书写方面的错误，都根据上下文语义进行了适当的纠正，以免影响对偏误的理解。

由于指称在篇章中出现的顺序不同，在表达的形式、定指程度的强弱和句法位置等方面都存在很大的差异。本书首先对语料中使用的各类指称进行分类，在此基础上确立指称偏误分析框架，并对各类偏误进行标注。然后在对数据进行统计分析的基础上，对各类偏误进行分类描写与分析，突破以往主要从句法层面上对偏误进行分析的模式，从前景背景信息的差异、话题链、指称本身的可及度等认知及篇章整体结构的角度探寻各类指称使用偏误背后的动因，为汉语教学，特别是写作教学提供了有针对性的、切实可行的操作规则，从而有效地提升留学生的汉语篇章建构能力。

二、本书的主要研究方法

本书是在中介语语料库基础上的偏误分析，是用语料库的方法进行的研究，是基于数据驱动的偏误分析，同时从篇章的角度对留学生作文中的指称偏误进行了细致的描写与分析，具体使用的方法如下：

语料库的方法。本书建立在留学生中介语语料库的基础之上，通过对偏误进行分类标注，提取所需的数据，来对各种偏误情况进行统计分析，是基于数据驱动的指称使用状况分析。

定量和定性研究相结合的方法。本书是数据驱动下的定性分析，具体使用描写和解释相结合的方法。在对语料库中的指称偏误进行标注及统计的基础上，对各种偏误进行分类描写，并对导致偏误的原因进行分析解释。“从对语法现象、语法规则的‘描写性研究’到对语法现象、语法规则的‘解释性研究’，应该说是语言研究的一大进步。”①

实证的方法。本书是基于大量真实数据的实证研究，并借鉴国内外指称研究的成果用于对偏误的分析和解释之中。一方面，是对这些理论的验证；另一方面，从二语习得的角度对这些已有的成果进行修正及进一步的完善。

篇章的研究方法。基于篇章的偏误分析往往会同时有多种可能性，最终的结论往往也是倾向性的，而非强制性的，这不同于以往的偏误研究。

---

① 陆俭明，郭锐.汉语语法研究所面临的挑战[J].世界汉语教学，1998，46(4)：3-21.

三、本书的创新之处

本书的创新之处与研究方法直接相关。

第一,研究手段的创新。本书是基于中介语语料库的指称偏误分析,使用语料库的方法对偏误进行标注,并利用国家语言资源监测与研究有声媒体中心提供的语料检索软件 RCRS 提取相应数据。这种通过频度等数据支撑下的偏误研究能克服以往研究的主观性及片面性。

第二,研究视角的创新,主要包括对偏误观察描写的视角及对偏误背后的动因进行解释的视角这两个方面。

(1)对偏误观察描写的视角的拓展。虽然对外汉语教学界对指称偏误进行过很多的研究,但是对各种指称偏误的描写仍不够全面系统,往往只是对其中的某个部分,如代词、零形式等偏误的描写,缺乏对指称整体使用状况的系统考察。此外,指称作为一种篇章现象,在句法、语义和语用层面上都有体现,因此"分析的角度可有多种,这就有一个选取角度的问题。偏误分析应尽量从最能说明问题的角度进行。否则,就可能事倍功半,收不到预期的效果"①。对外汉语教学老师,最清楚留学生在学习上的难点,最熟悉留学生在实际运用中所出现的问题,因此有责任也有义务对留学生的偏误进行全面系统的描写。

本书是基于篇章的指称偏误分析,如果不考虑篇章因素,仅在孤立的句子中进行偏误研究,或许得出的结论是确定的,是唯一的,但会有一定的局限性,往往难以发现偏误背后的真实动因。如果结合语境,从篇章的角度进行偏误分析,在实际操作中又会遇到很多的困难,如篇章现象和句法现象有时难以区分,"许多篇章现象是体现在句子之中的。由于它们出现在句中,而过去又以句子为最大的语言研究单位,再加上有些篇章现象在句子层面上也有类似的表现,因而很容易把属于篇章现象或把可以在篇章中得到更好解释的现象一概作为句法平面上的现象来加以研究"②。

(2)对偏误背后动因的理论解释视角的创新。本书主要是从功能语法的角度,关注真实的、动态的语言现象,重视语体的差异,关注词汇、句法、语义、语用之间的关系,正如美国语言学家 Bolinger(博林格)提出的"一种形式有一种意义,一种意义有一种形式"③口号。张德禄等在《功能语言学与外语教学》一书中提出:功能语法则把语言

① 肖奚强.略论偏误分析的基本原则[J].语言文字应用,2001(1):46-52.

② 廖秋忠.篇章与语用和句法研究[M]//廖秋忠.廖秋忠文集.北京:北京语言学院出版社,1992:200.

③ 张伯江.功能语法与汉语研究[J].语言科学,2005(6):42-53.

看作是用于表达意义的资源，所关注的首要问题是语篇的意义是如何实现的。[①] 语言教学就应该以语篇为中心。同时本书也关注各种语体之间的差异，“以语体为核心的语法描写应该是我们今后语言研究的最基本的出发点。任何严谨的语法学家如果打算忽视语体的区别而提出汉语语法的规律，必须首先在方法论上提出自己的依据来”[②]。

第三，研究思路及成果的创新。以往对偏误的研究，多是从句法层面，研究成果往往是强制性的，而基于篇章的偏误研究成果往往是带有倾向性的，这是因为篇章中的语句受各种因素的影响，存在很多不确定性，“语篇越长，后续句中衔接成分所承接的可能性就越多，偏误的认定就越困难”[③]。对于同一个偏误，在句中和篇章中可能会有不同的判断结果，不同的偏误也存在着一个可接受度的差异，有的偏误明显无法接受，而有的偏误则是处于模棱两可之间。因此，基于篇章的偏误分析，有必要对偏误进行细分，按照偏误在篇章中可接受程度的差异，将其分为两类：一类是“偏”，一类是“误”。但这其中也存在着相互交叉的中间地带，还会受到各人不同语感的影响。

总之，本书在对中介语语料中的各种指称偏误进行比较细致的描写及解释的基础上，结合了相关的二语习得理论，提出了有针对性的教学方法及对策，以帮助汉语学习者更深入、精确地把握与指称使用相关的知识点，从而建构出更加衔接连贯的汉语篇章。

第四节　本章小结

本书以 30 多万字的中介语语料库为依据，在以数据驱动的定量研究的基础上，结合语言教学及语言本体的研究成果，对偏误进行分类描写，并对其背后的动因进行探讨，既是基于语料库的指称偏误研究，又是基于篇章的偏误研究，因而本书是定量研究与定性研究的有机结合。

本书中的“指称”就是在篇章中用于直指篇章之外或回指上下文中的人物、事物、情形或事件等的名词性成分。其中既包括在情景语境或共有的知识中能直接找到的所指对象，也包括在篇章内部上下文中才能找到的话语所指；既包括对上文某个词语的回指，也包括以名词性成分对某段篇章内容进行的总括性回指。总之，在篇章中出现的各种实有所指的名词性成分使用的偏误都是本书所关注的对象。

---

① 张德禄，苗兴伟，李学宁．功能语言学与外语教学[M].北京：外语教学与研究出版社，2005：218.

② 陶红印．试论语体分类的语法学意义[J].当代语言学，1999(3)：15-24.

③ 朱其智，周小兵．语法偏误类别的考察[J].语言文字应用，2007(1)：111-118.

由于篇章中指称出现的先后存在着可及性的差异,本书首先区分了先行语和回指语两大类。在回指偏误分析中,涉及的回指范围比较广,既包括名词性成分之间的同形和异形回指,也包括名词性成分对前文内容(包括动宾短语、小句、句群甚至段落等篇章内容)进行的总括性回指等。

与以往的偏误分析不同,本书的偏误研究借鉴了语言本体研究的成果,除了分析具体的指称偏误以外,还将其放在一个动态的篇章建构过程中来考察,在信息传递方式、话题链接方式、指称的可及性差异等篇章层面对指称偏误进行从微观到宏观的描写与分析,在字词句到篇章的每个层级之间构建一个具有互动效应的连续统。本书以篇章的视角,透过对各类指称偏误的全面考察,探讨这些偏误背后的真实动因,从而提出有针对性的教学方法及对策,帮助留学生更深入、精确地把握与指称使用相关的知识点,以期在今后的汉语教学中更加有效地帮助留学生建构地道的汉语篇章。

第二章　指称偏误分析框架及标注规范的确立

本书使用的语料来自国家社科基金支持建立的一个30多万字的中介语语料库，语料为北京语言大学汉语学院2005－2006年度第一学期写作课的考试作文。包括一年级下（文中简称“一下”）、二年级上（文中简称“二上”）、二年级下（文中简称“二下”）和三年级上（文中简称“三上”）这四个不同年级留学生的期末作文试卷，其中一下和二下的作文题目类似，但字数要求不同；二上和三上这两个层次的作文也有类似之处，一个是介绍说明，一个是总结。这四个不同年级的留学生作文共有435篇，一共有312,000字，这些不同年级、不同语体的作文为本书提供了丰富的语料支持。具体情况如表2-1。

表2-1　四个不同年级留学生语料情况

年级	一下	二上	二下	三上
作文篇数	86篇	143篇	118篇	88篇
作文题目	我最爱的一个人	写一封信（介绍一个中国的地方或者介绍自己民族的风俗）	我熟悉的一个中国人	一学期学习总结
字数要求	500字	700字	800字	1,000字

语料库本身只是一个工具，并不能自然生成研究所要的信息资源，需要对这些原始语料进行深度加工，才能形成有价值的统计数据。本书对这些原始语料进行了全面的考察，结合前人的研究成果，对语料中出现的各类指称进行了界定，并且提出了指称偏误分析框架。以此为基础，对每个文本都进行了两种标注：元数据标注及偏误内容标注。

元数据标注，指的是语料背景信息的标注，标出了每篇作文的作者、国籍、所在班级、作文成绩等基本信息。

偏误内容标注，指根据研究目标，将各类指称偏误进行分类，并分别对各种与研究相关的信息进行标注，通过确立指称偏误标注框架，对各类指称进行全面系统的标注。首先，偏误标注要分清偏误与失误，如下例：

(1)有的人说，最爱的人是母父。当然谁不爱父母。(父母)

(2)还有很多买东西的地方，所以在中国我的爱好是买东西。(西)

[别字]

上面两例的错误属于失误，而非偏误，不属于标注范围，这是在标注中需要注意的。本章主要分为以下几个部分：

(1)指称的分类及相关概念的界定；

(2)指称偏误分析框架的确立；

(3)偏误标注框架及标注规范的确立；

(4)标记集的确立；

(5)标记组合规则及标注中应注意的问题；

(6)本章小结。

第一节　指称的分类及相关概念的界定

本书根据语料中留学生指称使用的情况，对语料中的各类指称进行分类，并对涉及的相关概念进行界定。指称研究本身就是一项复杂的系统工程，以往学者对其的研究成果为本书提供了理论指导，本书在前人已有成果的基础上，结合留学生语料中的实际情况，确立了一个指称分析框架，为偏误标注提供了一个系统的标记依据。

一、指称的分类

本书所关注的指称主要是在留学生篇章中出现偏误的那些实有所指的名词性成分。本书对指称的分类，如图 2-1：

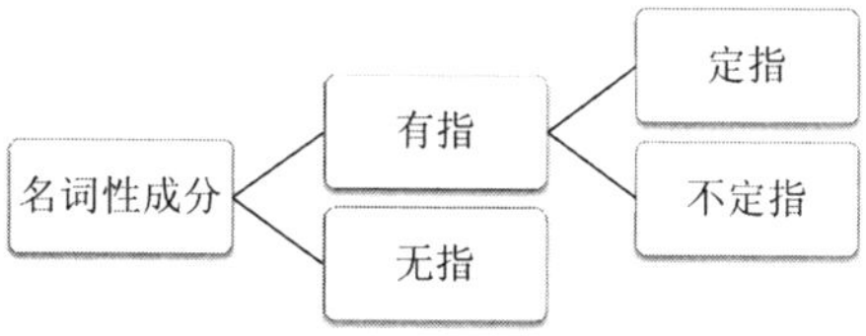

图 2-1 指称的分类

(一)有指(referential)和无指(non-referential)

陈平根据名词性成分在实际话语中的指称特点,将其区分为有指和无指。“名词性成分的表现对象是话语中的某个实体(entity),我们就称该名词性成分为有指成分,否则,我们称之为无指成分。”①有指和无指的判断依据是能否回指。无法加以回指的就是无指成分。

张伯江、方梅认为,“有指成分和无指成分的实质区分在于,有指成分表现的是话语里的某个实体(entity),有明确的外延,无指成分则只强调该成分的内涵”②。

(二)定指(identifiable)与不定指(non-identifiable)

张伯江、方梅认为,“话语里采用定指成分的情况是指发话人谈及某个事物时预料受话人能够准确地认同那个实体,否则就采用不定指成分”③。

陈平的观点也类似,“说话人在使用某个名词时,预料听话人能将这个名词的所指对象与语境中的某个特定事物等同起来,或者能把这个名词的所指对象与同一语境中可能存在的其他实体区分开来,那么该名词就是定指性(identifiable)名词”。“当说话人预料听话人无法将他所说出的名词的所指对象与语境中其他同类成分区分开来,他所采用的名词成分为不定指(non-identifiable)名词”④。

对定指与不定指的研究一定要结合具体的语境,刘安春认为定指、不定指更多是站在听话人的立场。当发话人意在引入新信息时往往采用不定指形式,而在表示旧信息时采用定指形式。有时候只从名词性成分自身的形式上难以判断,需要结合上下文,才能看出是旧信息还是新信息,是定指还是不定指。⑤ 一般首次出现的指称多为不定指,也有的是定指,语料显示,留学生特别是初级阶段的留学生偏好使用定指,第

---

① 陈平.释汉语中与名词性成分相关的四组概念[M]//陈平.现代语言学理论研究:理论·方法与事实.重庆:重庆出版社,1991:120.

② 张伯江,方梅.汉语功能语法研究[M].南昌:江西教育出版社,1996:102.

③ 张伯江,方梅.汉语功能语法研究[M].南昌:江西教育出版社,1996:103.

④ 陈平.释汉语中与名词性成分相关的四组概念[M]//陈平.现代语言学理论研究:理论·方法与事实.重庆:重庆出版社,1991:122.

⑤ 刘安春.“一个”的用法研究[D].北京:中国社会科学院,2003.

三章将结合具体的例句对其中的原因进行分析。

本书对指称的分类是根据偏误的具体情况，同时借鉴语言学界已有的研究成果，主要关注的是各类在篇章中出现的实有所指的名词性成分偏误，既包括在篇章中首次出现的作为先行语的名词性成分，也包括对上文的各种回指表达。

二、相关概念的界定

第一章已经介绍了许多学者对指称的研究，下面借鉴并参考一些学者如陈平、方梅、徐赳赳、许余龙等的观点，对语料中涉及的相关概念进行梳理及界定。具体如下：

首先，回指是指在篇章中用一个名词性成分来指代上文已经出现过的某个名词性成分或某个篇章内容，这个名词性成分称为回指语，上文出现的名词性成分或篇章内容称为先行语。

本书使用“先行语”和“回指（语）”这两个概念来区分先后出现的名词性成分。我们认为用“先行语”比通常使用的“先行词”更合适，因为在总括性回指中的先行语往往是动宾结构、小句、句群或段落等篇章内容。还需要说明的是，回指本身包括上指和下指，在正常的语言表达中下指比较少见，在留学生的篇章中就更加稀少，因此本书的回指就为“上指”，后文不再说明。

先行语（antecedent）：在篇章中首次出现的，指称现实世界的某个人、事、物等的某个名词性成分或者某段篇章内容等，其所指范围与回指语完全相同或部分相同。

回指语（anaphor）：回指上文中出现的人、事、物等的名词性成分。

其次，本书根据先行语与回指语之间的各种不同情形，对回指进行了细分，包括所指范围相同，而且都为名词性成分的同指回指，这其中又可分为同形或异形回指，除此以外，还有对上文篇章内容的总括性回指，以及表示整体－部分、种－属等关系的联想回指。

同形回指：与先行语完全相同或部分相同的回指表达式。同形回指又包括与先行词完全一致的完全同形和部分同形回指这两种情况。需要说明的是，徐赳赳列举的部分同形回指，如“陈女士”（回指先行语“陈爱莲”）、“南国”（回指“南斯拉夫”）、“假警察”（回指“警察模特儿”）。[①] 这类的回指表达式对留学生来说难度很大，语料中没有发现这种用法，因此，本书中的部分同形回指主要是“代＋量＋名”组合或“代＋名”组合，这种回指是留学生比较偏好的指称方式，第四章将对这类回指偏误进行考察。

---

① 徐赳赳.现代汉语篇章回指研究[M].北京：中国社会科学出版社，2003：149.

异形回指：在同指回指中，与先行语不同的回指表达式，包括名词、代词及零形式。① 廖秋忠又将这种回指具体分为同义词、统称词、指代词及零形式或省略式。② 两者之间存在一定的对应关系：

名词	代词	零形式
↙ ↘	↓	↓
同义词 ＋ 统称词	指代词	零形式或省略式

总括性回指：用代词、代词与名词组合、“代＋量＋名”组合或其他名词性成分来回指上文的某一篇章内容，具体包括“某一事件、状态、行为、过程等”。

联想回指：没有明确的先行语，或者先行语和回指语的范围存在差异。我们采用徐赳赳的分类，分为上下义回指和关联回指两大类。

再次，陈平把回指形式分为名词回指、代词回指和零形回指，廖秋忠将其中的名词细分为同义词、统称词。

名词回指：本书将所有回指前文内容的名词或名词短语都称为名词回指，一般是与先行语或先行语中的中心语相同的名词重复使用，此外，还包括同义词、统称名词回指。需要说明的是，本书把所有的“代＋量＋名”组合和“代＋名”组合也都归入名词回指，而不是代词回指。因此，本书中的名词回指所涉及的范围非常广泛。

同义词：“指在没有语境的条件下，在同一语义结构层次的两个或几个被认为有相同语义内涵的词语。”③这种回指方式在汉语母语者中很少使用，在留学生的语料中就更加稀少。

统称词：指语义结构层次相对高的名词性成分用来指层次较低的名词性成分，“统称词是个相对的概念”，如相对于“海尔空调”而言，“空调”是它的统称词，而“家用电器”又是“空调”“冰箱”等的统称词。虽然回指语在语义上所指范围较大（为上义），先行语所指范围较小（为下义），两者在语义上是上下义的关系，但在回指表达中这些统称词前常常有指示代词，与前面的先行语所指相同。

代词回指：单纯用代词回指上文内容，其中的情况比较复杂，根据其先行语的不同情况可分为两大类：一是先行语为名词性成分的指代词或人称代词的异形回指；一是先行语为动宾短语、小句、句群或段落等篇章内容的总括性回指。

零形回指：句子中有一个与上文中出现的某个事物指称相同的所指对象，但从语法格局上看，该所指对象没有实在的词语表达形式。作为有生命的个体，“人”具有一

---

① 陈平.释汉语中与名词性成分相关的四组概念[M]//陈平.现代语言学理论研究：理论·方法与事实.重庆：重庆出版社，1991：181.

② 廖秋忠.现代汉语篇章中指同的表达[M]//廖秋忠.廖秋忠文集.北京：北京语言学院出版社，1992：49-50.

③ 廖秋忠.现代汉语篇章中指同的表达[M]//廖秋忠.廖秋忠文集.北京：北京语言学院出版社，1992：49.

定的显著性特征，所以，汉语中往往使用零形回指。

最后，本书从上下文语义出发，以小句作为篇章分析的基本单位，“用小句而不用句子作基本单位，较能适应汉语的情况，因为汉语口语里特多流水句，一个小句接一个小句，很多地方可断可连”①。同时，“小句是最小的具有表述性和独立性的语法单位”②。

第二节 指称偏误分析框架的确立

不同的指称在篇章中的作用是不同的，然而，目前汉语教学界还很少从篇章的角度对指称进行全面系统的研究。留学生往往是凭着自己的感觉，或根据母语的习惯进行类推，又由于回指的形式有多种可能的选择，留学生不知道其使用规律，于是语料中出现了各种偏误，且偏误情况也比较复杂。

在具体的分析过程中，首先对443篇作文中的指称偏误现象进行穷尽性的考察，同时借鉴前人指称研究的成果，在一定规模的中介语语料库基础上，从篇章的角度对各种指称偏误情况进行系统的分类。在对语料进行综合考察的基础上，根据肖奚强的偏误分析基本原则：关键要看分类的对象之间的共性大还是差异大。共性大于差异，则宜归入一类；差异大于共性，则宜分立。③

下面对本书所涉及的几种指称的功能及使用条件予以介绍。

在篇章中指称出现的先后顺序、出现的频率、指称的具体形式等都存在着差异。一般作为新信息首次出现的指称，在篇章中多数是以不定指的形式出现的。从认知的角度来说，首次出现的先行语，因其可及性低，往往使用相对比较复杂的名词性成分，而回指作为旧信息，一般以各种代词或代词与名词的组合，或者光杆名词，甚至零形式等比较简单的方式呈现，且多为定指。因此，本书将指称分为先行语和回指语两大类。

因此，针对各类指称偏误的具体情况，同时借鉴各位学者的研究成果，本书确立了留学生指称偏误分析的整体框架，如图2-2。

需要说明的是，对指称表达式范围的界定是整个名词性成分，包括前面的数量结构、指代词以及各种修饰成分等，而不只是中心语部分，以上所列举的是一些典型的情况，在对每一类具体的指称偏误研究中都会有更为详尽的区分。

---

① 吕叔湘.汉语语法分析问题[M].北京：商务印书馆，1979：27.

② 邢福义.小句中枢说[J].中国语文，1995，249(6)：420-428.

③ 肖奚强.略论偏误分析的基本原则[J].语言文字应用，2001(1)：46-52.

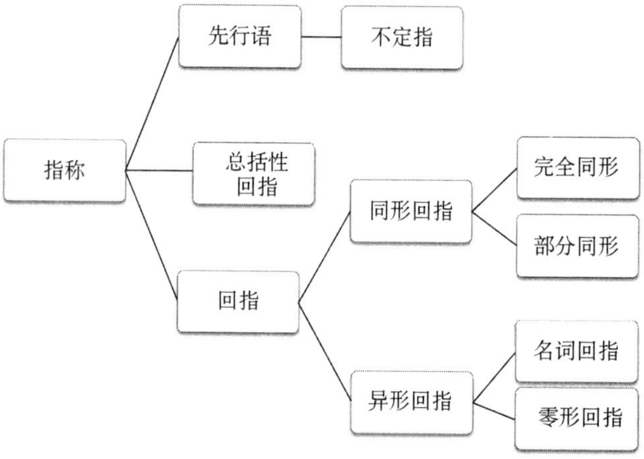

图 2-2　指称偏误分析框架

本书所关注的“指称偏误”主要是在留学生的篇章中出现的那些使用不当的实有所指的名词性成分，虚指和无指等用例很少，偏误也很有限，就不专门进行研究了，只在个别需要对比的情况下，才会有所涉及。由于本书关注的是在实际运用中的名词性成分，一旦脱离其出现的具体语境，有些指称偏误就不是那么明显，导致这些偏误的真实动因往往也难以发现。正如 Lyons（莱昂斯）所指出的，“不是名词自己在指称，而是说话人用名词来指称”①。对指称的考察要结合实际的语境，又由于汉语是语段取向的语言，因此，从篇章的角度入手来研究指称的偏误是十分必要的。

本书对各类偏误进行了深入细致的描写，并在此基础上，探寻各种指称偏误现象背后的原因。

提取各种类型的指称偏误进行统计，然后以篇章整体的观念去分析解释各种偏误现象，“既要考虑分析的准确性，又要力求易于理解、便于教学”②。

第三节　偏误标注框架及标注规范的确立

语料标注本身就是一个发现问题、研究问题的过程，本书的各种统计数据都是在标注的基础上获得的。由于指称标记与篇章因素有关，情况比较复杂，目前还无法用机器自动标注，因此，语料库中所有的标注都需手工完成。为了保持标注的一致性，对

① LYONS J.Semantics[M].Cambridge:Cambridge University Press,1977:178.

② 肖奚强.略论偏误分析的基本原则[J].语言文字应用,2001(1):46-52.

其进行了多次修正和完善，最后形成了指称标注规范。下面主要介绍语料标注的框架及标注规范。

一、偏误标注框架

随着对指称偏误分析的不断深入，对偏误情况了解的不断增多，再经过多次的修改和调整，最后确立了一个能真实反映偏误状况的指称偏误标注框架。具体如图 2-3：

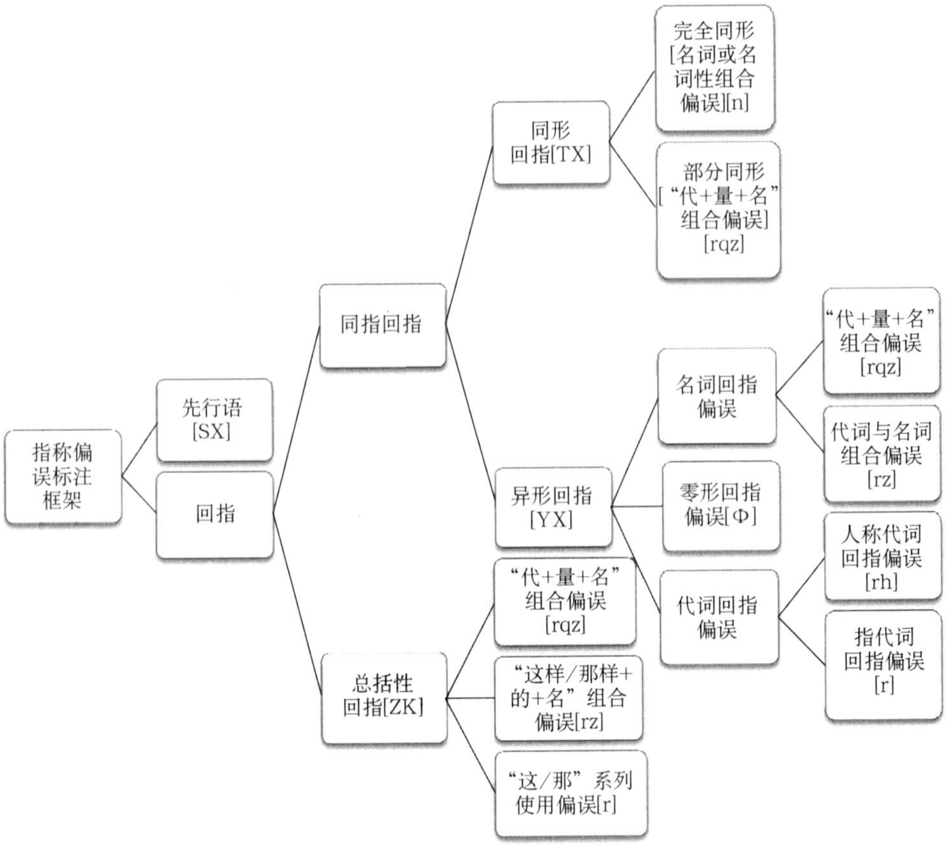

* 文章中以“Φ”标记“零形回指”；以“/”标记“或者”之意；方括号中是该项偏误的代码

图 2-3 指称偏误标注框架

对指称偏误的研究，可以在不同的层面上进行，如句法层面、语义层面，还有语用层面等，具体包括各种指称形式及其所在的句法位置，以及指称在篇章中出现的先后等，关键在于找出哪些因素是导致偏误的真实动因。本书首先根据指称出现的先后，对先行语进行研究，然后在回指中根据是同形、异形还是总括性回指等不同的回指方式进行偏误分析。

此外，根据语料的实际情况，还根据偏误“共性大于差异的宜归入一类”，以免“将同类的问题分成各不相关的问题分别加以分析"[1]的原则，把各种人称代词的偏误都归并到一起，又为作为有生命的个体，人称代词的使用有其独特性，有必要单独进行分析，所以本书将在第七章专门对人称代词的偏误进行描写与分析。

二、偏误标注规范

篇章中的指称构成情况多种多样，有的指称只是一个词，如代词、光杆名词等，有些则比较复杂，在名词前面有许多修饰限制成分，如形容词、数量结构等。我们在标注的过程中发现，留学生的指称偏误情况千差万别，有的问题出现在前面的修饰限制成分中，有的问题出现在后面中心语部分，或者表现为整个名词性成分顺序的错误等，为了能真实反映留学生在指称方面的偏误，从中获得真实有效的数据信息，本书确立了"凸显偏误，关注整体"的标注原则。请看下例：

(3)现在我在中国。很想念[PQ－q－dy－rqz－by－TXh]这[十个]孩子，他的笑脸。……现在[D－n－zxy－ls－zy－LX]我[& 的心情]很高兴。

中括号里画线的部分是对偏误情况的标注，后面则为整个指称的情况，我们的标注既要考虑偏误所在的整个名词性成分的情况，又要避免具体的偏误信息被淹没，因此采用从整个名词性成分着眼，同时凸显具体偏误的方法。在标注过程中会遇到一些具体问题，需要针对这些具体情况进行统一的规定，确保指称偏误的标注能客观地呈现出偏误的真实状况。标注原则具体如下：

(一)分层标注以凸显偏误，关注整体

如果只是关注具体的偏误，可以比较简单地标出偏误，也能减少很多的标注工作量，但结果就只是名词、数词、量词等词汇方面的偏误被标出，这种碎片化的标注无法提供指称偏误的整体信息，如有些复杂组合可能只是中心语偏误。如果只标这部分，就无法提供整个指称的信息，无法反映偏误在篇章中的实际情况，也无法提供具有统计学意义的有价值的数据。因此，我们的标注分为以下四个不同的层次：

一是指称本身的情况描写，包括偏误类型和具体出现偏误的词或词语组合的特征标记。

二是指称的句法分布情况，是在主语、宾语位置，还是在定语、介词宾语等位置上。总括性回指由于其句法位置有时难以确定，有些就没有标。

---

① 肖奚强.略论偏误分析的基本原则[J].语言文字应用，2001(1)：46-52.

三是指称的整体情况，如整个指称是什么样的组合形式，是名词、代词，还是其他各种组合形式等。

四是指称在篇章中的情况，指称出现的先后，是先行语还是回指，是同形、异形还是总括性回指等。此外还有一些涉及话题链和前景背景等篇章因素的内容，我们也都进行了相应的标注。

这样由点到面四个不同层次的指称偏误标注思路，不仅凸显了偏误的实际情况，也兼顾了出现偏误的整个名词性成分，还标出了各种与篇章有关的信息，有助于我们从微观到宏观的不同层面去分析偏误。

（二）标记的细化与归并相结合

与指称相关的内容很多，可标注的信息也多，如果全都标出来，将是一个庞大且复杂的标记体系，而过分简单就不能全面、真实地描述语篇偏误的复杂状况。因此，我们综合考虑各种因素，对标记的内容进行了多次整合，选取最具有研究价值的信息进行了细分化的标注。如“代＋量＋名”组合是留学生常用且偏误比较多的一种回指表达式，我们将其单列出来，标出其在同形、异形和总括性回指中的偏误情况，并在具体分析中专门研究。在细分的同时我们也对一些项目进行了相应归并，如留学生由于汉语水平所限，较少使用复杂的指称表达式，因此我们在列出了几种常用的表达式后，用复杂组合来囊括各种不常使用的指称形式，避免标记过于繁杂，从而使标记更具科学性和合理性。

（三）规范性与开放性相结合

我们在建立标注集的过程中，参考了目前已有的语料标注规范，如《现代汉语语法信息词典》、“HSK动态作文语料库”及清华大学汉语句法树库的标注体系等，同时结合我们研究的具体需要，有效地整合基本标记和专用标记，使标记准确规范且容易被掌握，以避免标记过于庞杂、难以掌握和辨识。

同时，我们的标记集还具有开放性特征，特别是专用标记，可以根据研究的需要随时添加或修改。基本标记和专门标记的划分既是为了规范标注体系，也是为了方便标记的动态调整。

由于指称本身的复杂性，在具体的标注过程中需要根据新出现的情况，不断进行修改和调整，从最初的只标具体词语的偏误到标偏误所在的整个指称，又到以偏误为导向，乃至最后“凸显偏误，关注整体”标注原则的确立，都是为了使标注规范能够真实地反映指称偏误的整体情形，也为下一步的研究提供更为真实可靠的数据支撑。

第四节　标记集的确立

在标记的确立过程中，本书借鉴了前人对语料库标注的经验，将标记分为基本标记和专用标记。把那些在中介语偏误标注中常常使用的如词类、偏误类型和句法位置等标记归入基本标记，这些标记参考了目前已有的、比较权威的语料库标记规范，不仅常用，而且比较稳定；把那些与本书有关的如指称形式、指称呈现方式，以及各种与篇章因素有关的标记归入专用标记。之所以分成这两大类，是为了能为今后进行语料库之间的对比研究提供一个相对一致的平台。

一、基本标记

基本标记主要提供词类标记、偏误类型、句法位置和基本的语义内容这些在标注中基础且常用的标记。作为篇章标记的基本组成元素，这些标记比较稳定，且与其他标记之间有很强的结合能力，可以根据具体的研究需要对这些标记进行有效的组合，在各种不同的篇章偏误标记中都或多或少地被使用，这样可以为今后的研究提供一个相对稳定的标记基础。由于篇幅所限，我们在此不列出全部的基本标记，只列出一些与回指相关的标记。

(一)词类标记

借鉴现有的标记规则，本书以《现代汉语语法信息词典》作为基本参照，对词类进行标记。由于我们主要关注的是名词性成分，一般来说指称也主要是名词性成分，以及相关的代词、数量词，所以，我们主要选取了以下的标记：

名词[n]取自英语 noun 的第一个字母；

数词[m]取自英语 numeral 的第三个字母；

量词[q]取自英语 quantity 的第一个字母；

介词[p]取自英语 preposition 的第一个字母；

代词[r]取自英语 pronoun 的第二个字母。

(二)偏误类型标记

周小兵在《第二语言教学论》中将偏误类型分为：语序错误、搭配不当、词语残缺、词语误加、词语混用、句式杂糅六类。① 鲁健骥将二语习得中的偏误分为遗漏

① 周小兵.第二语言教学论[M].石家庄：河北教育出版社，1996.

(mission)、误加(addition)、误代(overrepresentation)、错序(misordering)四类。[①] 他们的分类主要是从学习者的角度出发的。

两位学者对偏误的分类都具有指导作用,这些类别基本涵盖了留学生的全部偏误。本书借鉴了两位学者的分类思路以及"HSK动态作文语料库"对语料偏误进行加工处理的标记,将偏误分为多余、缺失和错用,因为本书对偏误的分析是基于中介语语料库进行的,要对语料中的偏误进行客观、忠实的标注,错用的情况比较复杂,所以我们特别细分出了两小类,偏误类型的标记都为大写。具体标记如下:

多余[D]取自"多"的第一个拼音字母;

缺失[Q]取自"缺"的第一个拼音字母;

错用[C]取自"错"的第一个拼音字母;

错序[语序错误][CX]分别取自"错"和"序"的第一个拼音字母;

错混[CH]分别取自"错"和"混"的第一个拼音字母。

错混主要是代词之间的混用,一般是不同的人称代词、指代词内部或其之间的混用,如:他/她、他/她们、这/那、这个/这、那个/那、那/他、我/这等。

需要特别说明的是,我们根据可接受度的差异,对偏误进行了"偏"和"误"的区分:完全无法接受的偏误,我们看作是"误",是一定需要修改的,这是非常明显的错误;勉强可以接受的偏误,我们看作是"偏"。"误"类的偏误直接使用以上的标记,而"偏"类的偏误则在前面统一加上[P],取自"偏"的第一个拼音字母,作为与"误"类偏误的区分,具体标记如下:

"误"类偏误分别标记为:多余[D];缺失[Q];错用[C];错序[CX];混用[CH]。

"偏"类偏误分别为:多余[PD];缺失[PQ];错用[PC];错序[PCX];混用[PCH]。

以上的偏误标记与"HSK动态作文语料库"的偏误标记基本一致,这样今后在两个语料库进行对比研究时,一方面为研究者提供了一个基本一致的研究平台,另一方面有利于研究者的记忆和提取。

(三)句法位置标记

以往的研究发现,句法位置和词语有对应关系,一般作为名词性成分的指称出现的句法位置主要是主语、宾语,不同句法位置上的指称的定指性强弱是直接相关的。我们的标注最初参考了清华大学汉语句法树库的标注体系,用英文的头一个字母表示,后来,我们参考并主要采用了"HSK动态作文语料库"中的标记思路,同时,根据偏误标注的具体情况,对有些句法位置进行了细分化。如最初在标注时我们把诸如"希

---

① 鲁健骥.外国人学汉语的语法偏误分析[J].语言教学与研究,1994(1):49-64.

望、知道、明白”等后面小句的主语统一都归入“主语”之列，但随着研究的深入，我们觉得有必要对两者进行区分，同时考虑“主语”的使用频率比较高，许多指称偏误都为主语，因此，从减少工作量的角度出发，我们对“主语”进行了细分和修改，一般主语标为[zy]，小句主语我们使用[zhy]来标记，使标注更加精确。

此外，介词宾语与一般宾语的位置不同，常常出现在动词之前，而形式上的不同必伴有语义的差异，有必要区别对待，因此我们增加了“介词宾语”的标记。

根据偏误的具体情况，我们还对一些比较复杂的指称偏误进行了细分，分出了“定语”和“中心语”偏误，具体标记如下：

主语[zy]分别取自“主”和“语”的第一个拼音字母；

小句主语[zhy] 分别取自“主”的前两个拼音字母和“语”的第一个拼音字母；

宾语[by]分别取自“宾”和“语”的第一个拼音字母；

介词宾语[jby]分别取自“介”“宾”和“语”的第一个拼音字母；

定语[dy]分别取自“定”和“语”的第一个拼音字母；

中心语[zxy] 分别取自“中”“心”和“语”的第一个拼音字母。

以上所有的句法标记都为小写。

表 2-2　留学生指称偏误语料库基本标记表

类型		标记代码	名称	样　例
词类		n	名词	带去[n]汉方药[/中药]给祖母
		m	数词	成为[m][+一]个成功的人
		q	量词	拿着[q]一条[/根]棍子
		r	代词	习惯了[r]这[+儿]的生活
偏误	误类	D	多余	我有一个好朋友，他叫小张，[D][& 他]是北京人。
		Q	缺失	听说她现在在北京大学学英语，[Q][+英语]说得不错。
		C	错用	我们被老师抓住了。老师送给[C]充任老师[/班主任]。
		CX	语序错误	……才感到[CX][%对我们的她]的爱。
		CH	指称混用	我最爱的一个人是西田智子，[CH]西田智子[/她]是我的母亲。
	偏类	PD	多余	我哥哥叫范曰英，[PD][& 他]是一九八四年出生的。
		PQ	缺失	现在我在中国。很想念[PQ]这[+个]孩子，他的笑脸。
		PC	错用	了解了[PC]不少有意思的人[+物]，地方，东西[& 了]。
		PCX	语序错误	此类没有
		PCH	指称混用	其实，妈妈也很累。而[PCH]妈妈[/她]对我和爸爸不表示。

续表

类型	标记代码	名称	样　例
句法位置	zy	主语	她的名字是李小云。[zy][& 她]比我大1岁。
	zhy	小句主语	我希望[zhy]家[& 族]人的身体健康。
	by	宾语	我给她辅导费。但她拒绝了[by][& 我的钱]。
	jby	介词宾语	那天以后常常跟[jby][＋她]见面，一起吃饭什么的。
	dy	定语	原来他们是我爷爷的妹妹和[dy]他[/她]的丈夫。
	zxy	中心语	这次回答的时候[zxy]妈妈[& 的心情]已经伤心了。

二、专用标记

专用标记是根据研究的需要，针对具体的篇章偏误情况而确立的，针对性比较强。这些标记可以添加或删减，但不是随意的，一方面应尽可能地沿用基本标记中已提供的符号，另一方面要避免与已有的标记重合或冲突。

(一)指称构成形式标记

指称表形式或者指称形式是指称研究的一个外在的直观的特征。

首先，有必要把指称形式分为“词”和“词语组合”这两大类。作为指称的名词性成分有时是简单的一个词，有时可能是比较复杂的组合，在各种形式词语组合的最后，以[z](取自“组”的第一个拼音字母)来标注，而对单个词就不进行任何标记了。

其次，我们总结归纳了留学生作文中使用的各种不同的指称形式：

(1)单个词的标记[参见(一)词类标记 P36—37 页]；

(2)词语组合的标记。

留学生常用的指称表达式主要有以下几种组合方式：

数量组合[mqz]、代量名组合[rqz]、代词与名词的组合[rz]，以上的组合标记结合我们前面的词类标记。还有一些组合方式，我们统一使用汉语拼音进行标记，具体分三类：

领属组合[ls]，分别取自“领属”的第一个拼音字母；

与“的”有关的组合[dz]，分别取自“的”“字”的第一个拼音字母，这一组合具体包括两种情况：一种[dz1] 是与“的”字结构有关的偏误，还有一种[dz2]是多项定语中“的”多余或缺少；

以上各种组合方式之外的其他难以归类的组合偏误都归入复杂组合[fz]，分别取自“复杂”的第一个拼音字母。

（二）指称呈现方式标记

根据指称在篇章中出现的不同顺序，我们将其分为先行语和回指两大类，其中回指有不同的小类，分别有不同的标记。

首先出现的是指称中的先行语[XX]，分别取自“先行”的第一个大写的拼音字母。

回指中的标记相对比较复杂。主要根据回指与先行语所指的范围是否一致来进行区分，如果所指完全相同为同指回指，所指范围存在整体或部分差异的称为联想回指。这两大类具体又包括下列不同的情形。

（1）同指回指可以根据指称表达式是否一致，分为以下两类：

同形回指[TX]分别取自“同形”的第一个大写的拼音字母；

异形回指[YX]分别取自“异形”的第一个大写的拼音字母。

需要说明的是，汉语中零形回指是一种被广泛使用的回指形式，也是留学生容易出现偏误的地方。由于零形回指没有具体的呈现形式，在标记中通过“多余”和“缺失”就能涵盖该用零形回指而没用的和不该用却用了的偏误，因此，在偏误标注中零形回指不进行专门标记，这并不影响我们对零形回指的分析和研究。

（2）总括性回指[ZK]分别取自“总括”的第一个大写的拼音字母。

（3）联想回指[LX]分别取自“联想”的第一个大写的拼音字母。

（三）与篇章因素有关的标记

指称的偏误往往在篇章的上下文中体现的，特别是后续指称的多余，如果光看单个句子基本上都是正确的，但从上下文来看，结论就不同了。因此，我们对一些与回指相关的篇章因素也进行了标注，具体包括前景和背景、不同的话题链，从而可以更加准确地把握这些偏误的真实状况。

（1）前景和背景标记：

前景[FG]是英文单词“forward ground”的简写；

背景[BG]是英文单词“background”的简写。

（2）人物介绍链和动作过程链标记：

话题链是汉语篇章建构过程中，特别是在叙述性篇章中常用的方式。我们在留学生的语料中发现，人物介绍链和动作过程链是他们常用的、偏误比较多的两种话题链类型。两个话题链都有一个共同的标记[l]，取自“链”的第一个拼音字母。

介绍链[jl]分别取自“介”“链”的第一个拼音字母的小写；

过程链[gl]分别取自“过”“链”的第一个拼音字母的小写。

表 2-3　留学生指称偏误语料库专用标记表

类型		标记代码	名称	样　例
指称构成形式	单词	n	名词指称	带去[n]汉方药[/中药]给祖母,
		r	代词指称	如果她想来这[r]学习的话……
		rh	人称代词指称	她叫毛毛,[rh][& 她]今年 21 岁。
	词语	mqz	数+量+名指称	他有[mqz]一个坏处[/缺点]。
		rqz	代+量+名指称	[rqz]那个人[/她]是我的女朋友。
		rz	代+名指称	因为[rz]这样的[/这些]理由,所以我最爱她。
		ls	领属性定语+名指称	我觉得他拒绝[ls]我[& 的杯子]时,他没礼貌。
		dz1	"的"字结构指称	因为[dz1]花中她最喜欢的[& 花]是桃花。
		dz2	带"的"多项定语指称	有一天,[dz2]她[& 的]爸爸的公司破产了。
		fz	其他复杂组合指称	那时候,又遇见了[fz]我家对面的[%凶恶的那个]老头儿,
指称呈现方式	首现	XX	先行语	妈妈知道[XX]自己的病[& 名]后……
	回指	TX	同形回指	我的妹妹知道[TX]妈妈的病[& 名]后……
		YX	异形回指	上海……以后有机会的话,我想到[YX]它[/那儿]工作。
		Φ	零形回指	我参观以后,[Φ]我去景山公园了。
		ZK	总括回指	有一天,我忘了[CH—r—ZK]这样的[/这个]想法,
		LX	联想回指	我的妈妈今年 50 岁,[jl][& 妈妈的]外貌和我差不多。
篇章因素		FG	前景	我中学毕业后,[FG][& 我]觉得有点儿寂寞。
		BG	背景	[BG][& 我]参观以后、我去景山公园了。
		jl	介绍链	我最爱的一个人是妈妈,[jl]她[& 的样子]长得跟外婆一样,
		gl	过程链	她给我打电话,[gl][& 她]对我说:……

第五节　标记组合规则及标注中应注意的问题

以上介绍了各种不同的标记,在具体的标注过程中,我们需要把各种不同的标记有机地组合起来，使之能真实有效地标记出与偏误相关的各种信息。首先我们要把各种标记按照一定的顺序进行排列组合，也就是要确定指称偏误标记的组合方式。

一、标记组合规则

由于标注的对象是整个名词性成分，而偏误可能出现在其中的某个部分，如定语部分或后面的中心语部分，针对这种情况，我们采取整体与部分相结合的偏误标注方式，在保持标注标准一致的基础上，有效地凸显偏误，使标注更加精确。根据“凸显偏误，关注整体”的标注原则，主要分为以下三个组成部分。

第一，从具体偏误入手，描写偏误类型、偏误的具体情况，如是名词、量词、数词、代词等的偏误，还是词语组合的偏误等，以及偏误所在的句法位置，如定语、中心语、主语等。

第二，标出偏误所在的整个指称的组合形式，以及其所指方式，是先行语、同形回指还是异形回指这几种不同的所指方式。

第三，标出与偏误相关的篇章因素，具体包括：前景—背景、介绍链—过程链。具体标注顺序如下：

偏误类型→偏误标记→偏误的句法位置[定语、中心语]→整个指称→句法位置[主语、宾语、介词宾语]→所指方式→篇章因素[是否话题链、是否前一背景信息，此项标记不一定都出现]

需要说明的是，并非所有的偏误标注都包括这些内容，有的可能会省略中间的一两项，请看下面的例句：

(4)不到两天，我很容易找到了[Q—mq—dy—mqz—by—SX][十一位]辅导老师。

(5)她的脸像白雪一样。[D—rh—dy—ls—zy—LX—jl][& 她的]眼睛比较大，她也有双眼皮，长得好像一个韩国演员。

以上是回指偏误中比较复杂的情况，而有的指称本身就是代词，标注的项目就简省很多，如下例：

(6)[D—rh—zy—YXh—BG][& 我]上高中的时候我已经非常喜欢中国，研究中国的文化。

(7)我刚来北京的时候，[D—rh—zy—YXh—FG][& 我]差不多一句话也不会说[& 汉语]。

因此，标注内容需要根据具体的情况而定，但是基本顺序不做改变。在总括性回指中，有的是作为插入语出现的，无法标出所在的句法位置，这类标记可以不标句法位置，比前面的回指标记更简单。如下例：

(8)原来她和男朋友分手[+了]。听到[CH—r—by—rqz—by—ZK]那个[/这个]消息，我马上去找她。

(9)[C—r—ZK]这样[& 的]过了几天以后老师说期末考试之前有几次简单的考试。

总之，我们的标记组合原则是遵循从偏误入手，从词或词语组合到句法位置，再到整个指称，最后到篇章关系，这样一个从小到大、从部分到整体的顺序。

二、标注中应注意的问题

对指称偏误的标注是前人没有做过的，这就注定了我们的研究需要在不断探索中进行。在具体的标注过程中也出现了很多新的情况，因此，我们对指称偏误的标记体系进行了多次的整体修改，以及无数次在细节上的变动，从而使我们的标记体系得到完善。

(一)注意篇章性

以名词性成分出现的各种指称不是孤立的，其本身是具有篇章性的。指称在篇章中的动态性特征也增添了偏误标注的难度。如留学生作文中出现频率比较高、涉及范围比较广的回指偏误，其中的指称形式虽然简单(如代词)，当在孤立的句子中静态地考察时，其偏误显而易见，但是将其放在上下文相连的篇章中进行考察时，则呈现出一种比较复杂的动态变化。同一句话，从孤立的句子看是一种偏误，而从上下文语境来看，可能就会不一样，甚至会发现原本在单句中无法发现的偏误。这也正是指称偏误标注的难处所在。如下例：

(10)走出教一楼，右边有一条宽的道路，这条路正好贯通校园的中间，还从东门到西门连接，这路的两边上有很多老的树，很美。

从句子层面看,“这”和“路”之间缺失了量词“条”,但当我们从语篇的角度来分析时,发现如果没有“这”,这段话会更加连贯,因此,对偏误的认定就由“量词的缺失”变成了“代词的多余”。

(二)注意客观性

指称偏误要从不同的角度进行分析,涵盖范围比较广,包括偏误类型、偏误内容、句法位置、整体指称形式、所指方式和篇章因素等,不可能进行自动标注,必须是人工标注,标注过程中难免会受主观性因素的影响,如 Li and Thompson 对第三人称代词的使用做过一个调查,他们把一段《儒林外史》中用到“他”的地方全部删除,然后请母语为汉语的被调查人根据自己的语感填上“他”,结果发现,没有两个人的答案完全相同。这说明,汉语篇章中指称(代词)的使用存在一定的灵活性,往往个人的语感差异、个人对篇章的理解差异等都会在一定程度上影响标注的客观性。为了避免这种主观性因素的干扰,尽量做到客观真实地反映偏误情况,我们通常把一些拿不准的偏误提出来,请多人做标注,然后进行讨论,寻求最合适的标注方案,尽可能消除指称标注过程中存在的各种不确定因素。

我们认为主观性是无法避免的,这也未必是坏事,篇章标注离不开标注者的主观判断。由于篇章分析的倾向性特点,需要我们从篇章整体的角度出发来发现真实的偏误信息,这就离不开人的主观因素的参与,此外,留学生的作文中也存在情感的因素,在具体指称标注中我们需要考虑这方面的原因,力求真实地反映留学生指称偏误的状况,使我们的标注更具真实性。如下例:

(11)现在我的妈妈身体不好,我也经常想妈妈……放寒假就回韩国,我照顾妈妈。世界上最爱的是我的妈妈、我爱妈妈。

这里不断出现的“妈妈”这个名词,虽然可以使用代词“她”来替代,但其实质上与情感表达的需要有关,有表示尊敬和爱的成分,因此要根据篇章的具体情况进行标注。

(三)注意一致性

在标注过程中最重要的是保持前后标注的一致性,因此,在指称偏误标注过程中,要始终坚持“凸显偏误,关注整体”的标注原则,同时坚持统一的标注思路,保持整体标注的规范性和前后一致性。

第六节　本章小结

本章以30多万字的中介语语料库为依据，在对语料中的指称偏误进行系统、全面考察的基础上，对本书所涉及的指称进行了分类及界定，提出了指称偏误分析框架及规范，确立了标记集、标记组合规则等相关的偏误标注规范，从而为下一步对偏误的描写与分析提供了有力的数据支持。

首先，语料标注是本书的基础，语料标注的过程就是研究的过程。本书从整体的篇章结构角度确立了一个比较系统的指称偏误分析框架，由于篇章中指称出现的先后存在着可及性的差异，需要先区分首次出现的先行语及后续的回指语这两大类。在回指偏误分析中，回指情况比较复杂，涉及的范围比较广，既包括名词性成分之间的同形、异形回指，也包括名词性成分对上文内容（包括动宾短语、小句、句群甚至段落等篇章内容）进行的总括性回指等。

其次，本书的标记集借鉴了现有的一些汉语语料库的标记，同时对语料中的指称偏误情况进行了抽样的调查和分析，并且在此基础上提出了“凸显偏误，关注整体”的标注原则，确立了指称偏误标记框架及相应的标记集，针对指称偏误标注的特殊性指出了一些值得注意的地方。

总之，本书在定性研究的基础上，对偏误进行了分类标注，以便对各类指称偏误进行统计分析，在此基础上，对各类偏误进行分类描写与分析，并对其产生原因进行解释，将定量研究和定性研究相结合。本章研究内容为下文的研究奠定了基础，为指称偏误的分析提供了可靠的数据支撑，下一章开始将对各种指称偏误进行细致的描写与分析。

第三章 先行语偏误分析

先行语作为在语篇中首次出现的指称，往往以名词、名词短语的方式出现，其功能在于把一个新的话题引入语篇。一般先行语的使用是要让读者明白或辨认出所要谈论的话题，对使用者来说不存在根据上下文在名词、代词或零形式之间进行选择的困扰，对读者来说也不存在消除歧义的问题。因此，无论是汉语还是其他语言，也无论是语言学界还是对外汉语教学界，对指称的研究往往更多关注的是回指问题，对先行语的关注相对较少。事实上，语篇中先行语的选择并非随意，而往往与其在语篇中的功能有关，一般语篇中的先行语可分为定指和不定指两大类，因此，先行语的使用也面临着不同的选择。Maya Hickmann（马亚·希克曼）等对儿童学习汉语的研究发现：他们往往会利用"小句结构或有数词、专用量词标记的 NP"来表达"首指"——引入一个新的话题，不同于"成年中国人同时用 NP 类型和小句结构两种手段最大限度地标记这种区别，儿童则是逐步学会这样做的"。[①] 那么二语学习者又是怎样习得的呢？

本书是基于 30 多万字的中介语语料库，其中包括四个不同年级留学生的 435 篇作文语料（详见第二章表 2-1）。语料中不同年级的留学生作文不仅题目不同，存在着语体的差异，而且不同年级留学生人数及字数要求也不同。在具体的语篇中我们发现，先行语偏误往往与汉语水平及语体都有一定的关系。此外，不同母语背景的留学生所产生的偏误往往也不尽相同，那么国别、性别的差异是否会影响先行语的使用呢？本书对四个年级留学生先行语的偏误，以及偏误的国别及性别分布情况进行了统计分析。在统计之前，先按先行语定指程度的强弱差异进行了分类：

领属结构———定指名词———复杂组合———数量组合

强 ←——— 定指性———→ 弱

① 西门幻，梁兆兵.汉语叙述话语中的小句结构变异：发展过程分析[M]//戴浩一，薛凤生.功能主义与汉语语法.北京：北京语言学院出版社，1994：266.

需要说明的是，以上四类的定指性的强弱并非绝对的，在具体的语境中其强弱差异会有所不同，如有的领属结构“我的朋友”定指性未必强于“可称呼性”名词如“妈妈、奶奶”等，而“复杂组合”中的情况则更为复杂，其中包括一些难以归类的情况，也包括各种复杂的修饰语与数量结构的组合，如“从美国回来的我的一个朋友”等，因此，各类中难免会有交叉。

本书首先对先行语偏误在国别、性别上的分布情况进行了统计。从整体语料的国别分布情况看，绝大多数是亚洲国家的留学生，其中韩国留学生约占 61%，欧美等其他国家的留学生仅占 11%。在统计过程中我们把韩国以外的其他亚洲国家的留学生都归为一类，具体分为韩国、韩国以外的亚洲国家和其他国家这三大类。

表 3-1　四个年级先行语偏误的国别、性别分布情况

指称形式 \ 性别 \ 国别 \ 年级		一年级下（一下）			二年级上（二上）			二年级下（二下）			三年级上（三上）			总计	百分比
		韩国	亚洲	其他	韩国	亚洲	其他	韩国	亚洲	其他	韩国	亚洲	其他		
领属结构	男	2	—	3	11	—	3	2	—	1	—	—	2	24	16%
	女	1	1	1	1	3	—	3	2	—	—	—	—	12	
定指名词	男	1	1	1	3	—	1	1	—	—	—	—	—	8	5%
	女	1	—	1	1	—	—	—	—	—	—	—	—	3	
复杂组合	男	8	1	—	20	6	4	9	—	1	3	—	—	52	34%
	女	1	1	—	7	6	1	1	1	—	2	1	1	22	
数＋量＋名	男	8	—	1	29	7	3	7	4	2	—	—	1	62	45%
	女	6	—	—	11	5	2	6	5	1	—	—	—	36	
总计	男	19	2	5	63	13	11	19	4	4	3	0	3	146	66%
	女	9	2	2	20	14	3	10	8	1	2	1	1	73	34%
总计		39			124			46			10			219	100

通过对留学生的背景信息的统计（见表 3-1），我们发现，韩国留学生原本就占有绝大多数，因此韩国留学生的先行语偏误也占绝大多数。从整体来看，国别差异对先行语的使用影响不大。值得注意的是，先行语偏误在性别上的分布情况存在着男生比女生偏误率高的倾向，虽然不同类型的先行语之间存在微小的差异，但整体而言，男生与女生偏误的比率基本上接近 2∶1，可见在先行语的使用中，女生习得和使用的情况明显好于男生。此外，语料还显示在不同的表达式中先行语偏误的分布情况也存在着

明显的差异，这是值得我们进一步研究的。

从语料中我们发现，二语习得者在汉语先行语的引入过程中也呈现出类似儿童习得的特征。留学生的语篇中倾向于使用定指来引入一个新的话题，初级阶段的留学生先行语多使用相对固定的表达模式——“我最爱的人＋是”句式，这种针对标题引入的话题人物多为定指宾语，“我的妈妈、爸爸、奶奶、老师……”。许余龙认为“由无定名词短语引入语篇的实体作为语篇中主要主题的相对重要性，部分反映为它们在其后的语篇中提及的次数”，其研究发现 95%以上的数量名结构会在语篇中再次或多次提及。① 在语料中我们发现许多先行语的偏误与数量结构的缺失有关：

(1)……但是后来发生了不会了解的事，她……(一件我无法理解的事)

许余龙还对存现句的篇章功能进行了研究，他认为“存现结构在语篇中不仅用于引入一个新主题，而且特别用来说明所引入的实体是一个重要的新主题，即那些最有可能在其后的语篇中重点谈论的主题”，并通过统计数据加以证明。一般存现句往往引入一个以数量结构来标记的不定指先行语，留学生由于没有掌握好这种表达方式，在先行语引入时很容易出现以上偏误。

因此，本书对先行语偏误的研究涉及以下两个方面：一是与数量结构有关的先行语自身的偏误；二是引入先行语的各种句式中的偏误。具体分为以下九节：

(1)与数量结构有关的先行语偏误分析；

(2)数量结构的缺失与可接受程度的差异；

(3)数量结构的缺失与前景－背景信息地位的差异；

(4)数量结构的偏误与语体的差异；

(5)先行语引入句式中的各种偏误；

(6)留学生偏爱使用的先行语引入句式——“是”字句的偏误研究；

(7)留学生偏爱使用的先行语引入句式——“有”字句的偏误研究；

(8)典型的话题引入句式——存现句中各种偏误研究；

(9)本章小结。

① 许余龙.篇章回指的功能语用探索：一项基于汉语民间故事和报刊语料的研究[M].上海：上海外语教育出版社，2004：158.

第一节　与数量结构有关的先行语偏误分析

一些学者研究发现，先行语的选择不只是简单的词语使用问题，还往往与语篇建构直接相关，选择不同的先行语不仅会引发读者不同的心理预期，还会直接影响语篇的衔接与连贯。汉语语篇中“一个”“一些”等数量结构在话题引入时并不只表示数量概念，还承载了一定的篇章功能。陆俭明从数量词对语法结构的制约作用出发，提出数量词语除了具有表量的功能以外，还有指代、构成特殊句式以及制约某些句法结构等多种功能。[①] 大河内、康宪认为，汉语量词具有“个体化功能”，不加量词的名词，表示一种没有被个体化、没有具体轮廓意识的抽象性事物。[②]

汉语中的数量结构基本上是以“数＋量＋名”组合的方式出现的，一般“X 量名”只具有数量表达功能，而“一量名”则“既表数量，也能泛化。泛化的目的并不是为了表达确定的数量和事物，而是为了强调和突出事物的状态特征”[③]。数量结构的这一篇章功能对留学生来说是有标记的，掌握起来有一定的难度，往往会出现偏误。

在留学生的语料中，先行语的使用也存在着各种偏误，本书首先对四个不同年级留学生的性别、国别及作文要求等背景信息进行了统计分析，在此基础上对先行语的偏误进行了分类标注和数据统计，对其中与语篇因素有关的各种数量结构偏误进行了全面考察，以探讨偏误背后的真实动因。

由于本书所关注的是整个先行语表达式，而留学生的偏误有时只出现于其中的某个部分，为了真实呈现错误所在，我们在标注中将偏误细分为定语、中心语和整个名词性成分这三类。如数量结构的偏误，不仅有作为中心语的名词偏误，也有数量结构本身的多余、缺失和错用，还有整个“数＋量＋名”组合的多余或使用不当等，在统计中为了能更加清晰地对四个年级的偏误情况进行对比，我们对这三小类进行了整合。因此，下表中的“多余”或“缺失”多是定语或中心语部分的偏误，“错用”中也有类似情况，特此说明。

第一，先行语偏误与语体直接相关。二上作文要求介绍中国的一个地方或者自己国家的一种风俗，偏误数量最多，主要是一些名词使用的错误；三上的偏误非常少，也

---

① 陆俭明.双宾结构补议[J].烟台大学学报，1988(2)：31-35.

② 大河内，康宪.量词的个体化功能[C]//大河内，康宪.日本近、现代汉语研究论文选.靳卫卫，译文审校.北京：北京语言学院出版社，1993.

③ 宗守云.“一量名”和“X 量名”的差异[J].阜阳师范学院学报，2008，121(1)：10-13，30.

与语体有关，是一学期的“学习总结”，先行语基本上都是学过的课程名称，偏误也主要是名词使用错误，如“自己还存在的差点、新的选课”等这些词汇层面的偏误，与篇章关系不大；而一下和二下由于都是写人的记叙文，偏误相对较少。可见语体与先行语的偏误有直接的关系。

表 3-2　四个年级先行语偏误统计

指称形式 \ 句法位置 \ 偏误类型 \ 年级		一年级下（一下）			二年级上（二）			二年级下（二下）			三年级上（三上）			总计	百分比（%）
		多余	缺失	错用	多余	缺失	错用	多余	缺失	错用	多余	缺失	错用		
领属结构	主语	1	—	4	—	1	4	1		2	—	—	1	36	16.44
	宾语	1	—	2	1	2	10	2	1	2	—	—	1		
定指名词	主语	—	—	1	—	—	1	—	—	—	—	—	—	11	5.02
	宾语	—	—	4	—	—	4	—	—	1	—	—	—		
复杂组合	主语	—	1	6	—	—	8	—	1	2	—	—	1	74	33.79
	宾语	—	—	4	—	4	32	—	2	8	—	—	5		
数＋量＋名	主语	—	—	—	—	—	2	—	—	1	—	—	—	98	44.75
	宾语	2	6	7	7	18	30	—	4	20	—	—	1		
总计	主语	13			16			7			2			38	17.35
	宾语	26			108			40			7			181	82.65
总计		39			124			47			9			219	100

第二，先行语偏误与表达式的复杂程度、定指程度直接相关。其中偏误最少的是定指名词和领属结构，“数＋量＋名”结构的偏误最高，这与其本身的不定指表达直接相关，也与各种语篇因素有关，本书将对此进行重点分析。

第三，在具体的偏误类型的分布上存在明显差异。四个年级中先行语偏误出现最多的都是错用，约为偏误总量的四分之三；其次是缺失，主要是“数＋量＋名”组合或部分复杂组合中的各种定语缺失，这种缺失偏误往往导致先行语提供的信息量不足，影响篇章的衔接与连贯，下文将针对各种与数量结构有关的缺失偏误进行描写及分析。

第四，从句法位置来看，宾语的偏误多于主语，而且随着年级的提高主语位置的偏误逐渐减少。这与先行语本身的信息特征有关，“汉语的主语有一个总的倾向——一般都是定指的，即一般是已经介绍过的或者已经知道的事情”①。从信息流的角度看，

① 刘月华，潘文娱，故铧.实用现代汉语语法：增订本[M].北京：商务印书馆，2001：65.

“一般叙述语体(narratives)里主位在前、述位在后的语序,体现了语用学的可处理原则(prcessibility principle),先从听话人熟悉的情况说起,再引出新的、重要的信息,这是……最符合听话人心理认知过程的、最合理的信息结构处理方式”①。作为语篇中首次引入的一个新信息,先行语往往出现在宾语位置上,汉语的主语多为有定的名词性成分(少量的无定名词主语句除外),指称已知的、确定的人、事、物,而宾语多是无定的名词性成分,指称未知的、不确定的人、事、物。留学生篇章中的定指偏误多为词汇层面的,不定指偏误往往与数量结构有关,并且多与篇章因素有关,这是本章研究的重点。

从不同年级的偏误情况看,同为叙述性语体,与一下相比,二下宾语的偏误明显多于主语,比例为 41∶7。其中复杂组合和“数+量+名”组合的错用偏误有 28 例,可见二下的留学生已经开始在宾语位置上使用比较复杂的先行语引入新信息,这也反映出留学生先行语的使用逐渐接近正常的汉语表达习惯。

总之,语料显示留学生性别的差异和汉语水平的差异是影响其先行语使用的关键因素,由于语料本身在国别分布上存在不平衡的问题,所以对国别信息的统计没有发现具有说服力的数据。从语料分析中发现,留学生数量结构的偏误量最大,这与不定指的使用直接相关,从定指到不定指的转换,不只是词语使用的问题,还是与句法、篇章有关的一项系统工程。本章将在定量考察的基础上,从篇章角度对各种与数量结构有关的不定指先行语偏误进行具体的描述及分析。需要说明的是,一般的量词使用错误,如“一个猪、一个衣服”等不是我们所关注的,本书关注的是那些具有篇章功能的各种数量结构偏误,而这些偏误往往不如词汇偏误那么明显,不是简单的对与错的问题,而是一种带有倾向性的“柔性”偏误,在具体篇章中往往也存在着可接受程度的差异,有着“偏”与“误”的差别。

第二节 数量结构的缺失与可接受程度的差异

孙朝奋从语篇的角度,提出了数量词语的使用与汉语的主题重要性直接相关,“一个主题上比较重要的名词性短语倾向于由数量结构引进话语,由数量词引进的话题在随后的话语中再现率很高”②。

① 张伯江,方梅.汉语功能语法研究[M].南昌:江西教育出版社,1996:29.

② 孙朝奋.汉语数量词在话语中的功能[M]//戴浩一,薛凤生.功能主义与汉语语法.北京:北京语言学院出版社,1994:155.

正常情况下，作为先行语的名词性成分形式越复杂，提供的信息往往就越多，也就越容易被辨认出来。留学生由于汉语水平所限，使用的先行语往往比较简单，这时就更需要用数量结构来对其进行“包装”，否则无法接受。请看下例：

(2)不到两天，我很容易找到了+辅导老师。她……(+一位)

(3)我开摩托车上课的路上，碰到了+警察，她看到了我……(+一个)

这里“辅导老师”“警察”在文中都是首次出现的，又是下文主要谈论的人物，并非只出现一次的偶现信息，因此需要数量结构来标记。从单个句子来看，以上两例句没有数量结构似乎也能接受，并非绝对不可以使用，此处的偏误需要结合上下文才能进行判断，这些偏误都不是句法层面的，而是篇章层面的。Chierchia(基耶尔基亚，1998)通过比较多种语言认为，在没有单复数区别的语言，如汉语中，光杆名词性成分本身的性质就如同不可数名词，只有加上量词等指称成分后才能获得个体性。①

语料中我们也发现，各种先行语偏误之间存在着可接受度的差异。在叙述性篇章中，引入新话题的先行语若以光杆名词的形式出现，前面一般强制性地需要有数量结构共现，特别当引入的先行语是后面主要谈论的话题时，数量结构的缺失往往会影响篇章的衔接及连贯，这是要向留学生特别强调的。如果前面有其他修饰成分，这种强制性就会减弱，如下例：

(4)一个小时以后，我陪她出了酒店，去了+夜景非常好看的公园。我也没去过那公园。所以怎么走我也不知道。(+一个)

此例的可接受度比前(2)(3)例高一些，属于“偏”之列。这与中心语“公园”前的修饰成分有关，也与作者的表达有关，前句“出了酒店”，后面“去了”引入与之对应的地点名词，在这种对应的表达中不用数量结构也是可以接受的，如果有则会使篇章衔接得更好，因为后面有“那公园”的回指。

在叙述性篇章中，数量结构本身具有凸显其后名词性成分的篇章功能，当然这并非绝对，这种“包装”功能也可通过其他方式实现，如提高名词性成分本身的复杂度等，因此，在先行语引入过程中，数量结构的隐现往往与名词性成分本身的复杂程度有一定的关系。当然，作为先行语，只要后面有回指，前面的修饰成分无论有多复杂，使用

① 刘丹青.汉语类指成分的语义属性和句法属性[J].中国语文，2002(5)：411-422.

数量结构基本上都是可以接受的。

此外,对数量结构的需求还与先行语本身是否具有唯一性有关。如下例:

(5)我和姐姐想去博物馆,但是不太熟悉那个地方。所以问一个中国人怎么走。他就是艾强。他也想去博物馆,那天我们在博物馆……

此处"博物馆"前面没有数量结构可以接受,一般中等城市里"博物馆"不会有很多,因其具有唯一性,数量结构就可有可无。如果这里的"博物馆"换成了"饭馆",那么,前面就需要强制性地添加数量结构了。

第三节　数量结构的缺失与前景—背景信息地位的差异

汉语的数量结构具有"前景设置"功能,可以使其后的名词性成分前景化,凸显其在话语中的显著性。古川裕从前景背景的关系出发对"一个"的话语功能进行了分析。他认为汉语宾语位置不强调数量"一个"的主要功能,是为了突出所在名词短语的前景(forward-ground)地位。[①] 前景与背景(background)相对立,前景即句中最显眼的部分,而背景则是句中用来衬托前景的部分。请看下例:

(6)我来北京快一年了。在北京的生活中我发现＋让我感到惊奇的地方。首先,……另一个,……[后面是两段很长的叙述](＋一些)

如果单看这段话,很难发现其中的问题,这就需要从篇章的角度来考察。画线部分是下面两段主要谈论的内容,因此"发现"后面应该加上"一些"来对引入的新信息进行"前景"化包装,这样能给读者一个心理预期,否则,不仅不能引发出正确的心理预期,还会给人一种心理误导,"……发现让我感到惊奇的地方。也发现让我觉得不太满意的地方……"可见,这里数量结构的作用是通过凸显名词性成分的前景地位,帮助读者建立正确的心理预期,以增强篇章的连贯度。下例也类似:

---

① 古川裕.现象句和双宾句的认知基础:"数＋量＋名"词组的出现条件[C]//新时期语法学者学术研讨会论文,1996:160.

(7)［上段结尾］伴随着节日的习俗，出现了＋社会的问题。(＋一些)

［下段开始］＋社会的问题是人们与现代化的问题，因为随着社会发展……(＋这些)

画线部分作为一个新引入的话题，在段落的衔接中，如果上段加上“一些”来凸显，下段加上“这些”来呼应，不仅能够延续话题，也能使段落之间更加连贯。可见，数量结构的篇章功能不可忽视。需要说明的是，如果先行语处于背景地位，对数量结构的需求就不那么高了。请看下例：

(8)玩儿的时候，很有意思。我们去饭馆儿才发现。我们的钱包，火车票都丢了。那个饭馆的老板帮我们。所以才回家了。

此处数量结构可有可无，“饭馆儿”后面虽然有回指，但在这里只是提供一个关于时间、地点的背景信息，无须凸显或强调。可见，先行语中的数量结构与其在篇章中所处的信息地位有一定的关系。

一般篇章中首次引入的先行语倾向于使用数量结构来凸显其“显著性”，这种有效的凸显使其具有较高的可及性，而高可及性的名词性成分在后面的篇章中往往使用代词甚至零形式等来回指，使篇章更加连贯。留学生的指称偏误往往出现以下两种情况：一是由于数量结构的缺失，该凸显的先行语没得到充分的凸显；二是在回指中，该简省的没简省，导致信息的重复和冗余。请看下例：

(9)有一天她跟我一起看＋电影，那部电影的内容是一个男人抛弃一个女人所以女人自杀了。我一边看一边流眼泪，可是她好像觉得没有意思。［＋一部，Φ(“零形式”)］

上例就涉及先行语和回指语这两个方面的问题，一是由于数量结构的缺失，先行语没被有效地凸显出来，二是以后面小句作为联想回指，按照廖秋忠“框—棂关系”中框的省略原则，“当框为话题或话题明确突出时，框容易被省略”①，此例中该省略的“框”也没有省略，后续句中出现了定语的多余。

① 廖秋忠.篇章中的框—棂关系及所指的确定［M］//廖秋忠.廖秋忠文集.北京：北京语言学院出版社，1992：37.

第四节　数量结构的偏误与语体的差异

各种语言都有一种倾向，旧信息（可预设度较高）用小句中靠前的短小形式表示，新信息（可预设度较低）用小句中靠后的长大形式表示。“所有语言都有按这种相对程度来标记信息新旧的手段，包括一系列相对‘长大’和相对‘短小’的形式，以及词序的变异。”①

随着汉语水平的提高，留学生在引入先行语时，会提供更多的附加信息，由于复杂组合是由多项定语组成的，不仅词语数量增多，词语之间的排列顺序、词语的搭配等问题都会出现，这种因复杂度的提升而导致的偏误情况比较复杂。

一、习惯表达与语境差异导致的偏误

在二语习得过程中，一些习惯的表达往往是以语块（chunk）的方式进行记忆的，如口语中常常说“你在干吗”“我在等朋友”，留学生往往把“等朋友”作为一个相对固定的语块来使用，但是在语篇中有时需要进行适当的调整，才更容易被接受，如下例：

（10）我记得那个时候外面下大雨，我正在等＋朋友，等了一个小时人也没有出现。……正好在我旁边有一个女孩子坐着。（＋一个陌生的朋友）

这里作者用了“等朋友”这个常用的说法，从句法及前后的衔接上看似乎没有什么问题，但如果仔细分析上下文，就会知道作者在等一个陌生的、从未见过面的朋友，结果发现所要等的人就是他旁边坐着的那个女孩子。此处不仅要添加“一个”，还要加上必要的修饰成分“陌生的”，才能让人更容易明白作者的意思。

因此，汉语教学不仅要讲授语法、词汇知识，更要帮助留学生明白如何在不同语境中恰当地使用这些词汇、语法知识。如“看（个）电影、发（个）信息、打（个）电话”这种常用的动宾结构，在具体的篇章中要根据上下文语境进行调整，如果是叙述性篇章中的事件句，就要有“个”或者“一个”。所谓“事件句”就是“叙述一个独立的、完整的事件的句子”②。没有实际终止点的句子都属于非事件句，从属句、惯常句、祈使句、疑问句和

---

① 西门幻，梁兆兵.汉语叙述话语中的小句结构变异：发展过程分析[M]//戴浩一，薛凤生.功能主义与汉语语法.北京：北京语言学院出版社，1994.

② 沈家煊.“有界”与“无界”[J].中国语文，1995，248(2)：367-380.

标题句都属于非事件句。汉语教学中应该帮助留学生学会区分这种差异，以避免下例中的偏误：

(11) 我来中国以后，我妈妈常常给我打个电话。我妈说："你吃饭了吗？还有身体怎么样？"(Φ)

这里留学生很可能是把"打个电话"作为一个惯用的语块直接拿来用，然而在这种表示经常性行为的"非事件句"中不能使用数量结构。由于语境和语体等的差异，一些口语中常说的句子在语篇中未必能被接受，这对留学生，尤其是对中高级留学生来说是需要特别注意的问题。

二、口语与书面语差异导致的偏误

口语中多使用短小的句子，而书面语中的句子往往要长一些。西门幻和梁兆兵认为，"叙述者可以用不同类型的小句来引入所指，……如关系小句，在引入所指的同时对所指表述某种附加信息"[①]。"关系小句"有学者也称之为"关系从句"，相当于英语中带有修饰限定功能的定语从句，在汉语中往往是以带有"的"字的复杂组合呈现的。如果没有"的"就会出现类似下例的错误：

(12)我最爱一个人是我的妈妈。(我最爱的一个人)

需要提醒留学生，在小句的降格过程中"的"字的存在是非常重要的。类似的表达如在"今天介绍中国朋友是……"中也是"的"字的缺失。"汉语中最普遍的关系从句标记类型是泛用定语标记'的'及其方言对应词"[②]。

语料中发现一些口语中常说的句子，用在书面语中往往感觉别别扭扭的。如下例：

(13) 我们班，有一个学生年纪比较大。他对学习汉语不太感兴趣，总不明白老师说的话。(一个年纪比较大的学生)

(14) 当时我八岁的时候有一件事让我忘不了的事情。(一件让我忘不

---

① 西门幻，梁兆兵.汉语叙述话语中的小句结构变异：发展过程分析[M]//戴浩一，薛凤生.功能主义与汉语语法.北京：北京语言学院出版社，1994.

② 刘丹青.汉语关系从句标记类型初探[J].中国语文，2005，304(1)：3-15.

了的事情)

(15)但我认识的中国人不多。我有一个好的中国朋友不能忘记。(有一个不能忘记的中国好朋友)(有一个难忘的中国好朋友)

上面画线的部分在口语中常常会说,似乎没什么问题,但是在书面语中,就要将画线部分改为复杂组合,来引入一个带有附加信息的话题人物。下例也类似:

(16)北京是很老的城市,……并且有个风景区很自然。北京市所有的人都喜欢这样的风景区。去年我去过一个地方叫十渡。这个地方……

两个画线部分应分别改为"有个很自然的风景区"和"我去过一个叫十渡的地方"。这种表达上的问题可能是由以下两方面原因所致:一是口语的影响。在汉语口语中,这种简短的独立小句是常用的句式,但在篇章中使用则不太合适,这是语体差异所致。二是学习能力问题。由于留学生还没掌握好这种复杂的表达方式,所以连续使用了两个简短且常用的口语表达。这两个方面在教学过程中都需要特别注意:首先要提醒留学生注意语体的差异,口语表达一般比较简短,而篇章中的表达往往要复杂一些;其次应有意识地操练由口语到书面语的转换,帮助留学生学会这种具有一定难度的复杂表达。

总之,留学生先行语的使用特点是,多数人倾向于选择定指的名词性成分,如"我的爸爸、妈妈、王小丽"等,这类专名、领属结构等定指表达方式使用起来难度相对较小,除了词语使用上的问题以外,一般不会出现与篇章有关的错误。而由数量名结构引入的不定指先行语,由于本身的不确定性,给人一种难以把握的感觉,又因其与篇章因素有关,语料中虽然使用量不高,但相比之下偏误量却非常高,且情况也比较复杂,往往不是单纯词语使用的问题,而是与引入先行语的句式有一定的关系。

第五节 先行语引入句式中的各种偏误

语料中发现各种先行语的偏误并非孤立的,而是与句式的选择有着密切的关系。本章对语料库中四个不同年级留学生引入篇章话题时使用的句式进行了标注,在之后的统计分析发现:一是不同年级留学生使用的句式存在明显差异;二是不同的语体也会影响先行语引入的句式。为了真实且清晰地反映各种句式的实际使用情况,根据留学生语料的情况，结合以往学者对各类句式的研究成果，本节对留学生语篇中出现的先行语引入句式进行以下分类："是"字句、"有"字句、存现句和其他句式。

需要说明的是，如此分类，是在语料分析基础上进行的，且与留学生的汉语水平直接相关。"是/有"字句中的动词是固定的，也是留学生最早习得的，两者都存在多个不同的义项（参见《现代汉语八百词》）。"是"有"存在""等同"和"归类"等多种义项，其后的宾语往往既可以是定指，也可以是不定指，使用频率非常高，因此成为初级阶段留学生的最爱。而"有"字也有表示"领属"及"存在"这两个基本意义，语料中也为使用频率非常高的句式。

"是/有"字句本身都有表示"存在"的义项，如黄伯荣等在《现代汉语》中把"有"归入了表示"存在、变化、消失"义一类动词中，[①]这与通常所说的"存现句"有一定的交叉，但从语料来看，"是/有"字句在篇章中使用频率高，成为留学生引入先行语时偏爱使用的两个句式，因此下面将其单列出来分别进行研究。

存现句作为一种表示人或物存在、出现的句式，在现代汉语中应用广泛。李临定、潘文及刘街生等学者都进行过许多研究，有的将其称为"存在句"或"隐现句"等。许余龙介绍了各种存现结构类型，其中有：表示某人或某物所在处所的动词，如"住（着）、坐（着）"；表示作为某一事件或经历的结果，某人或某物出现于情景中的动词，如"养（了）、生（了）、娶（了）"。[②]

刘街生认为，"从语用上看，存在句基本上是一种呈现结构（presentational structure），往往是把一个新事物引入话语当中"[③]。刘街生在对存在句的动词进行考察后发现，及物动词、不及物动词和一些动结式都可以进入这种句式，因此他认为"汉语存现句中的动词比较复杂，难以简单地归类"[④]。

本书中的"存现句"主要是指那些使用具有引介功能的动词或动词组合方式引入先行语的句式，此外还把具有引介功能的无定名词主语句也归入"存现句"大类中。内田庆市认为无定名词主语句是"另一种存现句"[⑤]。请看表 3-3。

---

① 黄伯荣，廖序东.现代汉语：增订 4 版[M].北京：高等教育出版社，2007：13-14.

② 许余龙.从回指确认的角度看汉语叙述体篇章中的主题标示[J].当代语言学，2005，7(2)：122-131.

③ 刘街生.存在句的构成、理解和语用状态[J].当代语言学，2009，11(3)：64-71.

④ 刘街生.存在句的动词考察.汉语学习.2013(1)：13-19.

⑤ 内田庆市.汉语的"无定名词主语句"：另外一种"存现句"[C]//大河内，康宪.日本近、现代汉语研究论文选.靳卫卫，译文审校.北京：北京语言学院出版社，1993：359.

表 3-3　四个不同年级篇章话题引入情况列表

句式/先行语 年级	“是”字句		“有”字句		存现句		其他		总计
	定指	不定指	定指	不定指	定指	不定指	定指	不定指	
一年级下(一下)	67	1	1	6	2	3	4	2	86
二年级上(二上)	20	2	4	3	49	21	38	6	143
二年级下(二下)	17	6	1	23	14	31	10	16	118
三年级上(三上)	6	20	1	10	1	6	23	21	88
总计	110	29	7	42	66	61	75	45	435

通过对语料库中四个不同年级留学生引入先行语的各类句式进行标注和对比分析，我们发现，随着汉语水平的提高，“是”字句的使用量呈减少趋势，其他句式的使用量呈提高趋势；与此同时，不定指使用量随着汉语水平的提高而增多。需要说明的是，不同语体对先行语的使用及句式的选择有一定的影响，如二上是介绍一个地方或一种风俗习惯的说明性语体，留学生普遍使用的是动词“介绍”，或者“我去了……”来引入篇章话题。潘文、延俊荣在对存现句在不同语体中的差异考察后发现，文艺语体中的存现句呈集中出现的特点，而其他语体中的存现句在文中比较分散。[①] 有鉴于此，以下研究主要以一下及二下的作文语料为研究对象，原因是这两个年级的语料更具可比性，都是写人的叙述性语体，题目分别为“我最爱的一个人”和“我最熟悉的一个中国人”。统计数据显示，两个年级留学生引入篇章话题时使用的先行语存在明显差异，具体有以下一些特点：

首先，不同年级留学生在引入整个篇章的“话题人物”时，使用先行语的定指程度存在明显差异。一下 86 名留学生，使用定指表达的有 70 例，使用不定指的仅 16 例，不到总量的五分之一；二下不定指使用量超过二分之一，118 篇作文中以数量结构引入不定指“话题人物”的有 76 例。可见，随着汉语水平的提升，不定指的使用量也明显增多。

其次，从使用的句式看，两个年级留学生都偏好使用“是”字句，尤以一下为甚，86 篇作文有 68 例使用“是”字句，而且基本上都使用固定模式，“我最爱的一个人＋是＋定指的名词性成分”；或者前后对换，“定指的名词性成分＋是＋我最爱的一个人”。随着汉语水平的提高，二下 118 篇作文中“是”字句的使用量仅为 23 例，而“有”字句和存现句明显增多，当然这其中的偏误也不少。

总之，无论是统计数据还是实际的语料都显示这两个年级的留学生在先行语的使

① 潘文，延俊荣.论现代汉语存现句的语用分类[J].江苏社会科学，2007(1)：209-213.

用上存在着明显的差异，与一下几乎千篇一律地使用“是”字句相比，二下不仅使用不定指先行语的数量增加，而且使用的句式也更加多样化，这正体现了中介语发展的过程性。

英国功能语言学派开创人 Firth(弗斯，1957)认为，了解一个语词的属性的最好办法是“观其友”(look at the company it keeps)，也就是看经常跟这个语词共现的成分是什么。因此，对先行语引入句式的研究将使我们对先行语的使用情况有一个更为全面深入的认识。

第六节　留学生偏爱使用的先行语引入句式——“是”字句的偏误研究

各种引入先行语的句式中，“是/有”字句中的动词是固定的，使用难度相对较低，因而成为留学生，特别是初级阶段留学生偏爱使用的句式。如下例：

(17)a.我最爱的一个人是我妈妈。

b.我最爱的一个人是我的爸爸。

c.我最爱的一个人就是她，我妈妈。

d.我最爱的一个人是西田智子。

e.我最爱的一个人是我的朋友。

以上“是”字句的宾语虽然定指程度不同，但都是以定指形式引入篇章话题，有表示唯一性的称谓名词“爸爸、妈妈”等，有人称代词，还有专有名词“西田智子”和领属结构，这种“等同”表达中的主宾语位置是可以互换的。“在确定的语言环境下，主语、宾语所指的事物是唯一的，主宾语可以互换。”[①]由于“是”字句的宾语无论是定指还是不定指，都具有话题引入功能，其在初级阶段留学生作文中的使用频率很高；又由于使用这种方式引入篇章话题基本不会出现错误，“是”字句成为各个年级留学生都偏爱使用的一种句式。

一、“是”字句的高频使用及相关偏误分析

语料显示，初级阶段的留学生更倾向于使用“是”字句来引入篇章中的主要话题，

① 刘月华，潘文娱，故韡.实用现代汉语语法：增订本[M].北京：商务印书馆，2001：697.

王红旗认为"是"字句的话语功能有两个：一是延续或引入句子话题，一是引入篇章话题。①

语料中以不定指方式引入先行语的"是"字句非常少，但偏误却很多。请看下例：

(18) 我来中国以后见了不少中国人。我介绍的人是其中一个人。(Φ)

此例多次出现了"人"，作为"等同"义的"是"字句，主语有了"……的人"，宾语中的"人"就可省略，此处的数量结构"一个"兼具指代功能。这类错误主要出现在初级阶段的留学生作文中。

随着汉语水平的提高，一些留学生开始在篇章中尝试使用"'是'字句＋不定指"引入话题人物，这时的"一个"或者"一＋量"作为不定指标记是必不可少的。请看下例：

(19) 我熟悉的一个中国人是＋女人。我来中国以后认识的中国人中最亲近的女孩。(一个女人)

这里很显然是"一个"的缺失。这里数量结构"一个"具有凸显其后名词性成分，使之成为篇章人物的"话题包装"功能，是绝对不可缺少的。

沈家煊等认为，在交际过程中，说话人受到来自两个方面的制约，一方面要让听话人准确无误地识别指称对象，一方面人又有将注意力集中于显著事物的自然倾向。②从认知心理上讲，凸显度高的事物容易引起人的注意；反过来，人把注意力集中在哪个部分，哪个部分就相对凸显。此例中的数量结构不仅是表达数量，而且是用来提高其后名词的信息度，以此提升该名词在篇章中的"凸显度"，使读者有一个心理预期——这个"女人"是下文的话题人物。此处的数量结构能帮助读者产生一种心理上的"聚焦"，而留学生对数量结构的这种篇章功能几乎一无所知，加之，教师在教学中对这方面的问题重视不够，导致留学生在篇章中出现许多类似偏误。

二、多种义项的"是"字句习得难度考察及教学对策

由于"是"存在多个义项，不仅表示"存在"，也表示"等同"，甚至还表示"归类"，不同的义项中宾语的定指程度也存在差异，因而对数量结构的需求是不同的。表示"等

① 王红旗."是"字句的话语功能[J].语文研究.2010，116(3)：11-18.

② 沈家煊，王冬梅."N的V"和"参照体—目标"构式[J].世界汉语教学，2000(4)：25-32.

同”义的“是”字句引入一个话题人物，其后的数量结构是绝对不可缺少的，如例(19)，而表示“归类”义时，如“她是(一个)女人”，其中的数量结构则可有可无。

一般“是”字句中的定指表达往往是最先也最易习得的。语料显示，留学生篇章中先行语使用的倾向性特征就是由专名、定指性强的名词性成分逐渐转向定指性弱的，甚至不定指的名词性成分。由于不定指中的数量结构不仅仅表达数量概念，还具有一定的篇章功能，这对留学生来说是有标记的，掌握起来有一定的难度，这种表达方式在初级阶段使用量较少，而出现的偏误率却比较高。因此，有必要提醒留学生注意，在引入话题的“是”字句中，“一个”的隐现并非任意的，而是与篇章功能直接相关的。

第七节　留学生偏爱使用的先行语引入句式——“有”字句的偏误研究

“有”字句也是留学生偏爱使用的句式，使用中出现的偏误主要为数量结构的缺失，下面将对此进行描写与分析。

一、“有”字句中的各种偏误

语料显示，留学生“有”字句中的先行语偏误有相当一部分为数量结构的缺失。请看下例：

(20)我小的时候，跟奶奶一起住。她家前边儿有＋小院子。小院子里……(＋一个)

(21)在乐山有＋大佛，你看过中国电影《风云》吗？这大佛是那电影内出现了，真的非常大，它的一趾是跟我差不多，真吃惊了。(＋一个)

这里的“有小院子、有大佛”，如果看单个句子似乎没什么问题，但结合上下文来看，就不太合适了，前面要添加数量结构。有些学者如大河内、康宪(1993)、古川裕(1997)等把汉语中的“一个”看作是“个体化”标记，或是不定指标记。在具体的篇章中，往往根据后面不同的名词性成分而使用不同的数量结构：

(22) 可是北京的长城最近有＋机器，将人们从地面送到长城。一般我们到长城时一步一步地爬山，但是这种机器能将我们送到上边，……(＋一种)

这里的"有机器"中间需要添加数量结构"一种"来对先行语"机器"进行"包装",从而与后面的"这种机器"形成回指照应关系,这样才符合汉语的语感。

因此,先行语中的数量结构如"(一)量"组合及表示多量的词语如"一些、几个、很多、许多"等,往往都具有引入新话题的功能。留学生对此却并不了解,虽然在作文中,我们也看到有的留学生会通过使用数量结构引入一个新话题,但同时也发现,相当一部分留学生在引入不定指先行语时往往会遗漏必要的数量结构。以往学者对数量结构的偏误研究,主要关注数词、量词的错用,以及"数＋量＋名"的内部搭配等词汇、句法层面的偏误,这些研究对初级阶段的教学有一定的指导作用。但是随着留学生汉语水平的提高,在数量词的使用以及与名词的搭配都基本掌握之后,有必要让其知道数量结构的篇章功能。

二、数量结构的篇章功能及"有"字句的习得难度考察

首先,数量结构"(一)量名"组合在篇章中的功能比较复杂,因此,有必要进行一下梳理,以帮助留学生更恰当地使用:

第一,作为真实的数量表达,是句法语义所要求的。

第二,作为"不定指"标记,具有凸显其后名词性成分的"个体化"功能,是不可缺失的,其隐现受篇章因素的影响。如果是开始一个新的话题,且后面有回指,一般倾向于使用数量结构;若是作为出现一次的偶现指称,往往不需要数量结构,只用光杆名词即可。

由此可见,数量结构的这种篇章功能,已不单单表示数量概念,而是具有对篇章中新引入的名词性成分进行"前景化"包装的功能,这种篇章功能往往是我们在教学中所忽视的,也是留学生所不知道的,恰恰是需要教师特别强调的。

其次,汉语的"有"既表示存在又表示领有,两个意思综合于同一形式,不同于英语分别有"There be"和"have"两种表达形式。温晓虹对汉语存在句的习得情况进行研究后认为,母语为英语的留学生在习得汉语存在句时,更喜欢汉语形式单一的"有",在初级阶段,就能够直接地、较顺利地掌握基本形式。①

最后,我们发现,虽然汉语"有"字句使用频率的确非常高,且在初级阶段就大量使用,但这并不意味着留学生就能够完全正确地掌握这种句式。语料中出现大量"有"后数量结构的缺失偏误,这些偏误在单句中难以发现,只有在篇章中才能显现出来。在篇章中,无论是表"领有"还是表"存在",这两个不同意义的"有"在语义上出现中和,其

① 温晓虹.主题突出与汉语存在句的习得[J].世界汉语教学,1995,32(2):52-61.

原来的领有义或存在义都不那么清晰了。同时，由于英语等其他语言中定指和不定指有一定的形式标记，"Weinrich（温里奇）研究发现各种冠词能够引导听者去理解篇章的某些内在联系。如德语中的定冠词传递了所有的'已知信息'，不定冠词则表示'未知信息'"①。在英语中"There be"后会带有不定指标记"a/an"；"have"后的名词性成分往往为定指，即使有数量结构，也多以定指出现，如"I have one brother and three sisters"。汉语的"有"将英语的"have"和"there be"合而为一，且英语的"one"和"a/an"，在汉语中也都统一使用"一个"，这就容易使人混淆；加之在汉语教学中对汉语中数量结构作为不定指标记的篇章功能关注不够，缺失偏误在所难免。因此，在汉语教学中需要强调说明：汉语篇章在引入一个下文将要谈论的新信息时，往往倾向于在宾语位置上使用带有数量结构的名词性成分，作为"引入一个新话题"的标记。

总之，在对外汉语教学中，特别是针对中高级阶段的留学生，应从篇章建构的角度引导留学生，无论"是"字句还是"有"字句，也无论哪种义项的"是、有"字句，关键要看做宾语的名词性成分是否具有话题延续性。这点可以根据是否"回指"作为判断的依据，如有回指，那么作为不定指的先行语就一定要使用数量结构作为话题延续的标记；如果是只出现一次的偶现信息，则不用。这种方法既简单又易操作。

第八节　典型的话题引入句式——存现句中各种偏误分析

存现句作为一个典型的引入话题的句式，许多学者都进行过研究，在二语习得方面，温晓虹认为"存在句是一个用来检验不同语言类型的学习者第二语言习得过程的理想句型"②。杨素英等在《汉语作为第二语言存现句习得研究》中提出，处理类、发放类、运动类和生产类动词存现句才是最典型的话题突出的存现句。③ 杨文发现典型的话题突出的存现句并不如"有"字句和"在"字句那么容易习得。④ 在语料中我们也发现各个年级的留学生在以存现句引入先行语的过程中都出现了许多偏误，呈现出的偏误类型也很复杂。本书的存现句范围相对比较宽泛，主要是指篇章中以具有引介功能的动词或各种动词组合方式引入不定指先行语的句式，也包括无定名词主语句。

---

① 钱敏汝.篇章语用学概论[M].北京：外语教学与研究出版社，2001：35.

② 温晓虹.主题突出与汉语存在句的习得[J].世界汉语教学，1995，32(2)：52-61.

③④ 杨素英，黄月圆，高立群，崔希亮.汉语作为第二语言存现句习得研究[J].汉语学习，2007(1)：61-72.

一、具有引介功能的存现句中的各种偏误

“了解句式的话语功能有助于对句式结构本身的认识”，“各种语言中都有的存现结构（existential presentative constructions）的话语功能是引入话语的参加者（participants of discourse）”[①]。由于存现句的使用难度比“是、有”字句大，许多留学生在尝试使用这种表达方式时，难免发生各种偏误，不仅有数量结构的问题，还有动词的选择、动宾的搭配不当，以及动补结构的错用等问题。

（一）存现句中动词使用的偏误

由于汉语存现句的动词比较复杂，选择恰当的动词比直接使用“是、有”的难度要大很多。刘街生认为，汉语存现句中的动词比较复杂，难以简单归类，如在英语或其他许多语言中，存现句中的动词往往是有限的一些不及物动词（如“到达、来、去”等）。[②]可在汉语中，不及物动词（如“游”）和及物动词（如“写”“生产”“放”等）都可以出现在存现句中。因此，在使用汉语存现句时，留学生常常出现动词选择的错误。如下例：

（23）有一天我在家看电视的时候电视上出来一个台湾的新闻……

画线部分的动词“出来”应该改为“播出”，后面的量词最好用“条”，整体应改为“播出一条台湾的新闻”，因此，在使用存现句时不仅要选择适当的数量结构与之相配，而且还要选择合适的动词及动补结构来匹配，难度无疑增加了许多。

（24）但是 2003 年我姐姐结婚了，2005 年 3 月 30 日终于出生了孩子。

“终于出生了孩子”在此不合适，要改为“终于有了一个孩子”或者“终于生了一个孩子”，因为“这个孩子”是作者最爱的那个人，这里不仅要选择正确的动词，还需要用数量结构来对其进行“个体化”包装，使读者产生一种心理预期——这个新出场的“孩子”将是全篇的话题人物。

可见，存现句的使用要顾及的因素更多，难度也就更大。

（二）存现句中动词组配的偏误

存现句中的偏误不仅涉及动词的选择，而且还要考虑与各种辅助成分如“了”或补

---

① 王红旗.“是”字句的话语功能[J].语文研究.2010，116(3)：11-18.

② 刘街生.存在句的构成、理解和语用状态[J].当代语言学，2009，11(3)：64-71.

语等的共现,以及与后面的名词性成分的搭配使用等问题,情况比较复杂。这其中的组合搭配问题增加了使用的难度。

(25)伴随着节日的习俗,出来+社会的问题。(+了)

事件句中往往要在动词后添加"了",否则句子就不成立,此例中的动词"出来"如果改为"出现"会更加合适。除了动词使用问题,往往还要考虑动词与其后的名词搭配的问题:

(26)但没想到高三的那年你的家突然发生问题……

画线部分应改为"发生了一些变故"。沈家煊认为,数量词和"了"有相同的作用,都能使无自然终止点的动作变为有自然终止点。动作有了实际终止点,相应的句子才成为"事件句"。①

以上偏误虽然主要是词汇、句法层面上的,却让我们看到一种句式的引入并不单纯是词语的使用问题,而要综合考虑动词、动词与各种成分的协调与搭配等多种因素。这其中往往存在很多种可能的组合,因此出现的偏误率比单纯使用"是、有"字句高很多。

此外,在语料中我们发现一些与篇章有关的偏误往往不是简单的"对"与"错"的问题,而是"好"与"不好"、"合适"与"不合适"的问题,在篇章中体现为可接受程度的差异:

(27)以后我们之间没有什么联系。回到中国以后,打来一个男孩的电话。他用韩语向我打招呼。(接到了一个男孩的电话/一个男孩打来了一个电话)

这里可以有两种修改方案:第一,前面时间状语"回到中国以后"隐含的主语是"我",为了与前面主语的零形式配合,后面的主句就可改为"接到了一个男孩的电话";第二,从上下文来看,后面主要谈论的是"男孩"与"我"的交往的事情,用无定名词主语句"一个男孩打来了一个电话"引入后面将要叙述的事件,与后续句中的"他"衔接,也

① 沈家煊."有界"与"无界"[J].中国语文,1995,248(2):367-380.

可以接受。这两种表达方式并无“对”和“错”的问题,而是哪一种表达更合适的问题。

二、“特殊存现句”——无定名词主语句中的偏误

现代汉语中的“无定名词主语句的两个特点——即时性、白描性”[①]体现了一种现场感。内田庆市从篇章的角度分析无定名词主语句的功能,认为“这些句子的重点不在于有人(事物)究竟干什么,或者动作、行为本身,而是整个句子描写一个状况。也就是说,提示一个场面,只是叙述一个事实的出现而已”[②]。留学生篇章中这种句式的使用量并不多,其中的偏误多为数量结构的缺失。如下例:

(28) 有一天,在她的商店门口+很长的杆挡住了门,使别人进不去,可是里面有老板……(+一根)

作为“具有鲜明的现场性的存在句”,无定名词主语句一般是以时间为线索,引入一个新出现的事件,这里的数量结构作为不定指标记是必不可少的。

刘安春提出了“无定名词主语句的作用就是在叙述性篇章中起到转移情节的作用,引出一个新的参与者和一个新的事件”[③]。下例也是数量结构的缺失:

(29)跟她们一起吃晚饭时,+让我吃惊的事突然发生了。……(+一件)

无定名词主语句在话题引入时关注的是整个事件,此例加上“一件”不仅是引入“一个新的事件”,而且可以增强现场感。语料中发现为数不多的无定名词主语句偏误往往都是数量结构的缺失,还有就是下面将要涉及的与典型的存现句之间的句式选择错误问题。

三、不同类型的存现句篇章功能的差异

无定名词主语句和典型的存现句在篇章功能上存在一定的差异,一般“用无定名词主语句来表示在什么时间或什么情况下发生了什么事,时间和情况都是事件发生的背景,作者重点要传达的信息是事件以及由该事件所引发的后续活动及其相关人物的

① 刘安春.“一个”的用法研究[D].北京:中国社会科学院,2003:61.

② 内田庆市.汉语的“无定名词主语句”:另外一种“存现句”[C]//大河内,康宪.日本近、现代汉语研究论文选.靳卫卫,译文审校.北京:北京语言学院出版社,1993:356.

③ 刘安春.“一个”的用法研究[D].北京:中国社会科学院,2003:62.

描写等”[1]。而典型的存现句则往往用于引入一个重要的话题。对这两种句式，本体研究都有涉及，但由于母语者对这两种句式的选择不存在任何困难，因而从未有学者将这两种句式放在一起进行对比研究。到目前为止，无论是语言本体研究还是二语教学研究对二者之间的差异都没有涉及，而留学生由于对这两种表达方式之间的差异并不了解，所以往往出现句式选择上的偏误：

(30) 正好在我旁边有一个女孩子坐着。她……(坐着一个女孩子)

这里“我旁边”作为一个表示处所的词语，最好还是改为存现句，这样后面可以直接用“坐着”引入一个将要谈论的话题，符合正常的汉语语感。内田庆市认为作为“另外一种存现句”的无定名词主语句是把眼看或耳听的实存的事象作为“素材”而实事求是地直接表述出来的句子，眼前的事象和表述之间没有空隙，可以说是“白描句”，是一种对发生的事实不加“主观色彩”、客观地告诉对方的“直观直叙”的句子；“本来的存现句”包含某种“主观色彩”，是“说话人对叙述对象的一个主体的认识”。[2] 当然，这种篇章功能并非绝对的、强制性的，而是带有倾向性的。如下例：

(31) 我看遍了市场的各个角落。那时候，我的眼里进到了一个妇女。她是一个卖蔬菜的人。她的个子不高，脸圆圆的，皮肤很黑看起来好像粗糙。她背孩子站着卖蔬菜，那个孩子已经睡着了。

这里画线部分最好改为“我看到了一个妇女”，因为作者后面就要谈论自己与这个妇女之间的故事，而存现句的功能就在于引入一个新的参与者或者一个新的话题，并在后面进行重点描述，这样符合上下文语境。但这也并不意味着不能使用无定名词主语句。试比较下面两种修改方案：

(32) a.一个妇女吸引了我的目光

b.一个卖菜的妇女吸引了我的目光

---

① 王灿龙.制约无定主语句使用的若干因素[M]//中国语文杂志社.语法研究和探索(十二).北京：商务印书馆，2003：224-239.

② 内田庆市.汉语的“无定名词主语句”：另外一种“存现句”[C]//大河内，康宪.日本近、现代汉语研究论文选.靳卫卫，译文审校.北京：北京语言学院出版社，1993：359.

同为无定名词主语，b 的可接受度明显高于 a，因为"无定短语的复杂程度与被接受程度正相关，可及度和个体化程度高的无定短语，充当句子主语的可接受性就强，相反，可及度和个体化程度低的无定短语，充当句子主语的可接受性就弱"[①]。此例中定语"卖菜的"提升了无定主语的可及度和个体化程度，成功地把"一个卖菜的妇女"引入篇章，将叙述视角转向了"新的参与者"，实现了转移话题的功能。

第九节 本章小结

本书对留学生引入先行语的各种句式中出现的偏误进行了系统的考察，并对其背后的动因进行了深入的挖掘，"特定形式表达特定意义是有动因的(motivated)而非任意的(arbitrary)，'有动因的'意思是说语言形式不是任意创造的，当它们引入特定功能时是有意义的"[②]。从二语习得的角度探寻这些偏误背后的真实动因，我们发现了留学生习得及使用各种先行语引入句式的一种倾向性的规律。我们从篇章建构的角度发现了一些词语、句式的篇章功能差异，在此基础上，发现了留学生习得并使用各种先行语引入句式的不同难度等级。

一、基于篇章的偏误研究意义重大且难度也大

语料显示，一些数量结构的偏误往往和语体因素有关，特别是那些带有附加信息的数量结构偏误，这提醒我们应关注语体差异对先行语的影响。首先，要帮助留学生建立语体意识，使其明白书面语和口语的差异，在作文中避免口语的影响；其次，要从建构篇章的角度来进行词汇教学，不能只关注单个词汇、语块，还要结合具体的上下文语境。

(一)基于篇章的研究视角对偏误的研究意义重大

从篇章的角度对偏误进行分析拓展了我们的研究视角，如本章对数量结构篇章功能的探讨，以及对不同句式之间存在的篇章差异的分析，都发现了本体研究往往会忽略的问题，从而为汉语教学提供了非常有益的指导。

首先，本章从篇章建构的角度提出了数量结构的篇章功能在汉语教学中值得关注

① 王灿龙.制约无定主语句使用的若干因素[M]//中国语文杂志社.语法研究和探索(十二).北京：商务印书馆，2003:224-239.

② 崔希亮.认知语言学理论与汉语位移事件研究[M]//沈阳，冯胜利.当代语言学理论和汉语研究.北京：商务印书馆，2008.

的观点。篇章中的数量结构不单单表示数量概念，还将其后的名词性成分“个体化”——使这个名词性成分凸显出来，成为后面要谈论的一个重要话题，给读者一个心理期待，这也是对篇章中新引入的名词性成分进行“前景化”包装的过程。刘安春在“对‘一个’的用法(非数量用法)进行了全面的研究”的基础上，认为“在一般意义上说，是话语环境中新旧信息因素决定着‘一个’的隐现。进一步说，则是说话人凸现信息焦点的一个标记。鉴于以上的研究，我们建议在编写汉语语法参考书时，最好将‘(一)+量词’与其他数量词分开，单列一章，具体论述”。①

其次，本章发现了同一语块组合在不同句法位置上的可接受程度存在差异。在对“有”字句的研究过程中发现，除了数量结构缺失现象外，一些留学生会把“有一个”作为一个固定语块、一个习惯表达来使用，这已不是单纯的“有”字句那么简单。请看下例：

(33)比如说，有一个女人真实爱上了有一个男人。(一个男人)

此例中两个“有一个+N”组合作为固定模式分别出现在主语及宾语的位置上，但二者的可接受度明显不同。赵元任提出汉语中“主语常常表示已知信息，而谓语则介绍某种未知信息，……因此有一种强烈的趋势，主语所指的事物是有定的，宾语所指的事物是无定的”②。这里表示“存在”之意的“有”在主语位置上基本可以接受，放在宾语位置就无法接受，可见“有”的多余偏误与其所在的句法位置直接相关，这里的偏误也是其形式与功能不匹配所致。再看下例：

(34)在外面我看到有几个保安正在打一个年轻的男孩。

此例的“有”可有可无，因为处于从句主语位置上表“存在”义的“有”可以提升后面名词性成分的定指程度。下两例则不同：

(35) 我先介绍有一个很好的老师，……(一位)

(36) 骑摩托车不到10分钟，撞了有一个中国学生的自行车，他就……

两例中的“有”都要去掉，因为“有”都是在宾语的位置上，例(36)除了“有”的多余

---

① 刘安春.“一个”的用法研究[D].北京：中国社会科学院，2003：88.

② 赵元任.汉语口语语法[M].北京：商务印书馆，2001：46.

以外，后面画线部分应改为“一个骑自行车的中国学生”。

最后，本章发现了不同类型的存现句之间篇章功能的差异。任何一种表达方式都不是随意的，通过对比分析可见，无定名词主语句和存现句在篇章中的功能是存在差异的。存现句主要引入的是一个重要的话题，强调作者的主观掌控力，无定名词主语句更关注现场发生的事件而不是人或物，由于其强调时间性，使用这种句式能增强现场感。需要说明的是，两者并不是完全对立的，在篇章中可根据表达需要而定，这种差异对母语者而言只要凭语感就可以作出正确的选择，但对留学生来说，则并非轻而易举之事，如果没有精确的解释及说明，他们往往不容易区分。留学生的作文常常看起来句句都正确，但是整个篇章却总是别别扭扭的，就是因为在汉语教学中忽视了不同句式的篇章功能。

因此，在今后的汉语教学中有必要向留学生说明这两种句式在篇章功能上的差异，帮助他们在篇章建构过程中选择恰当的句式。

(二)基于篇章的偏误研究之难处所在

基于篇章的偏误研究难度往往比较大，因为这些偏误多为具有倾向性特征的隐性偏误，不如词汇层面的错误那样明显且有强制性，在二语教学中往往被忽视，但其会直接影响篇章整体的衔接与连贯。

与篇章有关的偏误是具有倾向性而非强制性的，往往要考虑上下文因素，以及作者个人的表达习惯，因此，修改方案有时并非只有一个。如下例：

(37)有一天，他给我发＋信息，下个月有韩语水平考试，他很想参加韩语水平考试。可是他的韩语水平还不高。(＋了一条信息：)或者(发信息说：)

因为下面是“信息”的内容，这里的“信息”也是一个新引入的内容，可以按照常规以数量结构推出，也可以换种方式，在“信息”之后加上动词“说”来凸显后面的信息内容。这两种方式都可以接受，差异主要在于表达的效果不同。

在教学中，特别是中高级汉语教学中，教师要有意识地帮助留学生建立篇章概念，不再只是关注单个句子的对与错，而是关注每个句子组合在一起所产生的综合效应。这不仅是眼光的扩展，也是评价标准的提升；不再只是对错问题，还是合适与否的问题。

二、各先行语引入句式的难度等级差异

Givón 认为各种指称之间是有连续性的，其等级序列是：已指(定指＞不定指)＞

未指>类指。通过对定指及不定指先行语使用情况的分析，我们发现留学生汉语指称习得也是一个渐进的连续统，并且是伴随着句式的不同而变化。语料中发现留学生最初偏爱使用各种"是"字句，且以"是"字句引入的先行语也多为定指，其后使用的"有"字句则往往引入不定指，这其间也出现了一些"是"字句后的不定指及"有"字句、存现句和其他句式中的定指表达，从中可以看到一条清晰的中介语发展轨迹：

句式	"是"字句	"有"字句	存现句	其他句式
先行语	定指→不定指	定指→不定指	定指→不定指	定指→不定指
学习时间	开始	汉语水平不断提高———→		

以上是汉语学习者先行语使用及句式选择的一个大致发展轨迹。开始阶段，主要体现在"是"及"有"这两个常用动词后面指称形式由定指到不定指的变化，留学生尝试着将"是"字后面的名词性成分从定指变为不定指，如"我最爱的人是爸爸"到"……是一个朋友"，再到使用带定指宾语的"有"字句，再到不定指形式。之后，随着汉语水平的提高，留学生掌握的词汇量增加，学习的句法手段也不断增加，开始使用其他具有引介功能的动词，如"介绍、出现"等，一些留学生往往在其后仍使用定指，即使用了数量结构，其后名词性成分的定指性也非常强，如"介绍一个我上的学校语言大学"。在这个动态过程中，由于"是、有"的多种义项的混淆，往往会出现数量结构的缺失偏误，同时各种存现句中还会出现动词选择、搭配等的偏误。

总之，通过对四个不同年级留学生作文中先行语引入句式的综合考察，我们对留学生在先行语引入过程中出现的偏误有了一个全面系统且动态性的认识。先行语从简单、确定的定指到复杂、不确定且带有附加信息的不定指，这种习得过程不是一蹴而就的。本章发现了一段真实的发展轨迹：从无标记的定指到有标记的不定指，从"是、有"字句到存现句及其他句式。对留学生来说，这是从简单且相对固定的表达到复杂且不确定的表达方式的一个渐进的、难度不断提升的动态过程，这也正是中介语发展的一个螺旋式上升过程。

第四章　同形回指中的偏误分析

回指"是各种语言篇章衔接的有效手段。在汉语中，它也是一个重要手段，通过这一手段，不仅可以实现小句之间的衔接，而且还可以达成篇章结构的层次性"[①]。

从本章开始，将对留学生语料中的各种回指偏误进行描写与分析，具体分为如下几章进行阐述：第四章为同形回指中的偏误，第五章为异形回指（人称代词除外）中的偏误，第六章为人称代词回指偏误，第七章为总括性回指的偏误。

在留学生作文中常常可见这样的表达：

(1)夏天的威海很热闹，因为威海靠海，所以很多人来威海。威海的海边是跟韩国差不多。(Φ，那儿的)

这四个小句，句句都有"威海"，虽然单看每个句子似乎都没什么问题，但连在一起就让人觉得啰唆，前后缺乏衔接和连贯。

本章所研究的"同形回指"是指一种先行语和回指语的表达形式基本一致的回指，徐赳赳的界定是，"先行词和名词回指对象在形式上完全相同"[②]。廖秋忠的界定也基本相同。[③] 两位学者都对同形回指进行了细分，分为完全同形和部分（或称"局部"）同形。本章的同形回指偏误也分为两大类，第一类为与先行语完全相同的同形回指偏误；第二类是与先行语的中心语相同，多以"代＋量＋名"组合方式出现的部分同形回指，这种部分同形回指方式在留学生作文中的使用率比较高，难度也比第一类大，因而偏误也比较多，需要特别关注，本章将对其进行分类描写与分析。

---

① 屈承熹.汉语篇章语法[M].潘文国，等译.北京：北京语言大学出版社.2006：218.

② 徐赳赳.现代汉语篇章回指研究[M].北京：中国社会科学出版社，2003：145.

③ 廖秋忠.现代汉语篇章中的指同表达[M]//廖秋忠文集.北京：北京语言学院出版社，1992：46.

第一节 有关回指的研究综述

“回指现象成为现代语言学理论研究的中心课题之一，是从 20 世纪 70 年代开始的。”①作为一种照应手段，回指不仅被语言学界所关注，而且很早就被哲学界和其他学科所关注。第一、二章已经对与指称相关的回指研究进行了简要的介绍，本章开始将对留学生语料中的各类回指偏误进行全面系统的考察，因此，有必要对前人在回指方面的研究进行一个整体的梳理。

在语言学界，不同的学派分别从不同的角度对回指现象进行了研究。随着研究的不断深入，研究范围已不局限于回指本身，而开始关注其背后的句法、语义、语用等动因及相互关系等篇章因素对回指的影响。“Li 和 Thompson(1979)对汉语回指的研究发现，结构并非控制零一指代的决定因素，汉语书面语中零形回指使用广泛，较少制约。确定零形回指的所指对象，需要语义和语用的知识，还需要话语本身所提供的信息。”②因此，本章将从句法、语义和语用等不同层面研究各种回指中的偏误。

一、前人对汉语回指及汉英回指的对比研究

回指是当代语言研究中的一个重要课题，国内外的很多学者分别从不同的角度对其进行了研究，如 Chomsky(乔姆斯基)生成语法理论中的“管辖与约束理论”(Theory of Government and Binding)，Ariel 从认知角度提出的可及性理论以及 Givón 从篇章角度提出的“话题连贯”等。在汉语学界，陈平把汉语的回指形式分成零形回指、代词性回指和名词性回指三种，③这三种回指形式在篇章中并非任意使用，而是有一定规律性的，许多学者对此进行了研究。高宁慧④对代词在汉语篇章中的使用原则的研究认为，汉语篇章中，段落与段落之间趋向于用名词性成分接应；话题链与话题链之间趋向于用代词接应；同一话题链内部的小句之间趋向于用零形式接应。

廖秋忠对汉语篇章中的指同表达形式进行了细分之后，列出三种典型的指同表达类型：同形表达式、局部同形表达式和异形表达式。⑤

① 徐赳赳.现代汉语篇章回指研究[M].北京：中国社会科学出版社，2003：1.

② 徐赳赳.现代汉语篇章回指研究[M].北京：中国社会科学出版社，2003：79.

③ 陈平.释汉语中与名词性成分相关的四组概念[M]//陈平.现代语言学理论研究：理论・方法与事实.重庆：重庆出版社，1991：181.

④ 高宁慧.留学生的代词偏误与代词在篇章中的使用原则[J].世界汉语教学，1996，36(2)：60-70.

⑤ 廖秋忠.现代汉语篇章中的指同表达[M]//廖秋忠.廖秋忠文集.北京：北京语言学院出版社，1992：45.

徐赳赳把名词回指分成五类：同形、部分同形、同义、上下义和比喻。[1]

在对回指的研究中，先行语与回指语所处的句法位置与其可及性直接相关。Keenan & Comrie（基南，科姆里，1977）等提出了“名词短语可及性等级体系”（NP accessibility hierarchy）。这一理论认为，一个句子中，由名词短语充当的主语（S）、直接宾语（DO）、间接宾语（IO）和旁语（Obl.）等句子成分中，主语比直接宾语具有较高的可及性，而直接宾语又比间接宾语具有较高的可及性，依次类推，构成一个 S ＞DO＞IO＞Obl.式的、从左到右依次递减的线性可及度等级体系。……这被认为是世界语言的一条共性，汉语也不例外。[2]

蒋平在分析 Ariel（1990）提出的影响先行语可及性的距离、突显性（saliency）、竞争性（competition）和一致性（unity）这四种因素的基础上，结合汉语事实，提出了这些因素以外的其他影响因素，包括位置（间隔指称语的位置、先行语和回指语的占位）、层次性和非生命性。[3]

梁丹丹对篇章中指人名词的同形指同分析认为，词形长短、指称对象的多少、意义段的交接和同形指同分布的密度是同形指同使用的四种常规制约因素。

梁丹丹从不同的指称“获取注意值”高低的差异入手，提出了指称表达式注意值大小的阶列：

注 意 值 减 小

→

同形指同＞ 代词＞ 零形式

←

经 济 性 减 小

一个指称的可及性越低，它使用的形式就越复杂，所耗费的话语量就越多，这种指称更易引起理解者的注意，更易在记忆中留下深刻的印象，因此，在篇章中可及性与经济性呈正相关，与注意值呈负相关。梁丹丹还认为，“同形指同的常规使用主要受制于经济—明晰原则，而非常规使用受制于修辞原则”。[4]

许余龙通过对实际语篇中英汉指称词语表达的可及性进行对比分析，发现在汉语中，高可及性标示语往往由零代词和那些用于无指称词语间隔的篇章环境中，且通常出现在主语/主题位置上的代词和指示词语充当；中可及性标示语由那些用于有指称词语

① 徐赳赳.现代汉语篇章回指研究[M].北京：中国社会科学出版社，2003：142.

② 沈家煊.英汉对比语法三题[M]//刘重德.英汉语比较与翻译.青岛：青岛出版社，1998：108.

③ 蒋平.影响先行语可及性的因素[J].外国语.2003，147(5)：43-50.

④ 梁丹丹.篇章中指人名词的同形指同[J].南昌大学学报，2003，34(6)：135-140.

间隔的篇章环境中，且通常出现在宾语位置上的代词和指示词语充当。[①] 其结论为：代词在英语中用得比汉语多，英语代词的大部分指称功能在汉语中可由零代词来承担。

陆振慧以32个体裁各异的英汉语篇为语料，对其中的指同表达进行对比研究发现：零照应为汉语语篇特有手段，同语境中英语一般采用人称代词；人称代词的使用，英语明显多于汉语，而名词短语的使用频率则相反；名词短语中重复和统称词的选用频率英汉趋于一致，但使用过程中仍有特指词的差异。此外，无论英语汉语，指同形式的选择都受语篇体裁、指称对象类型及其在语篇中角色的影响。[②] 以上这些对回指的研究和汉英对比研究为本书提供了很多非常有价值的借鉴和参考。

总之，在篇章建构过程中，回指表达式的选择受多种因素的影响，往往不是单一因素在起作用，正如经济性原则往往与明晰性互相制约，一方面明晰性是要使篇章能够被正确理解，避免出现歧义；另一方面经济性"在确保明晰的情况下使用尽量少的话语来表达自己的言语意图"[③]。

值得注意的是，"语言形式及其关系是对概念以及概念之间关联性的一种反映，但这是一种不完全的或简约的反映，因此我们无法通过分析语言形式本身去揭示语言的实质，我们唯一的选择就是考察这种形式背后真正的动因"[④]。

二、对外汉语教学界对回指的研究

在对外汉语教学领域，高宁慧在对留学生作文和代词填空测试中反映出的代词偏误进行统计和分类的基础上，总结出代词在篇章中的一些使用原则。[⑤]

赵成新在对汉语指示指称词语进行对比分析的基础上，对母语为英语者汉语指示指称词语习得的偏误进行了统计及比较详尽的分析。他在区分普遍性偏误和特殊类型偏误的基础上，还对其近指与远指功能的混用偏误、量词使用的偏误、作修饰语时"的"字偏误、与"性状/方式/程度"指称词语相关的语序偏误、定指与不定指的混用、与话语关联功能相关的偏误这六个方面进行了细致的分类描述及偏误评估，并提出了教学及偏误纠正策略。[⑥] 此外，一些学者如曹秀玲（2000）、吴丽君（2002）等对韩国、日本等不同国别的学习者的指称使用情况进行了考察。

总之，在汉语教学界，已有一些学者分别从不同的角度开始关注留学生的指称及

① 许余龙.英汉指称词语表达的可及性[J].外语教学与研究，2000，32(5)：321-328.

② 陆振慧.英汉语篇中指同表达的对比研究[J].外语教学与研究，2002，34(5)：324-331.

③ 梁丹丹.篇章中指人名词的同形指同[J].南昌大学学报，2003，34(6)：135-140.

④ 王军.论回指语的概念重现[J].外语学刊，2008，142(3)：69-74.

⑤ 高宁慧.留学生的代词偏误与代词在篇章中的使用原则[J].世界汉语教学，1996，36(2)：61-71.

⑥ 赵成新.汉英指示指称词语对比及汉语习得研究[M].开封：河南大学出版社，2009.

回指的使用情况，并进行过许多有益的研究，然而就目前我们所看到的文献，多数是对回指偏误的分类描写，或是语际回指使用情况的对比分析，缺乏对汉语学习者篇章中的回指偏误进行全面系统的描写及研究。从本章开始将以四章的篇幅对留学生作文语料中的回指偏误进行一个整体的、综合性的考察。

三、本书对留学生回指偏误的研究框架

本书对回指的研究是在分析了大量留学生作文语料回指表达偏误的基础上进行的，主要根据偏误的具体情况，借鉴以往学者在回指方面的研究成果，对回指中的各种偏误进行分类描写，并探讨导致偏误的各种可能的动因。

本书首先对不同的回指偏误进行了细分，在细分基础上做了归并，同时借鉴了各位学者的研究成果，参考了廖秋忠(1992)对指同表达的分类和徐赳赳(2003)的“汉语名词回指框架”，确立了回指偏误分析框架。具体如下：

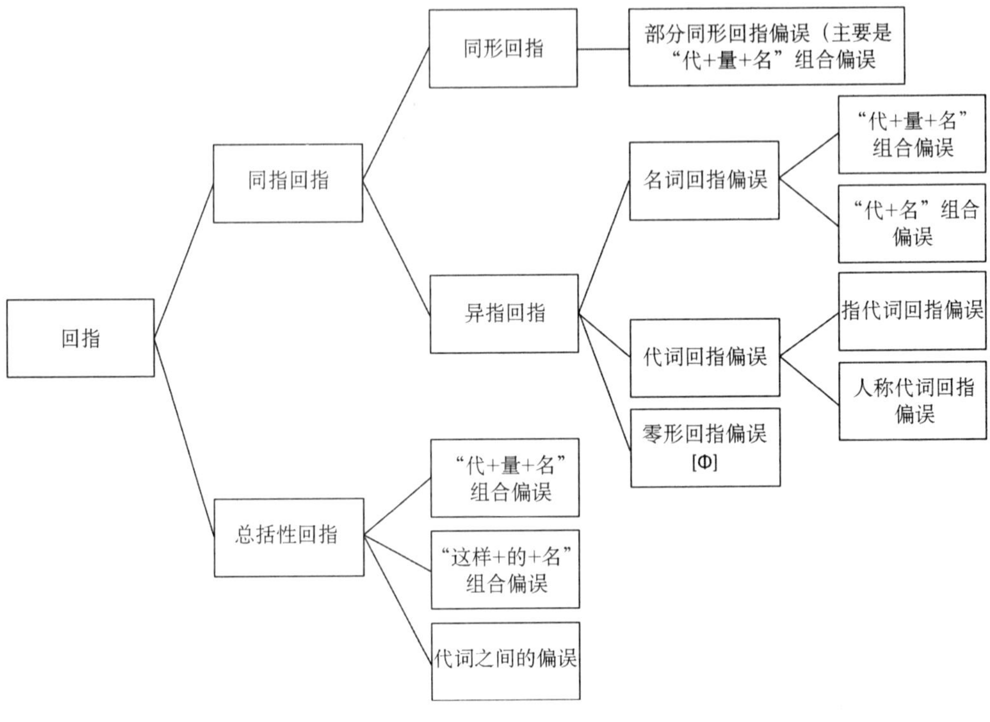

图 4-1　回指偏误分析框架

本书的回指主要是小句之间的篇章回指，也涉及部分有代表性的句内回指，如“自己”使用的偏误，回指范围既包括词语之间的同指回指，也包括词语对小句、句群和段落等篇章内容的总括性回指。

与数量有关的"代＋量＋名"组合偏误在留学生作文中出现的频率比较高。许多学者(如:孙朝奋,1994;许余龙,2004)研究表明,数量词语的使用往往与篇章中话题的延续有直接的关系。作为上下文衔接手段的"代＋量＋名"组合,常常用来回指首次出现的"数＋量＋名"结构或其他名词性成分,使用比较广泛,既可以用于部分同形回指,也可用于异形回指,还可用于总括性回指。其中部分同形回指,因其获取难度不大,往往是留学生偏爱的一种回指表达方式,但是由于其结构比较复杂,偏误的情况也比完全同形的偏误或单纯的名词、代词回指要复杂,既有各组成成分的偏误,也有组合过程中出现的各种偏误。

由于"代＋量＋名"组合偏误呈现出多样化的倾向,本书把"代＋量＋名"组合在同形、异形及总括性回指中的偏误分别列出来进行分析。如果只是简单地归并为一类,就有可能掩盖导致偏误的真实原因,因此本书将"代＋量＋名"组合分成了三小类:一是回指名词与先行语相同的部分同形回指;二是回指名词与先行语不同的异形名词回指;三是以"代＋量＋名"组合回指上文所述内容的总括性回指。这三类回指表达式从结构上看似乎没有多大差异,但在具体使用中的"难度系数"是不同的,使用的名词越来越抽象,所指范围越来越宽泛,对留学生来说,使用难度呈递增趋势。

第二节　与同形回指选择有关的因素分析及偏误统计

汉语中的回指有名词、代词和零形式这三种表达式,在篇章中这三种表达式的使用频率不同。语料显示,初级阶段的留学生往往倾向于选择同形回指表达式。回指的选择虽然不是强制性的,但也并非完全任意的,往往受到各种篇章因素的制约,并与表达和理解都直接有关。因此,我们对偏误的统计也要综合考虑各种因素,才能真正挖掘出偏误背后的深层动因。

一、与同形回指选择有关的因素分析

在篇章回指中,说汉语的人往往会根据表达的需要选择名词、代词及零形式这三种表达式。对二语学习者来说,同形回指方式虽然从形式上看有些复杂,但获取难度不大,往往是最简单、最便捷的选择。在留学生作文语料中就出现了许多与同形回指有关的偏误。请看下例:

(2)以前<u>我的手机</u>有毛病。那时我不知道去哪儿修理<u>我的手机</u>。这时候

我打电话给她问怎么办。最后她亲自带我去修理我的手机。

(3)内蒙古是在中国很美的地方之一。去年跟父母一起去内蒙古。从北京到内蒙古坐了十二个小时的火车。所以很累，可是一到内蒙古心里就好多了。因为内蒙古的风景特别美，辽阔的草原，辽阔的沙漠等。

(4)世界广场是我觉得好看的地方。世界广场拥有世界有名的建筑物。但是一点儿小建筑物。世界广场是有世界有名[十的]模型建筑物。韩国人都去过世界广场。

以上都是同形回指多次重复所出现的偏误，画线的名词性成分都有明显的使用不当的问题，有的是多余，有的则可以用代词替代。使用完全同形回指，形式比较复杂，一些专有名词即使是字数并不多，但若出现的频率过高，也会显得重复冗余，而汉语学习者之所以选用这种表达式，一个最直接的原因是其获取难度最小，因为是同形，只要照抄前面的名词性成分就可以了。从篇章理解的角度来看，则事实并非如此。李晓庆与杨玉芳提到，Grosz(格罗斯)、Sinder(辛德)等人用自控速阅读法进行的一系列实验发现，与代词相比，当用名词来指代前一语句中突显度最高的实体时，阅读时间显著增加，这被称为“重复名词不利”效应(repeated-name penalty)。[①] 这种“重复名词不利”效应也从另一个角度证明了篇章中回指的选择不是任意的，而是受到篇章表达和理解等多种因素制约的。

可见，在篇章中指称的使用不是随意的，需要考虑上下文等因素，特别是回指的使用，往往受多种因素的影响。本章将在对各类同形回指的偏误进行统计分析的基础上，从篇章角度对其背后的动因进行探讨。

二、同形回指偏误的统计数据及分析

我们在对同形回指偏误进行统计分析时，首先对偏误类型进行了细分，特别在错用偏误中又单独列出“错混”偏误。错混主要是指该用代词的，却用了名词或各种比较复杂的名词性表达。通过对语料的分析发现：留学生，特别是初级阶段的留学生，在篇章中倾向于使用可及性比较低的指称形式来回指。

其次，我们对句法位置也进行了细分。蒋平[②]对影响先行语可及性因素的分析认为，不仅先行语的句法位置体现为不同的可及程度，回指语的句法位置也同样有影响。

① 李晓庆，杨玉芳.语篇中指代词的分布规律与心理机制[J].心理科学进展，2004，12(1)：2-10.

② 蒋平.影响先行语可及性的因素[J].外国语，2003，147(5)：43-50.

先行语和回指语均在主语位置的可及性显然要高于先行语和回指语都在宾语位置或旁语位置的情况。他也提出了先行语与回指语的占位关系与可及性的高低等级体系：

主语—主语＞宾语—宾语＞主语—宾语/旁语＞宾语/旁语—主语＞旁语—旁语

这个等级体系表明，在一般情况下，越是左边的关系越趋向于使用高可及性标示语，越是右边的关系越趋向于使用低可及性标示语。如果以上文提到的名词性成分、代词及零形式这三种回指表达式来说明，可及性由高到低排列为“零形式－代词－名词性成分”。当然这并不是绝对的，因为在实际的篇章中，名词性成分本身的复杂程度也有差异，有光杆名词、代词与名词的组合，以及各种复杂的名词组合方式。留学生受汉语水平所限，语料中的句式一般都比较简单，最常用到的句法位置主要是主语和宾语，因此，我们对偏误的统计主要分为这两大类，统计中将介词宾语也算为宾语。

由于一些回指表达式往往是以组合的形式，因此，为了对偏误情况进行更清晰、精准的描写及统计，本书对其进行了细分，分为定语、中心语及整个指称形式这三种。

请看下面四个不同年级留学生的偏误统计列表：

表 4-1　一年级下学期(一下)同形回指偏误统计表

指称形式	句法位置 \ 偏误类型	多余			缺失			错用			错混	总计
	结构方式	定语	中心语	整体	定语	中心语	整体	定语	中心语	整体		
代量名	主语	—	—	—	—	—	—	4	1	—	1	14
	宾语	—	—	—	1	—	—	3	2	—	2	
领属结构	主语	31	1	4	—	—	—	2	—	—	6	62
	宾语	8	—	1	—	—	—	2	4	1	2	
复杂组合	主语	—	—	—	—	—	—	—	1	—	1	11
	宾语	1	—	—	—	—	—	5	2	—	1	
代＋名	主语	—	—	—	—	—	—	—	—	—	—	1
	宾语	—	—	—	—	1	—	—	—	—	—	
名词	主语	9	3	6	19							48
	宾语	4	—	2	5							
总计	主语	54			19			8			8	136
	宾语	15			7			19			5	

表 4-2　二年级上学期(二上)同形回指偏误统计表

指称形式 \ 句法位置 \ 结构方式 \ 偏误类型		多余			缺失			错用			错混	总计
		定语	中心语	整体	定语	中心语	整体	定语	中心语	整体		
代量名	主语	—	—	1	—	2	1	8	1	—	1	27
	宾语	1	—	1	2	—	—	7	1	—	1	
领属结构	主语	1	—	—	—	1	—	—	3	—	2	11
	宾语	1	1	—	—	—	—	—	2	—	—	
复杂组合	主语	—	—	—	—	—	—	—	3	—	—	10
	宾语	—	1	—	—	—	—	4	2	—	—	
代＋名	主语	—	1	—	—	—	—	—	—	—	—	3
	宾语	—	—	—	—	—	—	—	2	—	—	
名词	主语	5	—	11	1							40
	宾语	15	1	4	3							
总计	主语	6	1	12	1	3	1	8	7	0	3	91
	宾语	17	3	5	5	0	0	11	7	0	1	

表 4-3　二年级下学期(二下)同形回指偏误统计表

指称形式 \ 句法位置 \ 结构方式 \ 偏误类型		多余			缺失			错用			错混	总计
		定语	中心语	整体	定语	中心语	整体	定语	中心语	整体		
代量名	主语	3	—	—	1	—	—	2	—	—	3	18
	宾语	4	—	—	1	—	—	3	—	—	1	
领属结构	主语	1	—	1	—	—	1	2	1	—	2	23
	宾语	1	—	3	2	1	—	2	—	—	6	
复杂组合	主语	—	—	—	—	—	—	5	—	—	3	19
	宾语	—	—	1	—	—	—	10	—	—	—	
代＋名	主语	—	—	—	—	—	—	—	—	—	1	1
	宾语	—	—	—	—	—	—	—	—	—	—	
名词	主语	2	1	1	5							19
	宾语	7	—	3	—							
总计	主语	6	1	2	6	0	1	9	1	0	9	80
	宾语	12	0	7	3	1	0	15	0	0	7	

表 4-4　三年级上学期(三上)同形回指偏误统计表

指称形式	句法位置 \ 结构方式 \ 偏误类型	多余			缺失			错用			错混	总计
		定语	中心语	整体	定语	中心语	整体	定语	中心语	整体		
代量名	主语	1	—	1	—	—	1	2	—	—	—	5
	宾语	—	—	—	—	—	—	—	—	—	—	
领属结构	主语	—	—	—	—	—	—	—	—	—	—	2
	宾语	1	—	—	—	—	—	—	1	—	—	
复杂组合	主语	—	—	—	—	—	—	—	—	—	—	8
	宾语	—	—	—	—	1	—	4	3	—	—	
代＋名	主语	—	—	—	—	—	—	—	—	—	—	—
	宾语											
名词	主语	—	—	—	—							4
	宾语	1	—	3	—							
总计	主语	1	0	1	0	0	1	2	0	0	0	19
	宾语	2	0	3	0	1	0	4	4	0	0	

统计数据显示，首先，各个年级留学生的同形回指偏误情况差异比较大。虽然二上及二下的整体语料字数比较多，基本上相当于一下的两倍，但偏误量明显比一下减少很多，而且二下的各种偏误都比较平均，不像前两个年级，不同类型偏误的数量差异比较大。三上留学生同形回指的偏误很少，这与作文内容有关，其作文要求是“一学期学习总结”，与叙述性语体不同，很多留学生都是分段落介绍不同课程的学习情况，每个段落都出现一个新的话题，而且都是留学生们熟悉的课程，先行语出现的偏误也很少。由此可见，同形回指偏误往往随着汉语水平的提升而不断减少。

其次，指称偏误与语体有直接关系。在二上说明介绍性的语体中，“代＋量＋名”组合的偏误比叙述性篇章的一下和二下都要多，一下和二下这两个年级的留学生使用“代＋量＋名”组合都较少。特别是一下，偏误率不高，约占本年级偏误总量的十分之一，二下“代＋量＋名”偏误约占本年级整体偏误的四分之一。可见，除了语体因素以外，也与其获取难度有关。下面将从偏误类型、回指表达式和句法位置等层面对统计数据进行更为细致的描写与分析：

第一，从偏误类型来看，一下偏误最多的是多余，其次是错混和错用，最少的是缺失偏误；二上、二下和三上偏误最多的都是错用，其次是多余。可见，留学生普遍倾向于使用形式比较复杂的低可及性回指表达式，其中初级阶段(一下)留学生的这种倾向更为明显。

第二，从回指表达式看，一下领属结构的偏误最多，约占二分之一，其中定语的多余占一半以上，名词的偏误约占三分之一。这些名词偏误中错混的比例最高，基本都是该用代词的却用了可及性低的名词。此外，名词多余也有 13 例。

二上名词的偏误最多，其中多余为 20 例，占名词偏误的一半，其中宾语多余最多，有 15 例，主要是动词支配成分的多余。做主语的名词偏误仅次于多余偏误，居于第二位，主要体现在“韩国里、首尔里、五道口里、中国里”这样的地点名词中多了“里”这个方位词，这主要是韩国留学生的问题。可见，二上留学生仍有使用可及性低的(如用名词来代替零形式)指称表达式的倾向。与一下明显不同的是“代＋量＋名”组合的偏误为 27 条，约占偏误总量的三分之一，可见，这是留学生使用难度较大的部分同形回指的开始阶段，错误率比较高。当然，这也与语体有关，因为二上作文的要求是“写一封信(介绍一个中国的地方或者介绍自己民族的风俗)”。

二下各种偏误比较平均，其中领属结构偏误最多，为 23 例，名词、“代＋量＋名”组合和复杂组合偏误都为 19 例。复杂组合偏误量的增多说明留学生篇章中指称使用的复杂度在增加，非常明显的是定语的错用，这也是一个发展过程中出现的问题，由于复杂组合往往会有多重定语，如何合理地组合这些定语是需要不断学习的。“代＋量＋名”组合偏误虽然没有二上多，但在偏误总比例中也不算少，也体现出留学生在尝试使用难度比较大的部分同形回指。

三上受语体影响，数据少，其中复杂组合的偏误最多，约占二分之一，主要是定语和中心语的错用，这可以看作是留学生在尝试使用复杂回指表达式过程中的问题。

由于一下和二下的留学生作文题目比较接近，且都为叙述语体，我们对这两个年级的数据进行对比考察，发现一下的留学生在篇章中倾向于使用几乎没有任何获取难度的完全同形回指，名词中偏误率最高的是错混，就是该用代词或零形式的却用了名词，如不断重复的“妈妈、外婆、祖母、妹妹……”，或者使用专名“西田智子、孔子”等；领属组合中偏误率最高的是定语的多余，往往都是该直接使用称呼语“妈妈、爸爸、奶奶……”的用了“我的妈妈、我的爸爸、我的奶奶……”这种结构。随着汉语水平的提高，留学生指称使用情况明显有所不同，二下留学生在名词和领属组合方面的偏误明显减少。与一下相比，“代＋量＋名”组合和复杂组合的偏误明显增多，一些该直接使用单个代词的，如“他、那里”，却用了“那个人、那个公园”等，可见“代＋量＋名”组合虽然从难度上要高于完全同形，但比使用单个代词这种更抽象的回指方式，其难度还是要低一些。我们从对留学生篇章中同形回指的偏误统计可以发现，留学生指称使用是一个由简单到复杂、由具体到抽象的渐进发展过程。需要说明的是，这里的“简单到复杂”指的是获取的难度，而不是回指表达式的外在形式。

第三，从句法位置来看，一下主语的偏误明显多于宾语，约为宾语的两倍，二上和二下主语和宾语的偏误量相当，三上则是宾语的偏误明显多于主语，比例为 14∶5，这也体现了留学生汉语指称使用情况的变化。一下主语偏误多说明留学生缺乏话题意识，往往是以句子为单位进行写作，几乎句句有主语，且使用同形的回指，这种重复直接影响到篇章的衔接和连贯。而其他年级的留学生开始意识到汉语中的零形回指特点，且主语的零形回指最为常见，所以最先掌握；在宾语位置上的偏误量多，往往是与前景背景等更复杂的篇章因素有关。

最后，从以上列表可以看出，一下偏爱使用完全同形的领属组合和名词这类简单的回指表达式，“代＋量＋名”等比较复杂组合的偏误相应较少，可能是受留学生汉语水平所限。同时，我们发现二下的情况与一下有些类似，使用领属结构比较多，这与语体有关，两者都是叙述性篇章，主要谈论的是人，二上“代＋量＋名”组合比例明显较高。总之，不同年级的留学生同形回指的偏误往往与其汉语水平直接相关，这也反映了留学生回指的选择是从易到难的一个渐进过程。

下面将从篇章角度对留学生作文中出现的同形回指偏误分两大类进行描写与分析：一类是对完全同形的回指偏误分析；一类是对部分同形的回指偏误进行的描写与分析。

第三节　完全同形的回指偏误分析

完全同形是对先行语的重复，其获取难度不大。因为同形，只要照抄前面的名词性成分就可以了，许多留学生，特别是低年级的留学生常常把这种形式作为首选。相对于“代＋量＋名”组合的部分同形和难度更大的异形回指来说，留学生还是比较偏爱选择这种完全同形回指的，语料中的偏误也主要为多余及错用。

一、同形回指中的多余

由于同形回指的获取难度低，因此一些留学生，特别是初级阶段的留学生在篇章中惯于使用这种表达式，出现的偏误基本上是多余。这种多余包括两种情况：一是整个指称的多余；二是指称中的某个组成部分的多余，如在完全同形回指中一般为领属定语的多余。下面将分别从话题链、背景信息、句法位置以及使用频率这四个方面进行描写与分析。

(一)话题链中名词性成分的多余

“话题链(topic chain)是决定动词的支配成分可以从缺的一个主要条件……比较典型的情况是,话题以同词重提、异词替代和从缺的方式交替出现。”[①]一般在叙述性篇章中有两类常用的话题链,一是人物介绍链,一是动作过程链。在汉语中,这两类话题链内回指的使用为零形式,但是留学生受母语迁移的影响,对此了解不够,这方面的偏误较多。我们先看看人物介绍链中回指的多余:

(5)我的父亲叫潘楷和。他长得不高也不矮,我的父亲是一个很强健的男人。他的皮肤不黑也不白。他有一双圆圆的眼睛,也有……(Φ)

(6)我最爱的一个人是我的妈妈。她是一个非常善良的人,大大的眼睛,个子不太高,今年我妈妈四十三岁了。(Φ)

在人物介绍链中,所介绍的人物作为话题,在同一话题链中是大家共知的,就不必以名词或代词的方式出现。在过程链中也是如此:

(7)每天早上我的爸爸先跟我谈话然后我的爸爸去上班,我的爸爸是大夫每天很忙。(Φ)

(8)我妈妈常常给我打电话,我妈说:“你吃饭了吗?”(Φ)

在汉语主语位置上的名词性成分如果是话题,那么在同一话题链中后续小句的主语往往都以零形式回指。下例也类似:

(9)西田智子喜欢旅行,西田智子常常去国外旅行。(Φ/她)

在一个话题链中,当首句的动词引入一个作为话题的宾语时,后续的小句主语如果是同指,往往以代词或零形式回指的形式出现,以避免不必要的重复。请看下例:

(10)首先买门票,门票是三十元,但带着学生证可以打5折。(Φ)

(11)我介绍一个城市,那城市是韩国的首尔。(Φ)

① 廖秋忠.现代汉语中动词的支配成分的省略[M]//廖秋忠.廖秋忠文集.北京:北京语言学院出版社,1992:21.

“门票、那城市”如果不出现，可以使上下文更连贯，特别是当这个名词性成分比较长的时候。

(12)我介绍一下儿我最爱的一个人，我最爱的一个人是我的爸爸。(他/Φ)

(13)今天，我想给你介绍我去过的北京的地方。我想介绍的地方就是长城。(这个地方/Φ)

在同一话题链中，作为话题的名词性成分由于其较高的显著性，在后续的小句中往往以零形式回指，无论这个名词性成分是主语还是宾语，只要不影响正常的理解，都可以省略，否则名词或名词性成分的重复会导致篇章连贯度降低。下面画线部分都是在话题链中的多余成分：

(14)天安门位于北京市的中心。一到天安门就能看到无边无际的天安门广场，而且，到天安门广场来参观的人也非常多，我以前也去过天安门一次。(Φ)

(15)我最喜欢的是外滩。因为以前我小时候看过一部上海的电影，我就觉得外滩很漂亮，现在我已经去过了外滩。(Φ)

这里“天安门、外滩”作为话题已经出现过，不再作为新信息出现时，作为名词性成分的宾语往往倾向于“从缺”，有时还需要对动词适当做些修改。如下例：

(16)我的学校位于北京海淀区学院路，学校周围有很多有名的大学，……那么我从这开始具体地说明我的学校。(说明/介绍一下)

(二)背景信息中名词性成分的多余

在篇章建构的过程中，有的名词性成分作为前景信息需要特别突出，而有的则是背景信息，一般背景由三个语用要素组成：事件线(event-line)、场面(scene-setting)和篇幅减少(weight-reduction)，三者相互作用。[1] 背景信息在具体的语言形式上也有反映。方梅认为，汉语里，小句的从属性语法关系不用显性的标记词表示，这是一个普遍

---

① 屈承熹.汉语功能语法刍议[J].世界汉语教学，1998，46(4)：29-43.

接受的共识。[1] 但是留学生没有这方面的知识，往往出现多余的偏误，请看下面的例句：

(17)吃饭后，我们去卖自行车的地方买自行车，我和姐姐选好自行车后，她开始跟老板讨价还价，像自己买一样认真。(Φ,Φ)

“买自行车”当然要去“卖自行车的地方”，这属于人们共同的背景知识，是大家都默认的事实，无须写出来；后面的宾语“自行车”也是多余的，这与其作为背景信息所处的从属性地位有关，前面已经说是“买自行车”，“我和姐姐选好自行车后”不是作者在此希望突出的重点，而是作为背景信息，提供一个时间框架，后面“她……”的内容才是作者要重点表达的。

在篇章中，当宾语已经在上文提到，在后续句中又出现在“……的时候”“……时”或“……(以)后”等提供背景的从属小句中，往往倾向于使用零形式。虽然其以名词性成分出现，有时也可接受，但会使篇章的连贯度降低。下面的偏误都印证了这一观点。

(18)内蒙古很有名的菜是羊肉。听说内蒙古的羊肉吃起来口感好，营养也比较丰富。但是吃羊肉的时候，感到很腻。(吃的时候)

(19)你知道吗？在临江最有名的山。就是，长白山。因为有长白山，所以临江是有名的地方。可是，我去临江的时候，是冬天。所以，登不了山。(我去的时候)

(20)我刚刚上初中的时候，有一个朋友来我的家玩儿。玩了半天，我们感觉太热。想洗脸，洗发。我们俩在洗手间正洗发的时候老婆儿突然来了我的家。(洗的时候)

(21)我说完他就按我的腿为了找到在哪些地方出了毛病。找到了毛病以后他跟我说……(找到了以后)

(22)右手拿杯子，左手放在杯子的下面然后倒酒，倒酒的时候，站着低头……(倒的时候)

以上这些宾语多余的例句都与其本身在篇章中的功能直接相关。由于留学生对此没有足够的认识，往往导致在篇章中多次出现类似的偏误：

---

① 方梅.北京话里“说”的语法化：从言说动词到从句标记[J].中国方言学报，2006(1)：107-121.

(23)第一次看到长城时，我非常感动了。真正的说不出的高兴。我还没去过长城的时候，我对中国、中国文化、中国历史都没有兴趣，但这一次去了长城后心里有了变化，我开始想知道中国是什么样的国家，有什么样的文化和历史。虽然不是完全的，但是现在我了解了一些中国。（我还没去的时候，去了以后）

在篇章中当宾语不再提供新信息，而且又不是作者所要突出强调的内容时，宾语倾向于以零形式出现。尤其是当前后相连的两个句子的动词和宾语基本一致时，更倾向于省略后句的宾语，以避免不必要的重复。请看下例：

(24)一个月前，我跟同屋去了长白山。原来打算放假以后去长白山，但是我的同屋今年一月大学毕业，他大学毕业以后，马上回韩国，没有时间，所以我们一个月前去了长白山。（Φ，Φ）

这里三个相同的动宾组合“去（了）长白山”，只要第一个就可以了，当然留下最后一个“长白山”也没问题。重复导致的多余往往与其使用的频率和前后相隔的距离有关。后一句的“大学毕业”又是同形式的重复，“毕业”这个词比较特殊，画线部分作为背景信息可以直接用“他毕业以后”，而不影响理解。除了这种背景因素之外，同一话题链也是宾语省略的条件之一，在第六章中还会有相关的探讨。

（三）动词支配成分在回指中的多余

“动词的支配成分”是指“句中直接参与动词所指的动作、过程或状态等并受其支配和制约的这些成分是和动词的意义分不开的，是可以从动词的含义中推导出来的。……动词的支配成分的省略是由语境促成的。”[①]一般在上下文语境中，一些支配成分可以省略，否则就显得多余。

(25)我的这位姐姐很喜欢喝咖啡，每天无论早上还是晚上都得喝咖啡，一天不喝咖啡好像活不下去。（Φ，Φ）

这里画线的部分都是多余。名词性成分作为宾语在上文中已经出现过，在后续的

---

① 廖秋忠.现代汉语中动词的支配成分的省略[M]//廖秋忠.廖秋忠文集.北京：北京语言学院出版社，1992：17.

句子中往往不再以同形回指的方式出现，而是倾向于省略，以避免同形名词的重复使用导致大量冗余信息。"喝咖啡"作为一直谈论的话题，后面只有动词"喝"就够了，虽然这里"很喜欢喝咖啡"中的"咖啡"和"每天……都得喝咖啡"中的"咖啡"所指范围未必相同，但是，作者要凸显的不是"咖啡"，而是"喝咖啡"这个习惯，因此，零形式并不会影响正常的理解。下例偏误也类似：

(26)我们请她找一个好旅行社。她非常热情地找到一个好旅行社，而且这家旅行社和她的关系很好，所以我们得到优惠……(Φ)

这里同形的名词性成分回指，影响了篇章的连贯。如果单看每个句子，似乎没有什么问题，但是连在一起就会觉得重复多余。虽然前一个"好旅行社"是无指的，而画线的"好旅行社"是实有所指的，但数量结构"一个"本身具有替代功能，作为经济性的表达，回指可以用数量结构来替代整个名词性成分，以避免重复。尽管此例并非指同表达，都可以省略，如果是指同就更没问题了。请看下面的例句：

(27)但是我真不好意思他买我的飞机票，所以我跟他说"你不要买(A)我的飞机票，我自己买(B)自己的飞机票"。(A、B中二选一，或者都省略)

连续出现三次"买……飞机票"让人觉得啰唆累赘，去掉其中一个画线部分，甚至在口语中我们把两者都去掉，也不会影响理解。只要"从缺"的成分能从语境中"找回"(recover)，就不必重复了，这是语言的经济性原则在起作用。可见，完全或基本相同的动宾结构往往是动词支配成分省略的最佳条件之一。特别是否定表达，本身是对上文所涉及内容的否定，后面的宾语往往倾向于省略。请看下例：

(28)我跟他正想要找中国人辅导老师时，玄玄说她想教汉语所以我们不用找辅导老师了。当时我听她的话就觉得很感动。(Φ)

有时，即使两个单句不是相同的动宾结构，但是根据上文可以推知的，宾语也不必出现。如下两例：

(29)颐和园有比较长的历史它的故事也挺有意思。我现在先不讲它的故事，你们来的时候亲自看体验然后慢慢讲颐和园这个地方。(Φ)

(30)这时我突然想去卫生间。但是找不到卫生间。找着找着看见一个平房。我进了这个平房。(Φ)

从上面的例句可见,在篇章中当宾语已经在上文提到时,在后续句中即使不是完全相同的动宾结构,通过上文提供的信息或读者的共有知识足以明白的,往往也倾向于省略。这不仅限于否定表达,如(30)例"这个平房",如果前句的"。"改为",",那么就完全可以用零形式。因为是上文的已知信息,从经济性原则考虑,既然是大家都知道的信息,省略是十分正常的。

此外,廖秋忠提出"在篇章结构上有明显的排比或对比,那么重现的话题仍可以有从缺的现象"[①]。请看下例:

(31)现在我在北京语言大学学了一年半汉语了。我来这儿以前在天津大学学了三个月汉语,介绍那时候遇到的一个年轻女孩。(Φ)

由于"同形结构使得下一句的话题很容易'找回'"[②],因此画线的部分可以省略。有时根据上下文或共有知识可以推导出来的,名词性成分往往就不必要了。如下例:

(32)妈妈对我和爸爸不表示。因为,我们知道了会担心妈妈。(Φ)

此外,还有个别以统称词方式回指的宾语多余,这种偏误在留学生作文中非常少见,我们只发现一例,在此列出:

(33)我觉得她很辛苦,所以我给她辅导费,但她拒绝了我的钱。(Φ)

这里"我的钱"是多余的,因为上文"我给她辅导费",已经提供了"足够的信息"[③],"拒绝"作为二价动词,其支配成分"我的钱"在此完全可以承前省略。画线部分并不提供任何新信息,也并非作者要强调的,这里作者要强调的是"她拒绝了"这种情形。这里出现的冗余信息,不符合汉语的表达习惯。下例也类似:

---

①② 廖秋忠.现代汉语中动词的支配成分的省略[M]//廖秋忠.廖秋忠文集.北京:北京语言学院出版社,1992:22.
③ 廖秋忠.现代汉语中动词的支配成分的省略[M]//廖秋忠.廖秋忠文集.北京:北京语言学院出版社,1992:18.

(34)故宫的面积很大，我觉得一天时间参观故宫是不够的。(Φ)

(35)我想介绍的地方就是长城。我到北京以后我已去了长城好几次了。它就是个很大的、很长的桥。(Φ)

(36)他的歌真甜，好像甜蜜的爱情细语一样。我越听他的歌就越喜欢他。(Φ)

这里画线的“故宫、长城、他的歌”作为“参观、去、听”的宾语，如果不出现，通过上文完全可以推知，因此用零形式可以更加经济，表达效果更好。动词后面的名词性成分的隐现往往与作者的表达直接相关，作为宾语，通常提供新的信息，如果宾语不是新信息，也不需要特别突出，或是作为背景知识为大家所共知，这时宾语就不必出现。

有时一些错误与留学生没能正确掌握动词的使用有关，如下面两个介宾结构多余偏误：

(37)“所有的人都有一个妈妈，可是我呢？为什么两个妈妈呢？”所以我常常对继母惹她生气，常常惹麻烦……(惹继母生气)

(38)我已经二十五岁了。我现在对父母真正地想他们。(真正地想念父母)

(37)和(38)例中的介词宾语多余都与动词的正确使用有关。下面的语序错误也类似：

(39)现在才感到对妈妈对不起。(对不起妈妈)

以上几例偏误都与动词的正确使用有关。汉语中有些兼作动词和形容词的词语，也给留学生的正确使用带来一定的困难。如下例：

(40)爸爸的这句话不长。可是，我很感动爸爸。(Φ)

此处的“感动”如果作为形容词，应该是“我很感动”；如果作为动词，表示“使感动”，就应该为“爸爸的话感动了我”。

从以上的分析中我们可以看到，作为动词支配成分的宾语，其省略的一个最主要条件是：上文已经提到过的，为已知的，或者是正在谈论的话题，或在平行、对比等结构基本相同或相似的句式中，或承上文的否定句中，后一小句的宾语与前句一致，则后句的宾语倾向于使用零形式。这些情况我们可以提醒留学生注意。

(四)名词性成分的高频使用导致的多余

有时名词性成分比较复杂，回指时以完全同形的表达式出现会让人觉得重复累赘，但去掉了又觉得语句不通，这时我们可以对动词进行适当的调整，如下面用“动词＋一下”来避免这种同形名词的重复。

(41)我在北京语言大学已经学了两年汉语，可是您没来过这儿，我想给您介绍北京语言大学。(介绍一下)

(42)我最爱的一个人就是我的女朋友。我愿意给老师们介绍我的女朋友。(介绍一下)

动词的这种灵活使用可以避免同形的名词多次出现造成的重复和多余，使篇章更加简洁明了。有时重复的名词即使并不复杂，但由于出现频率及密度比较高，也会显得啰唆累赘。如下例：

(43)我们一起去内蒙古喝酒吧。我不要喝酒你一个人喝酒。(Φ,Φ)

可见指称偏误并非只是一个名词性成分使用的对与错问题，其多余的偏误往往与出现频度有关。本章开始时(1)例中的偏误也是由于同形的名词高频且过度密集地出现所导致的。如果适当使用零形式或代词来替换，就能避免这种偏误。下例也类似：

(44)虽然我们仨都住在北京，但她住的地方没有韩国的饭馆，而且她不认识韩国菜但我们住的地方有很多韩国饭馆。她来我们的地方的时候吃韩国菜，我们去她的地方吃中国菜。她常常来我们的地方但我们不常去她的地方。虽然她的地方离我们的地方有点远但她一句也不出怨言。(我们这儿，她那儿)

此例中“她住的地方”和“我们住的地方”频繁出现，让人觉得啰唆且拗口。如果使用代词“这儿、那儿”，再使用相应的动词，并调整表达方式，就可以避免这种绕口令式的表达：

(44)′虽然我们仨都住在北京，但她住的地方没有韩国的饭馆，而且她不认识韩国菜但我们住的地方有很多韩国饭馆。她来我们这儿的时候吃韩国菜，我们去她那儿吃中国菜。她常常过来但我们不常过去。虽然两个地方的距离有点远但她一句怨言也没有。

留学生之所以重复使用相同的回指表达式，是因为其获取难度不大。虽然同形回指在形式上要比零形式或代词回指复杂许多，但对缺乏篇章意识或指称掌握不好的留学生来说，这是最简单的回指方式。下例也类似：

(45)我很喜欢吃上海料理，上海料理非常好吃……(它)

(46)我还记得你的眼泪。你的眼泪是对我的关心和担心吧。(那)

这里的回指完全照抄上文，不需要任何转换，对留学生，特别是初、中级水平的留学生来说，是最方便、最容易的选择，有的甚至还在同一句中重复：

(47)最有名的烤鸭店是全聚德烤鸭店。(Φ)

当然，留学生篇章中同形回指的多余并非只是表达方面的问题，也并不是简单地去掉或替换的问题，而往往与其篇章结构方式、思维的逻辑性等多种因素有关，需要整体把握：

(48)中国菜真的很好吃。我非常爱吃中国菜，中国菜的种类非常多。

上文中提过，复杂的指称形式在回指时往往不倾向于使用同形，而用比较简单的形式替代。这三句中都有“中国菜”，但其实际上谈到两个方面，一是介绍中国菜的特点，一是作者个人与中国菜的关系。如果我们调整语序，就能避免这种多余：

(48)′中国菜真的很好吃，种类也很多，我非常爱吃。

可见指称的偏误并非只是词语使用的问题，也不仅仅是动宾搭配问题，而是与篇章整体的结构布局、逻辑关系等都密切相关的。请看下例：

(49)过了几天，我跟她一起去买书包。她替我认真地买书包。在她的帮助下，可以买到这么便宜的书包。我终于买到很想买的书包。

画线部分连续三次出现了“买书包、买到……的书包、买的书包”，因过度重复而显得累赘，如果整合一下，就更加紧凑，也更加连贯，“她认真地帮助我，终于我以便宜的价格买到了很想买的书包”。

总之，同形回指的各种多余往往都与留学生的汉语表达能力直接相关。请看下例：

(50)我看见他的笑脸就觉得世界上我是最幸福的人。因此，我要看他的笑脸。总是在家里。跟孩子一起玩，看他的笑脸。这时，我常常忘了跟朋友的约定。

我们需要把这段话整合一下：

(50)′我看见他的笑脸就觉得世界上我是最幸福的人。因此，为了看他的笑脸(为此)，我总是在家里，跟孩子一起玩，常常忘了跟朋友的约定。

或者：

(50)′看见他的笑脸就觉得世界上我是最幸福的人。因此，我总是在家里，跟孩子一起玩，看他的笑脸，以致常常忘了跟朋友的约定。

总之，同形回指中的多余偏误，主要是与留学生的汉语水平直接相关的。随着汉语水平的提升，有些偏误可能会减少，有些则需要教师在教学过程中加以解释、说明，以帮助留学生避免类似的偏误发生。此外，还有一些偏误与留学生的表达直接相关，与逻辑思维有关。

二、同形回指中的缺失

在同形回指的偏误中，多余和错用偏误占绝对优势，缺失的情况比较少，主要是在话题转换时主语的缺失。高宁慧提出指称对象的数量与回指的选择有关，如果篇章中出现的人物或事物是单一的，就比较趋向于用零形式或代词；如果出现两个以上的人物或事物，且变换频繁，则比较趋向于用名词性成分，也就是说，指称对象越多越趋向于用名词性成分，以免造成混淆。如下例：

(51)因为内蒙古的风景特别美，辽阔的草原，辽阔的沙漠等。可是十跟北京语言不一样。(十内蒙古/那儿的语言跟北京不一样)

"可是"作为语义转折的标记，后面谈论的内容往往也会发生改变，当话题转换的时候，一般要求有代词来衔接，这里可以用名词"内蒙古"或代词"那儿"来回指，此时"可是"后面已经不再谈"风景"，而是转到"语言"上了。高宁慧提出"连词和时间词后面的小句主语趋向于用代词"，因为"连词，特别是转折连词的出现，事实上标志着语义将要发生变化"。① 所以句中趋向于用代词而不用零形式。

我们需要提醒留学生注意语义的变化与词语的选择，在使用转折连词"可是、但是、然而、因此……"时，往往伴随相应的指称与之共现。下例也类似：

(52)虽然我们的家没有那么多钱可是十总是用他最大的力气获得我想要的东西。(十爸爸)

有时即使没有话题转换标记，当叙述中插入其他人物后，再回到先前的话题时，也需要名词或代词。请看下例：

(53)我妈妈呢，出生我们女孩儿。生产的苦痛是我也不知道，可是我也是女人，结婚以后会知道。十每天看我，家务也很多事，妈妈也很忙，很辛苦。(十妈妈)

这里虽然可以根据上下文推知，"每天看我"的一定是"妈妈"，但此处中间插入了关于"我"的信息，再次转回到"妈妈"身上时，需要添加名词"妈妈"来延续前面的主话题。有时从共指转向个指，也需要标明所指个体的信息，如下例中的"我们"转向"我"和"妈妈"时：

(54)我哪儿都不想去，就想回家看妈妈。现在我们成了最好的朋友，对

① 高宁慧.留学生的代词偏误与代词在篇章中的使用原则[J].世界汉语教学，1996，36(2)：61-71.

我来说+是最重要的人在我的生活中。(+妈妈)

这里我们可以凭上下文推知“妈妈是我生活中最重要的人”，但是，缺失“妈妈”会给读者的理解带来一定的困难，也不符合汉语的表达习惯。又因为前一句的主语是“我们”，中间插入“对我来说”，“妈妈”就不可以省略。

一般来说，话题之间的衔接多使用代词，而段落之间的衔接往往使用名词，因此，在一个新的段落开始之处，需要用到名词：

(55)我上高中的时候每次放假+都让我去外国旅行。(+妈妈)

这里是段落开始的地方，然而主句的主语缺失，需要读者到前一个段落中去找寻。虽然整篇作文都是写“妈妈”的，但是在段落衔接之处名词缺失，也会影响读者对篇章的正常理解。

此外，有的缺失与留学生的语言组织方式有关——留学生汉语水平不够好，语言表达混乱。如下例：

(56)[1]你也应该知道北京是中国的首都，[2]全国各个地方的人在北京，[3]有很多名胜古迹，[4]你来到北京差不多就可以了解中国。

我们在每个小句前都标了号，此例因“[3]”句主语缺少，导致所指不明。这是话语组织混乱所致，因为“[3]”句的主语不能承接“[2]”句的宾语而省略。如果我们把顺序调整为“[1]—[3]—[2]—[4]”，就能避免主语缺失的问题。研究发现，主语的可及性和凸显度都是最高的，与前句主语同指时往往使用零形式，有时为了衔接也可以加上连词。如下例：

(57)听说她现在在北京大学学英语，+说得不错。(+而且)

此处如果添加“英语”会让人觉得啰唆，如果什么都没有也是可以接受的，不过从篇章的角度来看，最好用连词“而且”加以衔接。

三、同形回指中的错用

同形回指中的错用主要包括两大类，一类是错混，主要是同形回指的名词或名词组合与代词之间的错用。具体体现在两个方面：一是该用代词回指的却用了名词回指，导致名词重复偏误；二是该用名词或名词短语进行回指的却用了代词，导致所指不明等问题。另一类是回指表达式本身存在的错误，如“代＋量＋名”组合中的某个部分的错误，或者整个组合与“数＋量＋名”组合的错用。这两类偏误在留学生作文中同时存在，其中前一类错混偏误出现的频率相对高一些。

(一)同形的名词回指导致的冗余

同形名词的获取难度是最低的，留学生特别是汉语水平比较低的留学生倾向于选择同形表达式进行回指。在同形回指中，错用频率比较高的往往是该用代词回指却用了名词，导致表达的重复和冗余。

(58)我住在学校宿舍。在学校宿舍差不多都是外国人，所以……(那里)

(58)例使用完全同形回指让人觉得重复啰唆，改为代词就好多了。但是，这种重复因其所用名词本身的差异，可接受度会受到不同程度的影响。如下例：

(59)妈妈也当然那么爱我，一直对我非常好。可是妈妈身体不太好，我高中的时候，妈妈得了乳房癌。

因为“妈妈”本身作为称呼性词语就有亲切感，字数也不多，所以，这里虽然“妈妈”出现了三次，但基本上是可以接受的。如果后面以“她”来替换，也可以，但是还要考虑到礼貌的因素。在有些情况下，名词与代词的使用并不是非此即彼的、绝对的、强制性的，而是在一定范围内可以根据表达者的个人喜好而有不同的选择，因此，对错混的界定很难有一个绝对的标准，需要我们根据正常的汉语语感和上下文等篇章因素来综合分析。虽然不能有一定之规，但是我们可以从留学生的偏误中发现一些倾向性的规律，以帮助留学生在今后的表达中避免类似的偏误。

名词性成分的长短与其在回指中的可接受度直接相关。虽然在有些情况下我们不能明确地判定名词回指和代词回指的对与错，但是其可接受程度是有差异的，只是这种差异有时明显，有时不那么明显。请看下面的例句：

(60)我最爱的一个人是我祖母。我跟祖母很亲密，我有困难的时候，祖母帮我忙，当然祖母有困难的时候，我帮祖母。

这里的"祖母"与前面提到的"妈妈"类似，如果用"她"替代当然没有问题，但"祖母"虽然出现的频率很高，因其字数不多，且其中含有"尊重"之意，似乎也能接受。而下面例句中的画线部分的可接受度就比较低：

(61)今年西田智子四十多岁，西田智子的工作是个人生活指导员。(她的)

(62)西田智子喜欢动物，西田智子在家里养一只狗，两只猫和两只浣熊……(她)

(63)去年的五月我跟西田智子一起去台湾，因为我学习汉语所以我是西田智子的导游。(她的)

我们应该把回指定语"西田智子"改为代词"她"，这里的名词回指是明显不能接受的。这些偏误都出自一位日本留学生，在日语中直接称呼对方的名字是表达一种尊重，这与汉语不同，明显受母语负迁移的影响。在汉语中有时会出现两个以上的人物，在使用代词并不会混淆的情况下，最好还是选用代词回指。

(64)西田智子遇到有困难的人的时候，西田智子一定帮助有困难的人。(她/Φ，他们)

这里"西田智子"和"有困难的人"这两个表达式相对比较长，正如廖秋忠所言"原形较长的表达式用同形表示指同的可能性小，用局部同形、统称词和指代词的可能性大"①，这是汉语回指表达的一种倾向性的规律，因此这两句最好用代词来回指。我们有必要提醒留学生：一些比较长的名词性组合，往往倾向于以指代词或指代词与名词组合的部分同形方式回指，而不用完全同形的回指方式。请看下例：

(65)有一天，他给我发信息，下个月有韩语水平考试。他很想参加韩语水平考试。可是他的韩语水平还不高。(那个)

两个"韩语水平考试"在此明显重复，我们可以把后面的同形回指改为"那个考试"，或者使用零形式，这样既避免不必要的重复，又增强了小句之间的连贯度，其可接受度明显提高。

---

① 廖秋忠.现代汉语篇章中的指同表达[M]//廖秋忠.廖秋忠文集.北京：北京语言学院出版社，1992：53.

(66)妈妈知道自己的病后,妈妈很伤心,躲在妈妈的屋子偷偷地哭(Φ,自己的/她的)

当然,对于代词的选择我们可以根据具体情况灵活运用,有时可能会有多种选择,重要的是要避免同形的名词性成分的重复。教师有必要提醒留学生:各种回指形式要交替使用,不要只使用某一种固定形式。有时在多种选择中会有一个最合适的选择,如下面两例,虽然回指名词都是"金海湖",但在不同的情形中代词的选择却可能有所不同:

(67)所谓旅游经典区不能缺少五个因素,那就是吃,住,行,游,娱乐。金海湖当然具备了这五个因素。金海湖有很多水上娱乐项目,其中有水上跳伞,水上飞机,水上摩托艇,水上游船,水上自驾船等等。(那里)

(68)在北京经典旅游区很多,金海湖经典旅游区不能说是在北京最好的,最有名的。可是我敢肯定,金海湖比任何旅游景点毫无逊色……(它)

"金海湖"作为一个地方,用表示地点的代词"那里"回指是没有问题的,但当我们把它作为进行比较的事物时,直接用代词"它"就可以了,当然,用表示地点的代词"那里/这里"也可以。因此,有时代词的选择并非唯一的;有时选择代词回指还是零形式,也不是绝对的。请看下例:

(69)颐和园有比较长的历史它的故事也挺有意思。我现在先不会讲它的故事,你们来的时候亲自看体验然后慢慢讲颐和园这个地方。(这些/Φ)

(70)我上次放假的时候,去旅行了。在哪儿呢?去了"临江"。你可能不知道这个地方在哪儿,临江在朝鲜附近。(它/Φ)

以上的名词和名词性组合的回指可以用代词或零形式来替代,因此,名词、代词和零形式在回指中的使用规则不是强制性的,而是根据上下文语境而变化的,有时也因每个人不同的语感而异。虽然如此,在语言的经济原则驱动下,篇章中的回指有一个共同的倾向就是以不同的方式"趋简"。

名词性成分本身的长短在错用与否的判断中是一个明显且直观的外在衡量标准。另外,我们在前面多余偏误中也谈到,同形的名词性成分使用的频率和密度也有一定的影响。如下例：

(71)他在一家房地产公司工作。其实那家公司是他父亲的公司。(那)

(72)我很长时间没给她打电话。因为我还没交电话费，所以不能打电话。(Φ)

(73)有一天我跟家里人去公园玩儿，那时公园有很多表演，所以不少的人去公园。(Φ)

以上的例句中都分别有三个相同的词"公司、电话、公园"，虽然不能算错，但是会让人觉得很啰唆。

此外，我们认为错用还与信息的新旧有关。作为已知信息，在篇章中再次重提时，如果不需要特别凸显，就不必使用过分复杂的表达式。下面的宾语"烟台机场"就是明显的重复。

(74)到烟台机场的时候叔叔公司的司机已经到了烟台机场等我们。(在机场/那儿等我们了)

作为宾语的"烟台机场"再次重提时，无须以复杂的同形回指出现，可用统称词"机场"来替代，也可用指代词"那里/那儿"，当然前面的"到了"最好改为介词"在"。"已经在机场/那儿等我们了"，或者以零形式，"叔叔公司的司机已经在等我们了"，这两种改法都可以被接受。

(二)代词回指导致所指不明

以上我们分析了回指中该用代词或零形式而用了名词的偏误，这种情形是留学生篇章中出现偏误率较高的，然而，也有少量相反的情况，那就是在篇章中有两个或两个以上的同类名词竞争的情况下，该用名词的却用了代词，导致所指不明。请看下例：

(75)那个岛上有博物馆，这个博物馆是日本打进中国的时候，在这儿很多人死了，所以为了他们建筑的。

"这儿"前面有两个地点名词"岛"和"博物馆"，在此不知道是回指哪个，是"岛上死了很多人了"还是"博物馆所在地死了很多人"。这种情况在回指人物时也时有发生。

(76)职员查了一段时间,可是没有找出毛病,甚至他跟我说家里的排水管全都很正常,听完他说,我心里就痛快得甚至怕他无地自容。轮到我骂他了。

前面的两个"他"与后面的两个"他"为两个不同的人,前面是指"职员",后面是指作者楼下的业主,但都以"他"来回指,让人难以分清所指。要想明白作者的意思,就需要花费较多的时间和精力去分析。

因此在篇章中,当出现两个或者两个以上竞争的名词性成分,且回指代词相同的情况下,一般需要用名词回指,以代词取代名词或名词性组合往往会出现指代不清的偏误。有时虽然没有这种竞争因素,但在篇章中由于表达的需要,前面提过的某个指称被再次提取,并要推到前景地位,成为后面谈论的话题人物时,往往也要使用名词,而不是代词。

(77)我家三口人。妈妈、弟弟和我。我的爸爸呢?我小学三年级的时候,他去世了。所以,我特别爱她。

这里用"妈妈"就很清楚了,虽然从"她"字我们也可以推知是指的"妈妈",但是,这要让读者花费一定的时间才能完成,不符合正常的语言表达习惯。因此,指称的偏误不仅仅是简单的多余、缺失和错用问题,它还与篇章的整体布局、具体的语言组织等都有直接关系。我们不能孤立地看待某个指称偏误。

(78)[上文介绍了青岛和济南这两个城市]

[段落的开头]虽然我也去过这个地方但是跟青岛比起来更喜欢济南。

很显然,这里"这个地方"让人不知所指。从整个篇章来看,我们可以知道是指"青岛",若只是进行简单的替换,虽然解决了"所指不明"的问题,但是两个"青岛"在这里明显让人无法接受,因此需要对句子进行重组:

(78)′虽然我也去过青岛,但更喜欢济南。

可见,指称的偏误往往与各种篇章因素有直接或间接的关系。

(三)与“代＋量＋名”有关的错用偏误

本章开头我们已经分析了在首现指称中与数量结构有关的偏误，一般使用“数＋量＋名”结构引入一个新的话题之后，后续小句的回指往往也与数量有关。廖秋忠对汉语书面语料的研究发现，“当某个或几个对象由带有数量词‘一’或不定量的部分量词‘有些’‘许多’等的短语引进篇章时，它(们)的指同表达式不可能是原形，除非是对词语本身的解释”[①]。

(79)[上段]小时候记得还有一件事。我的爸爸过生日的时候，我特别花了很多心思做了一张生日卡送给了他。

[下段]过了好多年以后，打扫屋子的时候不小心地找到了一个箱子。把它打开，我发现了小时候做的一张生日卡。(那张生日卡)

从作文后面的叙述，我们知道作者在下段中所说的“一张生日卡”，其实就是上文提到的那张生日卡，这里该用“代＋量＋名”组合却用了“一＋量＋名”结构，属回指词语使用不当。这种偏误不仅导致连贯性降低，而且还会引起歧义，让人以为是另外一张生日卡。因此，应该改为“那张生日卡”或者简单的形式“那张卡”。下例的偏误也出现在上下段落中：

(80)[上段]这时候一对老夫妻爬过来说：“……”

[下段]我忘不了这美丽的香山，香山的红叶，那天的一对夫妻。

这里的“一对夫妻”就是指前面的那“一对老夫妻”，但这种表述形式容易让人误以为是“另外的一对夫妻”。有时这种“数＋量＋名”回指偏误甚至涉及整个篇章开头和结尾的呼应。如：

(81)题目——我最爱的一个人

[开头]我正在想起一个人的名字。……

[结尾]……我真的很高兴。明天回国可以看到我最爱的一个人。(这个人)

文章结尾的这句话应该为“我最爱的这个人”，回指开头的“一个人”，使全篇成为

① 廖秋忠.现代汉语篇章中的指同表达[M]//廖秋忠.廖秋忠文集.北京:北京语言学院出版社，1992:56.

一个连贯的整体。但这并不意味着一个“数＋量＋名”后，必须要有一个“代＋量＋名”来衔接，还需要具体情况具体分析。如下例：

(82)在临江叫“临江公园”有12个动物。你也知道12个动物吧，鸡、老虎、兔子等等。(这12个动物/它们)

后面的“12个动物”前应该有指示代词“这”来回指，应该是“你也知道这12个动物吧”，或者不用“代＋量＋名”组合，直接使用代词“它们”也可以。回指的方式可以根据需要而定，可以是光杆名词或各种名词性的组合，也可以是代词的组合或者代词，甚至零形式等。我们再看看下面的偏误：

(83)谢谢你，我收到了你寄给我的一封信。我们好久，没有联系过。所以我真的很高兴收到了你的一封信。(这封信/信)

画线的“一封信”是明显不能接受的，可以改为“这封信”或者只用“信”就可以了，因为前面有领属定语“你的”。

以上都是该用“代＋量＋名”组合回指的错用了“数＋量＋名”形式所导致的偏误。“数＋量＋名”作为新信息的标记，通常用于引入一个新的指称，而在回指中出现这种组合是不符合汉语表达习惯的。有时与“数＋量＋名”有关的偏误不仅可用指量结构，也可用其他代词或领属结构来替换。有时“代＋量＋名”组合作为上下文衔接的一个手段，回指首次出现的、比较复杂的“数＋量＋名”结构时，还与其他的成分相关：

(84)这个地方以前是一个小的国家，所以到处有古老一个国家的痕迹。(这个古老国家)

首先这里“古老一个国家”表达的语序有问题，而它又是回指前面提到的“一个小的国家”，因此，这里不仅要以指量结构替代数量结构，还要对语序进行调整，改为“这个古老国家”。

可见，“代＋量＋名”组合的偏误与留学生的表达方式以及语序等都有关系。如果留学生能熟练掌握汉语中的各种指称方式，并知道具体的使用规则，就能避免一些偏误。另外教学中还应该让留学生明白代词或代词组合替代名词或名词性组合并非只是避免重复，还能增强篇章的连贯度。

(85)她跟以前的男朋友已经分手了，可是以前的男朋友还追她。(那个人/那个男朋友)

这里使用比较复杂的同形回指形式，让人觉得重复累赘，如果换为部分同形的“代＋量＋名”组合，篇章的连贯度就提高了。请看下例：

(86)过了几天后，我才明白了，这是怎么回事。原来还有一个韩国朋友跟我和明镐一起玩儿，可是我借钱的时候，我只对韩国朋友说了。但是韩国朋友跟明镐见面的时候，韩国朋友说了我现在的情况。(那个韩国朋友，他，Φ)

这里“代＋量＋名”组合、人称代词和零形式在回指中交替使用，避免了反复使用同形回指导致的重复，也增强了篇章的连贯度。因此，在篇章中，一些结构比较复杂、形式比较长的先行语往往选择“代＋量＋名”组合、代词或零形式回指，而不重复使用同形的名词性成分。请看下例：

(87)如果以后你有时间也可以来上海的外滩游览，你就会知道上海的外滩非常漂亮。(外滩/那个地方/那儿/那里)

高宁慧在对留学生的代词偏误的调查分析中发现，“在代词填空测试中答对率最低的一道题与数量词组相关”，就是“这/那＋数量词组”的形式。她得出了代词在篇章中的使用原则，“数量词组在下文中常常用‘这/那＋数量词组’来指同。数量词组(包括定量和不定量)在下文中不能用原形来指同，否则就会使上下文失去衔接。若要在下文中保留该数量词，一般要在前面加上指示代词‘这’或‘那’”。[①] 下一节将主要针对“代＋量＋名”组合的部分同形回指的偏误进行分析。

第四节　部分同形回指偏误分析

“部分同形回指”相当于廖秋忠在现代汉语篇章的指同表达中提到的“局部同形表

---

① 高宁慧.留学生的代词偏误与代词在篇章中的使用原则[J].世界汉语教学，1996，36(2)：61-71.

达式"这个概念。在局部同形表达式中，"从形式结构上来说，局部与原形之间的关系主要是中心词与整个结构的关系。大部分的局部指同表达式都是将整个原形中的部分或全部修饰成分省略得来的。带有修饰成分的原形词语通常是特指的，但省略后的光杆中心词却可以理解为泛指的。因此，有时为了避免误解其所指为泛指，在去掉修饰成分后的中心词前还加上指示词或其他修饰成分以表示它所指的是上面已提过的特定对象"。[①]蒋平研究发现，非生命性(除进行动态描述外)的实体在回指时往往采用低可及性标示语或中可及性标示语的复杂形式"指示词语＋名词"，而且往往不受距离远近的约束。[②]

本节的"部分同形回指"这个概念采用徐赳赳的界定。所谓部分同形"指的是该名词回指对象和其先行词在形式上部分相同，也就是说，该名词回指对象有一个或几个字跟先行词相同，但没有采用先行词所有的字；或在先行词上又增加了字"[③]。在实际篇章中"将整个原形结构的主要成分'浓缩'来表示所指等同的格式极为少见"[④]。由于这种"浓缩"的表达式需要对指称进行再加工，使用难度比较大，在母语者中都少见，留学生就更少使用这种表达式，所以我们的语料中几乎没有发现这方面的情况。在语料中我们发现的部分同形回指偏误基本上是以"代＋量＋名"组合的方式出现的，还有个别"代＋名"组合的偏误。如下例：

(88)还应该有传统的酒。这个酒也是女的亲戚做的。

(89)这样的车很满意。这样的车比出租车便宜一点儿。特别是堵车的时候更好。

这种"代＋名"组合偏误在同形回指中很少，我们不再单独分析，在之后的异形和总括性回指两章中将有所涉及。部分同形的"代＋量＋名"组合虽然对留学生来说比用完全同形的回指难度要大一些，但因其中心语与先行语的名词是一样的，相对于异形或总括性回指形式要简单很多。

"代＋量＋名"组合作为衔接上下文的一种最常用的回指形式，有时以部分同形的方式与前面的"数＋量＋名"搭配使用，有时以异形回指的方式照应前面名词性成分，有时还可以对上文所述内容进行总括性的回指，因此，有关"代＋量＋名"组合的偏误

① 廖秋忠.现代汉语篇章中的指同表达[M]//廖秋忠.廖秋忠文集.北京：北京语言学院出版社，1992：45-61.

② 蒋平.影响先行语可及性的因素[J].外国语，2003，147(5)：43-50.

③ 徐赳赳.现代汉语篇章回指研究[M].北京：中国社会科学出版社，2003：142.

④ 廖秋忠.现代汉语篇章中的指同表达[M]//廖秋忠.廖秋忠文集.北京：北京语言学院出版社，1992：48.

也会在后面的章节中再次涉及。本节主要分析部分同形回指中的“代＋量＋名”组合偏误，这种回指的名词与先行语中作为中心语的名词基本相同，因此是最简单的一种回指形式，也是留学生偏好使用的一种回指表达式。

这种“代＋量＋名”组合获取难度不大，往往是留学生，特别是低年级的留学生所偏爱的一种回指形式。但是由于其结构比较复杂，因此在使用中比前面的完全同形的偏误还要复杂一些，既有各组成成分的偏误，也有整个表达式与其他表达形式之间错用等问题，呈现出多样化的倾向。

一、指同表达趋简的倾向与“代＋量＋名”组合的偏误

“代＋量＋名”组合作为上下文衔接的一个手段，常常用来回指首次出现的“数＋量＋名”结构，或者用来回指前面一个比较复杂的指称形式，因为“一般来说，言者认为听者已知的信息，编码方式简单；言者认为听者未知的信息新信息，编码方式繁复。”[①]这种现象一方面是语言经济原则的驱动，更主要的原因是人类认知特点使然。

因此某一指称形式一旦出现，一般情况下后面就不大可能用比它更复杂的形式，这也是一些学者如廖秋忠、徐赳赳、高宁慧等对指称研究的共识——篇章中的指同表达具有趋简的倾向。如下例：

(90)还有一个城市是叫大理。这个城市比较小，但有特殊性，因这个城市是又古老又漂亮的地方，这个地方以前是一个小的国家，(它，Φ)

画线部分“这个城市”和“这个地方”都是指前面的先行语“大理”，因此“这个城市”可以用代词“它”来替代，而后面的“这个地方”与前句连接紧密，又在同一话题链中，可以使用零形式。

如果反复使用同一种回指表达式，不仅使篇章显得呆板，也影响其连贯度。下面的偏误就是后续句中“代＋量＋名”组合的重复使用导致信息的冗余和篇章连贯度的降低。

(91)我平时上课的，学校里最高的楼是靠学校东门，这个楼叫教一楼，也可以叫主楼。这个楼是几年前新盖的，里边的设施都是新的，让人感到非常舒服，而又方便。(它/Φ)

---

① 方梅.篇章语法与汉语篇章语法研究[J].中国社会科学，2005(6)：165-172.

第二个“这个楼”可以用“它”来替代，这样篇章就更加连贯了。如果把前面的“。”改为“，”，后面就可以使用零形式，延长话题链，增强篇章的连贯度。下面对人物的描述也类似：

(92)开始上课的时候我一进教室就看见一个人。我觉得那个人比谁都漂亮。从那时候我爱上了那个人。那个人是我的女朋友。(她)

(93)我六岁时父母给我送一个礼物。那个礼物有一双眼睛、有两只耳朵、有一个嘴一个鼻子。那个礼物慢慢地学会了走路，说话……(他)

这里不断地重复使用“那个人”“那个礼物”，语句间重复成分增加，又缺少变化，使篇章给人一种割断的感觉，失去了连贯性。如果用人称代词“她”和“他”来替代，不仅能使篇章更顺畅，而且从语言的经济性原则来看，以简单的指称形式如单个的代词，甚至零形式回指已在上文中出现过的指称，可以减少同一成分的复现概率，降低旧信息在篇章中出现的频率，避免产生信息干扰，从而更加有效地凸显新信息。

前人研究表明：不同的回指形式在篇章中的交替使用能增强语言的连贯性，但这并非任意的，而是有一定的规律性的，正如廖秋忠提出的，“指同表达式有逐步简化、抽象化的趋势”[①]。以上偏误修改以后就能符合汉语中比较典型的指同表达式[②]。

我平时上课的、学校里最高的楼	这个楼	它
一个人	那个人	她
一个礼物	那个礼物	他
↑	↑	↑
原形 ——————→	局部同形 ——→	异形

这样能有效地提高作文整体的表达效果。当然，在篇章中，作为新信息标记的“数＋量＋名”组合出现后，未必一定要有一个“代＋量＋名”来衔接，这需要具体情况具体分析。有时，当一个新信息作为话题引入之后，后续的指称作为对前文的回指，如果中间没有割断的话，可以采用比较简单的形式回指，如部分同形或代词，甚至可以直接用零形式，以避免不必要的重复。如下例：

① 廖秋忠.现代汉语篇章中的指同表达[M]//廖秋忠.廖秋忠文集.北京：北京语言学院出版社，1992：52.

② 高宁慧.留学生的代词偏误与代词在篇章中的使用原则[J].世界汉语教学，1996，36(2)：61-71.

(94)我朋友给我介绍一位辅导老师。那位辅导老师是以前在高中学校的女老师。现在退休了。她的个子比较矮,白白的脸,短短的头发。(那位老师/她)

这里不必用"那位辅导老师"这种复杂的回指来重复前面的内容,而可以用一种简单的部分同形"那位老师"或者用人称代词"她",甚至如果前面的"。"改为",",在同一话题链中,直接用零形式就可以了,因为前句是引入一个下面要谈论的话题,后面的"是"字句在篇章中具有延续话题的功能,"对这个话题加以说明,它们常常处于同一话题链中,所以趋向于用零形式"①。

因此我们在教学中需要告诉留学生,在谈论同一个话题时,后续的回指表达式往往有一种"趋简"的倾向,具体可以列出下面的表达系列:

原形→局部同形→异形→零形式

当然还要提醒留学生:这个表达系列并不是一个一成不变、固定的模式,而是可以有多种选择的,如"原形"之后可以直接用异形如代词回指,如果是在同一话题链中,甚至可以直接使用零形式。总之,我们有必要帮助留学生建立这种在篇章中指称表达"趋简"的意识,这样就能有效地提高留学生的篇章整体表达能力,同时避免出现理解上的偏差:

(95)在颐和园有山和湖。我觉得山和湖很漂亮。那时候我朋友说这座山和湖都是人工做的。你相信吗?(它们/这些)

连续的三个小句中都出现了"山和湖",虽然字数不多,但是显得重复累赘,如果用代词替换画线部分,就能避免这种问题。这是"重复名词不利"效应在起作用:在阅读时,与代词相比,当用名词来指代前一语句中突显度最高的实体时,阅读时间显著增加。下例也类似:

(96)我觉得这件衣服质量又好又漂亮。所以我要买这件衣服。无论这件衣服贵不贵,我都没关系。

在这三个小句中"这件衣服"连续出现了三次,而且相同的人称代词"我"也出现了

① 高宁慧.留学生的代词偏误与代词在篇章中的使用原则[J].世界汉语教学,1996,36(2):61-71.

三次，关于人称代词的偏误将在第六章专门解释，此处不再赘述。我们可以对其进行适当的修改：

(96)′我觉得这件衣服质量又好又漂亮，所以无论有多贵，我都要买下来。

我们需要提醒留学生：指称作为篇章衔接与连贯的一个重要因素，并非是孤立存在的，而是与关联词语的使用、副词的使用、动词和动补结构的配合使用以及语序等多种因素共同起作用的。因此，有些偏误是具有交叉性的。下面仍从多余、缺失和错用这三个方面来分析"代＋量＋名"组合的偏误。

二、回指中指量结构"代＋量"组合的多余

指量结构"代＋量"组合作为"代＋量＋名"中的一部分，在篇章中的功能是值得我们注意的：一是回指上文所提的名词性成分或所述内容等；二是具有指别功能，以示区别；三是需要特别强调的——具有凸显功能。从认知角度看，"代＋量＋名"组合具有强调突出其中的名词性成分的功能，沈家煊和王冬梅认为，一般来说，信息度较高的N可及度也较高，反过来可及度较高的N信息度也较高。[①] 这是因为信息度和可及度都跟凸显度有关。从认知心理角度而言，凸显度高的事物容易引起人的注意；反过来，人把注意力集中在哪个部分，哪个部分就相对凸显。提高概念的信息度也就提高了概念的"凸显度"。如果在"把儿"前面加上指示词语"这种"，就等于用手指向一个把儿，吸引人的注意，从而提高了"把儿"的凸显度。把抽屉描述成"大抽屉"，把卫生间限定为"两个"，缩小了概念的范围，是一种心理上的"聚焦"，也提高了凸显度。提高概念的可及度也提高了概念的显著度：可及度高的概念离我们的心理距离近，近的比远的显著，所以凸显度高。可见，指量结构"代＋量"组合往往跟领属定语或其他限制性表达类似，在篇章中具有将其后的名词性成分进行前景化包装的功能，这需要向留学生特别强调，帮助他们避免因缺失而导致的强调不够，也要避免因多余而导致的重复冗余。请看下面的例句：

(97)我在这个北京语言大学过得挺好。(Φ)

---

① 沈家煊，王冬梅."N的V"和"参照体—目标"构式[J].世界汉语教学，2000(4)：25-32.

这里的“这个”明显多余。“北京语言大学”作为专名，具有唯一性、独特性和显著性，无须再用“这个”来指别或者凸显。

需要说明的是，“代＋量＋名”组合中的多余偏误并非只是把指量结构“代＋量”组合去掉那么简单，往往可能要用其他的表达方式来替代，如用代词或领属组合等。下面主要探讨在篇章中与情感因素、前景背景因素有关的指量结构或指代词的多余和错用等偏误。

(一)情感因素与指量结构“代＋量”组合的多余

一般在叙述性篇章中，当谈论的话题是某个人物时，作为主角的人物因其在篇章中具有“主题唯一性”，在回指时无须任何限定成分。如下例中“老师”在篇章中作为主要人物，无其他“老师”与之竞争，因此，前面就不需要指量结构“那位”同现了：

(98)我在协和医院里生孩子的时候，那位老师亲自来到我的病房。(老师/我的老师)

(99)我女儿一周岁时，那位老师亲自买一件旗袍。我女儿穿着这件大红色的旗袍。真好看。我拍照留念……现在看这照片时，就想起了那位老师。(老师/我的老师)

这两例中名词“老师”前相同的“代＋量”组合“那位”如果都去掉的话，不仅不影响读者的正常理解，而且能缩小彼此的距离感，显得更亲切。作文中前面一直都在讲述我和“老师”之间的故事，“老师”在篇章中具有唯一性特征，“那位”的出现让人觉得很突兀。因为“那位”这样的“代＋量”组合不仅用于回指，还具有指别功能，会让人误以为是“其他的老师”。虽然从句法上看没错，但是这种有指别功能的表达，不仅增加了人们理解篇章的负担，而且也拉大了作者与“老师”间的情感距离，让原本亲密的关系显得很疏远，最终影响了篇章的连贯。

这些都是韩国留学生的偏误，主要是受母语影响所致。在韩语里，一般习惯性地在名词前加“那位”而不用“这位”，以表尊敬之意，所以韩国留学生在作文中往往使用“那位老师”，以及第六章(151)例中的“那位姐姐”，其本意是表示对“老师”和“姐姐”的尊敬，但实际上，不仅没有让读者感受到自己的情感，反而对我们正确理解原文设置了不必要的障碍，产生了表达意图与表达效果之间的不对称，这是母语负迁移的结果。教师需要在教学中对韩国留学生特别强调这一点。如果要表示关系亲近，可以用领属结构“我的老师”。下例也是韩国留学生的错误：

(100)我们也说“大姐好！……”那个大姐的丈夫是韩国人，所以她会说一两句韩语。……那个大姐跟我们很亲密，所以她在我们买东西时打折。(大姐，大姐)

整篇作文就是介绍一个被称为“大姐”的服装店老板，文中并没有其他的“大姐”，在此直接称呼就可以了，不必再加“那个”。值得一提的是，在汉语中“这/那”在表示心理上的远近时往往存在着差异，第五章第二节中会专门涉及这方面的内容。

一般情况下，在表示称谓的名词前，如果没有其他指称与之竞争的话，不用“代＋量”组合显得更加亲切，且容易被接受，前两例中“那位老师”“那个大姐”的出现反而让人觉得疏远了，也很突兀，会影响篇章的连贯，甚至产生歧义。在留学生作文中，这种情况并不少见，有时可以直接去掉，有时可用领属结构来增加亲切感。请看下例：

(101)我真的希望能跟这位老师教得一样好。(老师/我的老师)

(102)一句话一句话都关心地问我。我越来越喜欢那位老师了。(我的老师)

(103)不管那天发生了什么事儿可那位朋友教我一个很重要的事儿，那就是第一次跟一位陌生人见面不要很快从他的话，表情，他的样子或者他穿的衣服推断他的性格，这样会跟我一样过了一段时间后就后悔。(我的朋友)

这里的“这位/那位”都显得比较疏远，如果直接使用“老师”或者为“我的老师”及“我的朋友”就会缩小彼此的距离感。下例也类似：

(104)“我跟你爱以后结果有这孩子，现在这孩子得了重病，如果这样放弃的话，这孩子马上就死了……”(Φ，Φ)

我们在前面已经说过，在表示称谓的名词前，如果没有其他的指称与之竞争的话，就不必用指代词来指别。这篇文章只谈论这一个孩子，指代词多余，后面的两个“这”都可省略，直接用“孩子”就可以了。

留学生作文中这种兼有回指和指别功能的指称表达式的多余偏误并不少见，或许与上文提到的留学生有选择低可及性指称表达式的倾向有关。下例就是一个与领属定语共现时的多余偏误。

(105)我常常祈祷那位我的老师每天的生活很幸福。(我的)

这里是指量结构"那位"与领属定语"我的"共现时的多余偏误。我们前面提到,指量结构和领属定语都具有将名词性成分前景化的功能,在此重复使用造成了信息的冗余。如果一定要强调,可以调整一下语序,"我的那位老师"也是可以的。

(二)前景背景的差异与指量结构"代+量"组合的多余

"叙事语篇中,构成事件主线、直接描述事件进展的信息属于前景信息。围绕事件主干进行铺排、衬托或评价的信息(如事件的场景、原因、条件等)属于背景信息。"①在篇章中,前景与背景表达的差异也会体现在指称词语的选用上,但这往往是留学生所不知道的,也是老师们没注意到的一个问题。请看下例:

(106)有一天,从威海坐船去一个岛,也是威海的。那个岛有(十一个)博物馆,这个博物馆是……(岛上)

一般存现句多用来引入一个新的话题,这里的"博物馆"就是在后文要谈论的内容,这个句子需要凸显的是宾语部分,而主语"岛"作为已知信息无须凸显,指量结构"那个"多余。这与前景背景有关,一般主语作为已知信息,如果无须特别强调的话,一般倾向于使用简略的形式,有时甚至使用零形式。

(107)因为这个学期我的身体不舒服。生病了,所以不得不旷了很多课。现在那个病好多了,我希望这个学期能及格,而且尽快恢复健康。(病/Φ)

前面"生病了"是表示原因的偏句,"病好多了"同样是提供背景信息的,而且作为处在主语位置上的已知信息,"那个"在此明显不合适,要去掉;甚至"病"也可去掉,作为对比,表达"现在好多了",也可以接受。教师有必要告诉留学生,汉语中"那个"等指量结构除了表达数量以外,还具有凸显其后的名词性成分,使之成为关注焦点的篇章功能。在作为背景信息的时候,这种使指称"前景化"的功能恰恰是不需要的,这样才能"使小句的句法属性与篇章功能匹配"②。

因此,在话题延续中前景背景的差异直接影响"代+量+名"组合的选用。有时,

①② 方梅.由背景化触发的两种句法结构:主语零形反指和描写性关系从句[J].中国语文,2008,325(4):291-303.

在篇章中的一些指量结构，虽然不能说是错误，却使表达的重点不突出，影响篇章的连贯度。如：

(108)我坐在她的摩托车后边去看房子，我看了那个房子后感觉很满意。(Φ)

“我看了那个房子后感觉很满意”这个句子本身没有问题，完全可以接受，但从上下文来看，后句中“房子”并非作者所关注的重点，而只是提供一个时间框架，处于背景信息中，因此不必用“那个”来过分凸显，去掉“那个”更好；又由于前后两句连接比较紧密，在不产生误解和歧义的前提下，甚至连“房子”也可以省略，只说“我看后(看了以后)感觉……”就可以了。这种提供时间框架的从属小句中名词性成分的多余，在前面已经讨论过，此处不赘述，但要让留学生明白篇章建构过程中的前景与背景的差异是十分重要的，不仅与指称选择有关，而且与整个篇章的衔接、连贯都有关，要帮助留学生明白何处该突出强调，何处该弱化简略。比如背景信息中动词支配成分的省略，因为作为背景信息一般是尽量弱化，具有凸显功能的指量结构或各种指代词尽量少用，以免干扰读者对篇章的正确理解。如下例：

(109)“他，真是。”这句是我看到他发来的这信息以后，不知不觉想到的。(Φ)

画线的“这”为多余，因为这里也是提供背景信息，在一个提供时间框架的“……以后”中，不需要再对“信息”进行凸显，而且前面还有“他发来的”限定成分，指代词“这”的出现虽然不能说是错误，但是对其的过分强调影响了上下文的连贯。有时在不影响对篇章理解的前提下，不仅代词需要去掉，而且其后的名词性成分也可以省略，使表达更加顺畅。请看下例：

(110)短信上他写了一个韩国电视剧的最佳台词。我看了那短信，禁不住笑起来。(Φ)

同(109)例一样，从篇章表达的角度看，这里的“短信”作为旧信息，已经不是关注的焦点，可以作为动词支配成分省略，用简省的表达式如“我看了短信”，或者使用零形式“我看了以后”，甚至可以直接去掉画线部分“我看了禁不住笑起来”。

下面在前后不同句子中的两个“这照片”，因其在篇章中信息地位的差异，对指量结构的需求程度也存在着差异。

(111)我女儿穿着这件大红色的旗袍。真好看。我拍照留念。这照片在相片册里保存着。现在看这照片时,就想起了那位老师。

这里,第一个"这照片"最好改为"这些照片"来作为后面要谈论的话题,而第二个"这照片"中的"这"是多余。如果我们稍微修改一下,整个名词性成分都可以省略,如"这些照片在相册里保存着,每次看到,就会想起老师"。这里是信息地位的差异造成的多余或错用。一般语言表达是从已知到未知,因此,宾语往往提供新信息,如果宾语是前面已经说过的内容,不再提供任何新的信息,一般倾向于使用比较简单的形式,在不影响正常理解的情况下甚至可以省略。如下例:

(112)去了夜景非常好看的公园。我也没去过那个公园,所以怎么走我也不知道。半小时以后终于到了那个公园。(那里/Φ)

在留学生作文中,很多情况都可以通过稍微修改来避免代词或"代+量"的多余。请看下例:

(113)这儿的最有名的是山顶,山顶有一个湖,名字是"天池",那个湖和天很近,这是叫"天池"的理由。(湖/Φ)

我们可以改为"山顶上有一个有名的湖,因为离天很近,所以叫'天池'。"或者"山顶上有一个有名的湖,叫'天池',因为离天很近。"有些连词的使用也可以避免指代词的多余,使篇章更为连贯,这都是需要特别提醒留学生的。

三、"代+量+名"组合回指中的缺失

以上分析可见,指量结构的多余往往与情感表达和前景背景等篇章因素有关,许多学者(如孙朝奋,1994;许余龙,2004)研究表明,数量词语的使用往往与篇章中话题的延续有直接的关系,而这些"数量词组在下文中常常用'这/那+数量词组'来指同"[①]。在篇章回指中,指量结构对篇章的衔接和连贯可以说是非常重要的,一旦缺失,会直接影响篇章的连贯度。下面将要分析与篇章因素有关的各种缺失偏误。

① 高宁慧.留学生的代词偏误与代词在篇章中的使用原则[J].世界汉语教学,1996,36(2):61-71.

(一)在话题延续中出现的指量结构"代＋量"组合的缺失

指代词的一个非常重要的功能就是在篇章中回指上文所提到的人、事、物，在话题延续中往往是不可缺少的。请看下面的例句：

(114)我们在路上碰见了一个女孩子。看起来好像乞丐。女孩子冷得发抖。在路上乞讨。周围走路的人都不注意女孩子。(这个女孩子/她)

上例在第二个同形名词"女孩子"前缺少作为回指标记的"代＋量"组合"这个"或者人称代词"她"。虽然文章中只涉及这一个女孩子，用同形的名词回指也不会产生歧义，但是指量结构的缺失，降低了篇章的连贯度，使得上下文结构松散。下例也类似：

(115)有一个学生的父亲突然死去的时候，学生的妈妈心神不定，不能爱自己的孩子，不能扶养孩子。我朋友让＋学生住自己的家，扶养她。(这个)

在第二个同形名词性成分"学生"前缺少作为回指标记的"代＋量"组合"这个"。虽然同形的名词重复不会让我们在理解时产生歧义，但是指量结构的缺失，会使得篇章的连贯度受到影响。这种情况在留学生的作文中出现的频率比较高，往往会以不同的偏误形式出现。如下面表示多量的指量结构缺失偏误：

(116)她现在在中国交了很多韩国留学生，而且交了很多中国朋友。甚至因＋中国朋友她的口语水平越来越高。(＋这些)

(117)我们俩遇到了很多困难，……发现了文化、习惯和语言的问题等等。……其实他了解我也了解＋问题。(＋这些)

以上两例在第二个同形名词性成分"中国朋友、问题"前都缺少"代＋量"组合"这些"作为回指的标记，使上下文失去了连接。

因此，在篇章回指中，指量结构在篇章的衔接与连贯中的作用不容忽视。这种衔接功能不仅体现在"代＋量＋名"组合对先行语的回指中，而且也体现在对回指范围的确定中。如下例：

(118)这一天是我最后一次来按摩的，＋医生对我说，"你的腿比以前好

多了不需要来……”(十这位)

按摩的地方一般会有多位医生，这里如果没有“这位”，会让人觉得是随便的某一位医生，而作者的意思是指一直给他按摩的那位医生，因此需要指量结构来确指“这位医生”。下例也类似：

(119)还有在王府井有一个街道，吃的真多，但是我不敢吃。因为十吃的都是特殊的，蚕蛹、蟋蟀、蛴螬、蛇什么都有。如果你来北京，试一试吧。(十那些)

这里“吃的”是回指前面所说“王府井”的“一个街道”中的“那些吃的”，因此，这里的“那些”既是对“吃的”范围的限定，又凸显了后面那些“不敢吃”的东西，是篇章连贯的一个重要纽带。在异形回指的偏误中也有类似的情况。

(二)主观表达与量词的缺失

吕叔湘曾指出，“在近代汉语里，指示代词跟名词之间以加用‘个’或别的单位词为常例”。但对“这、那＋NP”的情况也表示可以接受，“很可能有把口头说着的‘个’或别的量词在笔底下省去了的”。①

李丽虹认为，汉语中不使用量词的“这/那＋人”结构，更多地承担了一种表达责怪、怨恨、赞叹等较强烈感情的语用功能。② 赵成新认为：“这＋M＋NP”是无标记形式，名词前的修饰语多采用这种形式；“这＋NP”是有标记形式，使用这种形式时一般有特殊的原因，即为了表达较强烈的感情。③

留学生作文中这种量词缺失的情况不在少数，但在具体篇章中对“量词”的需求程度却存在差异。请看下面的例句：

(120)这也是元旦的问题中之一。因为如果我的奖金是五千人民币，我的弟弟的奖金是九千人民币的话礼物的价值也不一样，所以这问题是最近发生的事。(这个问题)

(121)然后去乐山，在乐山有大佛你看过中国电影《风云》吗？这大佛是

① 吕叔湘.近代汉语指代词[M]//吕叔湘.吕叔湘文集：第3卷.北京：商务印书馆，2004：195.

② 李丽虹.试从语用角度看“这NP”中的指示代词“这”[J].鄂州大学学报，2005(2)：71-74.

③ 赵成新.汉英指示指称词语对比及汉语习得研究[M].开封：河南大学出版社，2009：46.

那电影内出现了，真的很大，它的一趾是跟我差不多，真吃惊了。（这个大佛）

我们认为这些例句都属于正常的叙述性表达，其中的“这问题、这大佛”都缺少了量词“个”。我们可以通过有与无的对比，帮助留学生建立起对量词的语感。下面例句中的“那老板”就不需要添加“个”，因为表达了作者愤怒的情感。

（122）他们卖八十块我真生气了我觉得那老板他骗我，所以我再去找他。

由于人的情感往往具有主观性，因此，在有些情况下，我们很难有统一的标准。请看下面例句：

（123）后来有一个朋友介绍给我一个姐姐。朋友说这姐姐是个好女人，很温柔也很善良。（这姐姐/这个姐姐）

上例虽没有强烈的情感表达，但动词“是”后面有一个“好女人”的主观评价，因此，这里“这姐姐”或“这个姐姐”都可以接受。

在留学生作文语料中，大多数的情况下，我们认为还是需要补出量词的。因为这种偏误的出现主要有两种可能：一是母语的负迁移。一些留学生自己的母语中没有量词，而在汉语中使用量词的习惯还没形成，于是在作文中受母语的影响出现量词的缺失。二是目的语因素的影响，如汉语口语的影响。我们在口语中的主观性比较强，有时为了方便，即使与情感表达无关，也会出现量词的省略，这会带给留学生一些不良影响。下面的缩略表达需要补出量词“些”：

（124）脸上贴上三个红色的点，额头上还有两边脸颊上贴着红色的点。你知道这红点的意思吗？（这些红点）

这里的“红点”是对前面“红色的点”的缩略表达，这种部分同形的“代＋名”回指情况在留学生作文中非常少见，我们将其算在部分同形回指中。虽然，在口语中有时也会有上述表达，但是在篇章中，我们还是要让留学生尽量使用规范的表达方式。下面的情况在口语中更为常见：

（125）（20）05 年 7 月我回国，终于看见这孩子了。他是男孩子。（这个孩子）

(126)现在我在中国。很想念这孩子,他的笑脸。(这个孩子)

因此,在实际的教学中,我们有必要向留学生强调量词的使用。在留学生的作文中发现不仅存在“这”后量词的缺失,而且也有相当数量的量词缺失是出现在“那”后面的。

(127)我今天写信来给你介绍中国的一个城市。那城市叫“平遥”。(那个城市)

(128)我忘不了,她给我的那本子,她对我激励的话。(那个本子)

(129)我再去那店对售货员要求换别的。可是他不理我。(那个商店/那家商店)

“那城市、那本子”都缺少量词“个”,“那店”需要补的就更多了,要改为“那个/家(商)店”,之所以用“商店”,与韵律因素有关,因为现代汉语中多为二字词或四字词。

(三)“代+量+名”组合中名词的缺失

一般“代+量+名”组合中的名词是上文出现过的,也正是由于这些同形的名词获取难度低,留学生往往偏爱“代+量+名”这种回指表达式,然而,我们也发现一些因缺少必要的名词而出现的偏误。请看下例:

(130)可是有一段时间有考试很忙没去那家餐厅。过了几天,我想请朋友吃饭就去那家。

(131)他问我,我的网站写的一句话是什么意思。我告诉他,那个的意思是……

(131)例“那个”虽然后面没有名词成分,而且所指的内容是大家都知道的,也不会引起歧义,但总觉得有点儿别扭,如果把“那个”改为“那句话”,可接受度就会提高很多。这是什么原因呢?我们再看看下例,或许能给我们一些有益的启发:

(132)11月2日是她的生日,我去西单买一件衣服想送给她,可是谁知道她从来没穿过那件。我怀疑地问:“你怎么没穿那件,你是不是嫌弃我送给你的东西。”……说到这儿我突然流下了眼泪,我从来没见过这么好的女孩。

怪不得她没那件，原来是寄给家乡的妹妹穿了。（那件衣服，那件衣服/它）

这段话中共有三个“那件”，其中画线的两个“那件”可接受度明显不如在引号中出现的，前例也是如此，这主要是受口语表达直接简洁特点的影响。但是我们需要提醒留学生：在篇章中，这种表达方式会很别扭，是语体差异所致。写作课的教师有必要帮助留学生建立语体的概念，不只是教留学生说或写出正确的句子，还要能根据语体的不同而选择恰当的表达——有时并非一定要使用“代＋量＋名”组合，还可以选用代词或零形式。如下例：

(133)一个可以跟猫一起玩儿的咖啡厅。这个是在圆明园附近的。（这个咖啡厅/Φ）

(134)我们到颐和园后第一个看到的是东宫门，那个有三个门洞。（那个门/Φ）

(135)我们约好了在图书馆门口见面。我到图书馆时，看见了一个姐姐，但我不知道那位是不是美玲姐，我尝试着叫她。（那个人/Φ）

如果是在面对面的对话中，这些表达可以接受，对方若不明白可以直接提问，但在书面语中，应该表达完整，或者使用代词或零形式。下例也类似：

(136)早上，新娘先去美容院准备婚礼。比如说，打扮得很漂亮，穿着礼服，这件是跟西方一样的样子。

画线的句子我们可以改为“这件礼服的样子跟西方的一样”，从话题连贯的角度看，也可用“样子跟西方的一样”来表达，这种表达是框—棂结构中“框”的省略，属于联想回指。下面整个“代＋量＋名”组合的缺失也是受口语习惯的影响。

(137)我几天前去书店买了一本书，……你不是对韩国的传统节日感兴趣吗？我突然想起你的话，还有我觉得＋现在对你的学术论文有好处。所以我买了。（＋这本书）

总之，这些偏误与口语表达习惯的迁移有关，我们有必要提醒留学生注意语体差异，特别是中高级的留学生，这是一个不容忽视的方面。

四、“代＋量＋名”组合回指中的错用

由于“代＋量＋名”是由三个部分组合而成的，因此错用的偏误在各组成部分都可能出现；又因为是同形回指，名词部分的错误往往与先行语类似。如下例：

(138)那个城壁到现在为止没有大的毁损，可以看见明朝的痕迹。

(139)有一个相同的重点，这重点就是礼貌。

“城壁、相同的重点”这两个先行语原本就不对，应该是“城墙、相同点”，这里名词使用的错误与先行语的错误有关。除了名词偏误以外，还有一些代词使用的偏误，但是数量不多，我们将在下一章异形回指中进行分析。在语料中我们还发现了个别该用“代＋量＋名”却用了“数＋量＋名”的错误，有的是在前后两句中，有的出现在文章的开头和结尾，前面已经分析过，此处不再赘述。

在“代＋量＋名”组合的偏误中量词的错用“属于多发、常见性偏误”①。语料库中的偏误数据也证明了这一点。量词错用偏误，不仅数量多，而且情况也比较复杂。以往学者认为量词的偏误是局部性的，第一章我们介绍了 Ellis 将偏误分为整体性和局部性偏误两类，赵成新也认为“量词使用偏误属于文本层面的词法偏误，一般属于局部性偏误，对交际造成的实际障碍不是太大”②。的确，多数量词的错误是由于留学生对量词本身掌握不好。在语料中，我们也发现了一些与上下文有关的量词错用问题，本书将那些与上下文有关的、会影响正确理解的偏误都归为整体性偏误。下面将分别对其进行描写与分析。

(一)整体性的量词错用偏误

语料中我们发现，有些量词的使用错误需要结合上下文才能发现。如下例：

(140)当时我真不知道怎么感谢她。因为在北京这本辞典很难找，而且……(这种)

如果只看这个句子，“这本词典”似乎没什么问题，但从篇章整体来看，问题在于作者在前面说的是自己的《越汉辞典》丢了，是朋友帮“我”买到了一本，这句话是对这种辞典难以买到的解释，应该用“这种”来强调《越汉辞典》的稀缺性，而不是特指具体的

①② 赵成新.汉英指示指称词语对比及汉语习得研究[M].开封：河南大学，2009：234.

这一本辞典。此外，还有回指中的量词与先行语中的数量不匹配的偏误：

(141)晚上的时候可以看到在天空的无数星星，那个星漂亮极了。(那些星/Φ)

我们可以用“无数星星”对应“那些星”，也可为零形式，形成一个话题链。“无数星星”与“那个星”完全不匹配，让人莫名其妙。有时在转折连词后不能用零形式，以“代＋量＋名”回指时，需要注意数量上的匹配问题。如下例：

(142)虽然我们之间发现了许多问题，可是这个问题是难免的，也是一个好机会。(这些)

与“许多问题”对应的该是“这些问题”，这里可能是“个”的使用泛化。类似的其他量词使用偏误的情况也存在，如下例：

(143)很久以前阿拉伯国在进行一场很大的战争，当时的情况阿拉伯国没有机会赢得这次战争，阿拉伯国的公民很着急不知道该怎么办？(这场战争)

(144)……微观经济学原理等都是与经贸有关的课。我刚开始上课的时候有点儿担心。因为这门课都是一次也没遇到过。(这些课)

有时一些表达不当的“代＋量＋名”组合本身在篇章中完全可以不出现，如(141)例中“那些星”。“在同一话题链内部，后面的小句主语趋向于用零形式”，“连词和时间词后面的小句主语趋向于用代词”，[①]可用比较简单的表达式如以代词“这、这些”来替代“这些问题”。下面的这个例句也与话题链有关：

(145)拜年结束以后家人团聚一起玩儿。玩儿时也有传统的游戏，[1]这个游戏有尤茨游戏还有踢毽子，跳板儿，角抵等等。以后你来韩国的话我告诉你[2]这个游戏玩的方法。

这里的问题在于引入一个新的话题时，缺少了必要的数量结构“一些”。后面的

① 高宁慧.留学生的代词偏误与代词在篇章中的使用原则[J].世界汉语教学，1996，36(2)：61-71.

“[1]这个游戏”从数量匹配的角度看要改为“这些游戏”;因为这是在同一话题链中,从篇章连贯的角度也可以改为零形式。“[2]这个游戏”需要改为“这些游戏”来与前面的介绍相匹配,因为前面有时间词“以后”,是开启一个新话题的标记,要用代词;不一定为“代+量+名”组合,也可以用代词“它们”替代。这种前后数量不匹配的现象,出现频率最高的是在前后相连的句子中,也有一些是在上下文语境中,如(140)例中的“这种辞典”为上下文语境中的不匹配。

由于篇章因素的作用,这些整体性的量词偏误有时存在着一些不确定因素,对偏误的修改也有多种可能,而局部性的偏误往往具有一定的强制性。

(二)局部性的量词偏误

在同形的“代+量+名”组合偏误中,多数是局部性量词使用的错误。主要分以下几种情况进行描写与分析。

1.“个”的泛化

汉语中的量词“个”几乎可以用在任何一个名词前,因此,留学生篇章中“个”的泛化现象比较普遍,主要有以下三种偏误:

第一,以“个”替代各种具体量词。

(146)在门前有看起来真老的一棵松在那儿拍了很多照片,就是以前你看过的那个照片。(张)

(147)学好这个课,最好是多读。(门)

第二,单数量词代替多量词。

(148)上边有缆车站,但是很贵每个人都要40元,还有骑马下山也要几十块钱。我们商量好以后,最后自己走回去以后把那个要坐缆车或骑马的钱买很好的饭吃比较好。(些)

第三,个别量词代替类别量词。

(149)英语是世界通用的语言。汉语是用的人最多的语言。所以,我一直学习这两个语言。(种)

(150)我觉得,语言和IT一样是好工具。现代社会看来,成功的人都能

用这两个工具。(种)

(151)还应该有传统的酒。这个酒也是女的亲戚做的。(种)

第四，量词的使用与情感因素有关，对不同身份的人使用的量词也不同。如“个”可以用在很多地方，但表示敬意时应该使用量词“位”，否则就会有不敬之意。请看下例：

(152)但那个马教授的话好像韩国人一样。(位)

2. 量词错用与表达习惯

在篇章中汉语量词的选用与情感因素有关，通常也与表达习惯有关，不能随意使用，如我们常常说“一位老师、一位领导、一位专家”等，用“位”表示尊敬，而无须表达尊敬的地方，用了“位”就会觉得别扭。请看下例：

(153)王老师很关心他的学生。有一次，有一个同学因为觉得汉语很难就感到失望了，要放弃学习。当时，王老师对他说：“学习一门外语总是一件难事，但是你只要继续努力学习就好，不要放弃学习。”那位学生听了老师的话就轻松下来，决定要继续学习汉语。(个)

这里的“那位学生”让人觉得有点过分尊重，从情感的角度来说，这里是在强调老师关心自己的学生，使用“那个”更符合整个篇章的表达基调，也与前面的“有一个同学”相呼应。

对留学生来说，最难的往往是其他修饰成分与“代＋量＋名”组合的共现。在复杂组合中常会出现语序偏误，如下例：

(154)那时候，又遇见了我家对面的凶恶的那个老头儿……(那个凶恶的)

这类表达往往在中高级水平的留学生语料中才会出现。在总体语料中看到的不多，可能是有能力用这种表达的留学生汉语水平相应比较高，且又都是模仿母语者的表达习惯，错误率反而不高。

第五节 本章小结

本章我们对留学生作文中的同形回指偏误进行了描写与分析，主要包括完全同形及“代＋量＋名”组合的部分同形这两种回指方式，由于其获取难度不是很大，是留学生偏爱的指称形式，出现的偏误也比较多。偏误比较集中地体现在同形回指表达式的过度使用导致的多余及错用。本章通过对同形回指的偏误分析，主要有以下几点新发现：

第一，留学生篇章中有普遍使用低可及性回指表达式的倾向，具体体现在同形回指的多余和错用偏误多，而缺失偏误量少，其中的错用主要是该用比较简略的代词进行回指时却用了比较复杂的同形的名词。由于篇章中回指的使用往往有一种趋简的倾向，如果是多次回指同一个先行语，根据篇章表达的需要，各种回指表达式要有变化，而不是同一个指称形式多次重复。这是在教学中需要特别提醒留学生注意的地方。

第二，有些量词的使用错误不只是局部性的，其隐蔽性要大一些，需要结合上下文才能发现。对回指表达式偏误的分析不能局限于外在的形式或表层的句法位置，还要结合前景背景信息、表达中的主观因素、话题的延续，以及指称出现的频率和密度等各种篇章因素综合考虑，才能对偏误有整体的把握，分析才能更精准。

第三，同形回指的选用与汉语水平有一定的关系。汉语水平低的留学生倾向于使用同形的回指方式，且偏误率高，而水平高的留学生同形回指的偏误量明显少很多，可见，指称使用与留学生的汉语水平正相关。

第四，指称的使用与语体也有一定的关系。在“代＋量＋名”组合的名词缺失偏误中我们发现，相当一部分偏误都是受口语表达习惯的影响，这是写作课教师要特别提醒留学生注意的地方。教师有必要在帮助留学生建立篇章意识的同时，帮助其建立语体意识。

第五章 异形回指中的偏误分析

在上一章中，我们对留学生作文语料中“代＋量＋名”组合在部分同形回指中的偏误进行了分析，其中“代＋量＋名”组合中的名词与前面的先行语或先行语的中心语基本一致，这种回指表达式基本上是对先行语的简单再现。由于其获取难度不大，许多留学生常常把这种形式作为首选。在这方面的偏误主要是过度使用导致的多余偏误。其次是与代词、零形式等回指表达式之间的错用偏误。

在异形回指中也有“代＋量＋名”组合，但其中的名词不再是对先行语的简单再现，而往往是采用语义上基本相同的同义词或具有上下义关系的统称词来指同。按照廖秋忠的分类，在异形指同表达中，主要有同义词、统称词、指代词及零形式这四类。[①]

在留学生的异形回指偏误中，与代词有关的偏误数量是非常高的。由于作为有生命的“人”的凸显度高，与人有关的——主要是人称代词的偏误数量，更是非常突出。请看下面四个年级的偏误情况统计。

表 5-1 四个年级异形回指的偏误情况统计

偏误数量＼年级	一年级下学期（一下）	二年级上学期（二上）	二年级下学期（二下）	三年级上学期（三上）
异形回指偏误总数	121	140	283	80
与人有关的异形回指偏误	114	75	266	54
其他异形回指偏误	7	65	17	16

从表 5-1 中可以看出，在异形回指中，与人有关的偏误占绝大多数，特别是在叙述性篇章中，约占 95%，即使是在介绍说明的篇章中，也占二分之一以上，因此，我们专门设立一章（第六章）来探讨与人称代词有关的回指偏误，本章则主要关注那些与人无

① 廖秋忠.现代汉语篇章中的指同表达[M]//廖秋忠.廖秋忠文集.北京：北京语言学院出版社，1992:45.

关的异形回指偏误。由于异形回指本身就比上一章的同形回指使用难度大，留学生使用这种表达方式的数量原本就少，因此，偏误相应地也就少一些。

下面我们再看看这些为数不多的异形回指偏误具体的分布情况。异形回指偏误涉及的内容比较多，上文提到的名词、代词和零形式三种都会有所涉及。由于零形回指往往用于对显著性比较高、有生命的“人”的回指，我们在第六章中将专门探讨这个问题。本章异形回指中的偏误主要分为名词和代词两大类。需要说明的是，留学生受词汇量和汉语水平等因素的影响，使用的各种与名词有关的异形回指的偏误明显少于同形回指，这与作为中心语的名词使用难度有关，为了弄清楚这些偏误背后的真实动因，我们对这些比较稀少的与名词有关的各类偏误又进行了细分。在代词的偏误分析中，由于本章的偏误与第七章总括性回指中的偏误情况相比要简单许多，因此，我们将各类代词之间的使用偏误都归为一类。本章内容具体包括以下几个部分：

（1）数据统计；

（2）“代＋量＋名”组合的偏误分析；

（3）“代＋名”组合的偏误分析；

（4）同义词的偏误分析；

（5）指代词的偏误分析；

（6）本章小结。

第一节　数据统计

在异形回指中最典型的往往是代词，“在句际连接手段中，代词用得最多、最广泛”①，因为代词具有篇章功能。

表 5-2　四个年级与人无关的各种异形回指的偏误情况统计

指称形式	句法位置 \ 偏误类型 \ 年级	一年级下学期（一下）			二年级上学期（二上）			二年级下学期（二下）			三年级上学期（三上）			总计
		多余	缺失	错用	多余	缺失	错用	多余	缺失	错用	多余	缺失	错用	
领属结构	主语	1	—	1	—	—	1	11	—	8	—	—	3	76
	宾语	1	1	3	3	—	7	3	2	24	2	—	5	

① 廖秋忠.现代汉语篇章中的指同表达[M]//廖秋忠.廖秋忠文集.北京：北京语言学院出版社，1992：45.

续表

年级 / 偏误类型 / 句法位置 / 指称形式		一年级下学期（一下）			二年级上学期（二上）			二年级下学期（二下）			三年级上学期（三上）			总计
		多余	缺失	错用	多余	缺失	错用	多余	缺失	错用	多余	缺失	错用	
代＋量＋名	主语	—	—	—	—	—	1	—	—	6	—	—	2	18
	宾语	—	—	—	—	—	2	—	—	6	—	—	1	
代＋名	主语	—	—	—	—	—	—	—	—	—	—	—	—	5
	宾语	—	—	—	—	—	2	—	—	3	—	—	—	
复杂组合	主语	—	—	—	—	—	—	—	—	—	—	—	—	5
	宾语	—	—	—	—	—	1	—	—	1	—	—	3	
总计		7			17			64			16			104

从表5-2可见，在异形回指中，代词的偏误占三分之二以上，而其他各种与名词有关的异形回指偏误在四个年级中都非常少，因为这类回指的使用难度比同形回指明显增大，所以在语料中的使用率和偏误率都低。当然，这并不意味着它不重要，我们仍有必要对其中具有代表性的偏误进行分析，希望能对中高级阶段的留学生写作有所帮助。我们首先来分析偏误率比较高的“代＋量＋名”组合在异形回指中的偏误情况。

第二节　“代＋量＋名”组合的偏误分析

在异形回指中，由于“代＋量＋名”组合中的名词不再是对前面名词的简单重复，而是使用统称词或同义词等来回指，因此难度大大增加。需要说明的是，有些“代＋量＋名”组合的异形回指偏误与上章同形回指的情况类似，本章只描写，就不再进行分析了，我们主要关注那些在前面同形回指偏误中没有涉及的情况。

一、“代＋量＋名”组合的多余

从数量上看，“代＋量＋名”组合在异形回指中的多余偏误明显少于上一章部分同形的偏误，偏误的情况也有相似之处，仍是与话题的延续及前景背景有关。

留学生在汉语表达中缺乏话题链的意识，往往以独立小句来组建篇章，常常会出现和下例相似的句子：

(1)我介绍一个城市,那城市是韩国的首尔。(Φ)

"是"字句本来就是提供背景信息的,去掉"那城市"就让人觉得不那么生硬了;如果加上一个副词"就",语篇也就更连贯了。高宁慧认为"存现句中的名词性成分作后面的小句主语时,趋向于用零形式"[①]。这里的动词"介绍""引入一个新的话题"后,在同一话题内部就不需要使用任何形式的代词来回指,此时使用零形式,符合以上的代词使用原则。当然,这也并非绝对的,在实际使用中,如果后续的小句比较多,有时也可以使用"代+量+名"结构来凸显这个将要着重谈论的话题;若只有一个小句时,倾向于使用零形式。下例也类似:

(2)回来的时候一定要带着一枝树枝回家,那些都是阳桃枝、枣树枝等。这叫"采绿",也叫"采禄"意思是把吉祥带回家。(Φ)

此例指称多余的偏误与留学生的表达能力直接相关。如果留学生在此处用"一般、往往、通常"等频率副词,就可以不用代词了,因此我们认为,类似的指称偏误随着留学生汉语水平的提高可能会减少。

一般作为新信息引入的一个名词性组合,在后续句中如果做主语,且是后面要谈论的话题时,可以使用代词回指,并具有"定格"功能;如果没有更多的后续内容,只提供背景信息,如(2)例是解释说明一般都是什么树枝,作者要介绍的是"带树枝回家"这一行为意味着"把吉祥带回家",那么使用零形式就可以了,否则过分突出原本应该弱化的背景,会降低上下文的连贯度。请看下面的例句:

(3)晚上我跟小王一起去了一个俱乐部,那个地方是在城市的中心。一到那儿我就看到了很多女孩儿。(Φ)

这里"那个地方"是多余的,直接使用零形式就能把前后两句连在一起,增强篇章的连贯度。因为本句只是对"俱乐部"所在位置的补充说明,提供的是背景信息,并非话题的延续。这种偏误在部分同形回指中也有。此外,我们前面第四章中谈到动词支配成分在回指中的多余,下例中"那件"的多余也属类似情况:

---

① 高宁慧.留学生的代词偏误与代词在篇章中的使用原则[J].世界汉语教学,1996,36(2):61-71.

(4)进一个商店看到以前皇帝穿的传统衣服，付钱后才能穿着那件拍照。(Φ)

前面“皇帝穿的传统衣服”与后句中的动词“穿”构成了搭配关系，作为一种固有的默认的关系，可以省略后面的宾语部分，因为这里要强调的不是“衣服”或“那件衣服”，而是要先“付钱”才能“拍照”的一种现实情况。虽然“穿着那件拍照”在口语里我们也会说，但是在这里，根据上下文内容来看，“那件”是多余的。

二、“代＋量＋名”组合中与指量结构有关的缺失

在回指偏误研究中，我们发现指量结构的偏误率无论在同形还是异形回指中都比较高，这需要引起我们的关注。首先，在异形回指中指量结构的缺失不仅影响篇章的连贯度，让人觉得莫名其妙，而且还会产生歧义。

(5)还有公园，广场等等，我每天去＋美丽的地方。(＋这些)

如果没有“这些”来回指前面提到的两个地方，就会让人以为是与前面提到的“公园、广场等”并列的另外某个“美丽的地方”。下例也类似：

(6)通化＋地方跟我们韩国农村差不多。(＋这个)

此例以“这个地方”复指“通化”。如果没有指量结构，就会让人糊涂，不知道说的是哪个地方，导致所指不明。

在留学生作文中这种缺失的现象不多，主要是由于异形回指本身难度大，使用量较少，偏误率也低。

其次，在异形回指中量词缺失的比例相对高一些，而这种缺失的情况有时也是可以接受的，属于偏误中较轻的“偏”的问题，不是强制性的。

在第四章中已经谈到了量词缺失与情感表达的问题，在异形回指中，也发现了一些量词缺失的偏误，这仍是一个需要向留学生解释清楚的问题。如下例：

(7)我不懂的地方他一一教我。他也通过这机会，他更了解自己的母语。(这个机会)

这是客观的表达，需要添加量词。异形回指中量词的缺失情况主要有以下两类：一是复指中量词的缺失。

(8)我们听到"老师"这生词的时候，可能想年龄大，性格也很挑剔。(这个词)

(9)那年语言学院新设了韩汉翻译专业，所以我毫不犹豫地选择韩汉翻译这方向了。(这个方向)

二是使用统称词进行回指时量词的缺失。

(10)放假的时候。我跟几个朋友一起去哈尔滨你第一次听过吧？这地方是在中国东北的很大的城市。(这个地方)

(11)吃完以后喝糯米汁。我不知道你们国家也有这饮料没有，也有吗？(这种饮料)

(12)这学校是对外国人来说。在北京唯一的语言学校之一。(这所学校)

(13)这故事我给你写完了，我希望你满意。(这个故事)

上例这些量词的缺失属于"偏"，没有也可以接受，但在篇章中由于不是主观性表达，所以最好加上适当的量词。在教学中教师应告诉留学生如果是主观表达则不需要量词。如下例中的量词就显得多余了：

(14)这时老师又说："你什么时候来我家玩？明天可以吗？"这种话对我来说，太突然了。(这话)

此例用"这话"来表达"我"的内心感受"太突然了"更为贴切。这与量词的主客观表达有关，去掉量词更符合汉语的表达习惯。

可见，在回指中有些偏误不是那种绝对的"对"与"错"的问题，而在于"好与不好、不太好"这种可接受度上的差异。因此，对中高级阶段的留学生，应当告诉他们不同的表达形式之间存在的那些细微的、具有主观性的差异，使他们的表达更符合汉语语感。

三、"代＋量＋名"组合的错用

"代＋量＋名"在异形回指中，中心语名词往往是统称词，获取难度相对于同形回指而言要高很多。留学生篇章中使用这种回指方式总量较少，偏误也比较少。

(一)指代词的错用

胡壮麟认为，“指称词的意义只有在情景语境和语篇语境中才具有生命力。作者已不是客观地叙述事物，而是透过人物观察世界，使描写更加生动”①。许余龙认为，“汉语指示词在指称篇章话语距离时所表示的心理上的近是汉语话语中的一种常见现象。在连贯、友好和相互合作的对话中，汉语说话者之间似乎有一种默契，即讨论中的事是双方共同关心的问题，无论是自己刚说过的，还是对方刚说过的，都应该认为是与自己有关的，或对自己来说是近的”②。陶红印对“这/那”和“这/那＋X”里面“这/那”使用频率的统计显示，“这/那”情境用法的使用频率接近，在篇章中更偏重用“这”。③

一些学者的研究认为一般“这”倾向于表示亲近、喜欢的人、事、物等，而“那”往往指称不喜欢的。请看下例：

(15)在外面我看有几个保安正在打一个年轻的男孩。那个男孩刚偷了一个留学生的自行车。那几个保安都野蛮地打他。但是我没看到海军。突然从我的后边来了一个人，他很生气的表情说：“停”。那个人果然是海军。(这个人)

这里的“那个人”如果改为“这个人”，表达的效果就会有所不同，情感上的距离也就拉近了。这里作者要突出“海军”是我的好朋友，也是一个具有正义感的人，用“这”更符合篇章表达需要，是心理因素在起作用。这里就是使用哪个更“好”的问题，而不是“对”与“错”的问题。

指代词在篇章表达中的情感因素是微妙的，往往也是留学生难以准确把握的，如“这/那”不仅表示客观距离上的远近，往往也表示心理上的远近差异。如下例：

(16)让我感动的就是那两个地方。(这)

这里有情感因素的作用，最好使用“这”而不是“那”。此外，“这”与“那”的使用除了主观因素外，在篇章中还要注意前后的一致性。如下例：

---

① 胡壮麟.语篇的衔接与连贯[M].上海：上海外语教育出版社.1994：59.

② 许余龙.英汉远近称指示词的对译问题[J].外国语，1989，62(4)：33-40.

③ 陶红印.试论语体分类的语法学意义[J].当代语言学，1999(3)：15-24.

(17)听说因为这个地方很干净，所以得了奖。当时我觉得不太干净，但是来北京以后才知道那个地方多么干净。(那)

作者现居北京，谈到以前所在的城市，最后一句用了“那”，但在画线部分用了“这”，句中画线部分最好用“那”，因为作者是在进行客观介绍。有时叙述视角也是可以发生转移的，但是通常是由远及近的转换，即从“那”到“这”的转移。

因此，在教学中要让留学生明白指代词“这”和“那”的情感蕴含，还要提醒他们注意在篇章中的一致性，即先后的逻辑顺序。

(二)与数量词有关的错用

首先是量词使用的错误。这方面的错误基本上与前面的同形回指类似。由于使用异形回指的留学生汉语水平都相应要高一些，有的量词使用错误不再是“个”的泛化，而是使用其他量词。如下例：

(18)我很希望你可以来参加这场节日。开斋节来以前……(个)

这里留学生使用了有一定难度的量词“场”，放在此处不合适。第四章中有类似的量词使用错误，此处就不赘述了。

其次是前后数量不匹配。作为回指的“代＋量＋名”组合与上文出现的先行语的数量表达不一致，具体表现为量词选择的错误导致上下文中数量概念的不匹配。请看下例：

(19)天安门和故宫是我最初看过的地方。这个地方是外国人必须看的地方。(这两个地方/这些地方)

该句中“天安门和故宫”对应的上义词是“地方”，这里可以用统称词“地方”回指，正确表述应该是“这两个地方”或者“这些地方”。语料中这种偏误比较多，原因可能是留学生粗心，也可能是单数和多数、确定数量和不定数量的表达之间存在的难易度差异所致。这种“代＋量＋名”与一些复杂结构组合在一起时，难度就更大了。请看下例：

(20)朋友，我最后介绍一下通化和集安这个地方我冬天去过。(这两个

我冬天去过的地方)

这里除了要加上数词“两”来准确地回指前面的“通化和集安”外，还要把后面的“我冬天去过”改为一个复杂的定语，难度明显增大。以上的这些偏误主要是指量结构中“数词”缺失导致的前后数量不匹配，不同的是两例回指表达式的复杂程度不同。

在语料中，除了以上数词缺失的情况以外，在异形的“代＋量＋名”组合回指中也发现了与同形类似的个体量词与类别量词的混用情况，而且这种混用也是个体量词替代类别量词的错误：

(21)你听过韩国的松饼吗？可能在中国没有这种的点心，我觉得这是好吃的点心之一。(这样的点心)

这里的偏误与不同量词的难易度有关，也与指量结构、指代词与名词的组合方式有关，之后在总括性回指中将对这类偏误进行更为深入的分析(参见第七章第四节)。

在异形回指中除了类别量词以外，作为中心语的名词也比同形回指难度要大，就如(19)例“天安门和故宫”与“地方”，此例的“松饼”与“点心”之间，并不是完全的同形照搬，而是一种上下义关系，即以“统称词”来指同。

在指量结构中，如果是确定的量，如“两、三……”这些数词，回指时要与量词共现，使用“这/那＋数词＋量词”的结构；如果表示不定量，就可以有两种表达，一是使用“这/那＋几＋量词”的结构，一是使用“这些”。因为“几”是数词，而“些”是量词“表示不定的数量”，有了“些”后面就不必用量词了，这是需要向留学生讲清楚的，否则会出现下面的偏误：

(22)当时我一年级有好多功课比如：听力课、阅读课、语法课，还有其他课等……这些门课都是很重要的课，所以都必须要学它们，如果不学它们就不能提高汉语水平，因为这些门课都是基本的汉语，所以要学会。(这几门课/这些课，Φ，Φ，Φ)

前面的“些”是“表示不定的数量”，后面的“门”是与“课”常常搭配使用的量词，当表不定量的“些”出现时，其他量词就不必出现了。这两例画线部分都可以简单地归为量词的多余，但是其在篇章中的具体情形又有所不同，前面的“代＋量＋名”组合是开启一个话题链；后面的“代＋量＋名”组合出现在连词后也可以接受，由于都是谈论“这些课”，以零形式进行回指是最佳选择，可以延长这个话题链，使篇章更加紧凑。

总之，在教学中我们要帮助留学生树立话题链意识，让他们知道，在一个话题链中话题是表达的出发点，后面的句子围绕着话题展开，同一话题往往可以覆盖后面多个小句，后续句作为同指的主语或宾语倾向于使用零形式。如(22)例中画线的代词“它们”，请参看第四章第二节中动词支配成分省略部分，此处不再赘述。

(三)名词的错用

“代＋量＋名”组合中名词使用的错误往往是回指语与先行语的不匹配。如下例：

(23)第三天，我们去 zhang——主席的别墅。我第一次去那风景，别墅美丽得……(那个地方/那样的地方)

作者在回指时使用的名词不当，前面的先行语是“别墅”，后面应该以“地方”等表示地点的名词回指，应改为“第一次去那个地方”或者“第一次去那样的地方”。此处作者想说的是那个别墅的风景很美，但动词“去”和“风景”搭配不合适。

语料中发现，在异形回指中的名词错用主要是同义、近义词语使用的错误。如下例：

(24)……去了“临江”。你可能不知道这个地区在哪儿。(地方)

“地区”是指“较大范围的地方”，如西部地区、局部地区等，一般用来指某个范围内的地方，而这里“临江”是一个确定的地方，所以使用“地方”更合适。下例也类似：

(25)练习并保持“预习、听课、复习”这一个好的状态。(学习方式)

“这一个好的学习方式”是复指引号中所说的内容。引号内告诉我们“预习、听课、复习”三项是学习汉语的一个正常循环过程，而不是一种状态。这类偏误与留学生对汉语词汇含义的把握有关。

(四)整个“代＋量＋名”组合的错用

以上我们分析了“代＋量＋名”组合各个组成部分在回指中的错用偏误，而整个“代＋量＋名”组合偏误往往体现在这种表达形式与其他名词、代词或零形式之间的错用。这种错用情况与我们的语感有关，是一种倾向性的，而非强制性的。如下例：

(26)在通化有我的亲戚，所以我去了那儿。那个地方有一家朝鲜族。

我们前面谈到篇章中的指称趋减倾向，这里却是“通化—那儿—那个地方”，指称形式越来越复杂了，而且“那个地方”后面并非开启一个比较长的话题链，只是一句背景信息介绍。我们可以调整一下语序：

(26′)在通化有我的亲戚，是一家朝鲜族，所以我去了那儿。

不同指称形式在篇章中的使用并非绝对的、强制性的，但也不是任意的，而是受篇章因素制约的。否则不仅影响篇章的连贯，还会产生误解或歧义，下例中的“代＋量＋名”组合就让人不知所云：

(27)[前面谈到了“青岛”和“济南”]……虽然我也去过这个地方但是跟青岛比起来更喜欢济南。

作者前面谈到“青岛”和“济南”这两个城市，接着用“这个地方”回指，让人不知道指的究竟是“哪个地方”，这里应该直接用城市的名字“青岛”或“济南”。根据上下文我们知道，作者想说的是“虽然我也去过青岛，但是比较起来更喜欢济南”。同形和异形回指往往与指称对象的数量有关，如果话语中同时出现两个或两个以上的指称对象，为了避免混淆，一般采用同形回指，特别是此例中同形的名词比异形的“代＋量＋名”组合还要短小，所以更应当选择同形。蒋平认为，同形指同是一种最不易引起混淆的方式，所以，在具有多个指称对象的情况下，对其中一个进行回指时往往倾向于使用同形。①

第三节　“代＋名”组合的偏误分析

在留学生的作文语料中，“代＋名”组合在异形回指中的偏误比较少，而且主要是与指量结构之间的错用问题。如前面(21)例中“这种的点心”，实际是“这种”“这样”与

① 蒋平.影响先行语可及性的因素[J].外国语，2003(5)：44-51.

名词组合方式掌握不好所致。还有其他情况，请看下例：

(28)秀水服装市场成为有名的地方。这儿地方有一个特点是讨价还价。(这个地方/这儿)

(29)在语言学院有很多外国人，这儿个学校专门是教外国人怎样学汉语。(这个学校/这儿)

“这儿”的错用可能受北京话中的“儿化”影响，还可能与两种表达方式的杂糅有关。沈家煊谈到言语“在线产生”时出现的“糅合型口误”时说，“‘糅合’好比是将两根绳子各抽取一股重新拧成一根”①，如前面的“这个地方”与“这儿”，“这个学校”与“这儿”，这两种地点表达方式在说话者的大脑中同时出现，在表达时产生糅合表达的现象。留学生出现这些偏误可能是对各种代词的用法和语义内容掌握不全面所致。如下例：

(30)……我的爸爸，给我这样留学的机会。我最喜欢的一个人是我的爸爸。(这个)

这里的偏误是与表达形式有关，一般“代＋量＋名”组合中不用“的”，而代词“这样/那样”与名词组合时则需要用“的”。形式不同，当然内容也存在差异，在不同的上下文语境中这种差异会有程度上的不同，其可接受程度也会有所不同：

(31)过了3个月我才知道他是什么样的人。他是个司机。可是他不是出租车的司机。我第一次坐他的车的时候很有意思。因为我的国家没有这样的人。坐车的时候先说目的地然后我们开始讨价还价。我先说我要[＋给]的钱然后他同意就出发了。那时候我对这样的车很满意。这样的车比出租车便宜一点儿。特别是堵车的时候更好。所以我常常坐他的车。(这种人，这种车，它/Φ)

在此处“这样的人”与后面两个“这样的车”如果改为“这种人”“这种车”及代词“它”就会使篇章更加连贯。当然“这样的＋NP”似乎也能接受，但“这样的车”第二次

① 沈家煊.“糅合”和“截搭”[J].世界汉语教学，2006，78(4)：5-12.

重复,就会显得啰唆,用代词"它"或将前面的"句号"去掉用零形式都可。因此,在教学中教师要告诉留学生,除了表达的形式差异以外,"这样/那样"与其他指代词之间也存在着语义上的不同。在总括性回指那一章将会结合具体的偏误,深入分析这两种表达式之间的细微差异。有时一些看似正确的表达,如果仔细分析作者要表达的意思,就会发现其中的偏差。请看下例:

(32)我几乎都看过这些韩语的电视剧,所以已知道内容、台词。(这些电视剧的韩语版)

如果单看画线部分,似乎是可以接受的,但是结合上下文来分析就可以发现,作者此处要表达的真实含义是"看过韩语版的电视剧,已经知道内容和台词,再看汉语版的韩国电视剧就能有效地提高自己的汉语水平"。所以有些偏误需要我们从整体角度去分析。

(33)海南岛的海边好像一幅水彩画一样。我一想就想再去那天的海边。(那儿)

我们不可能再去"那天的海边",只能是去"那儿(海南岛)的海边"。此例显示了留学生倾向于使用比较复杂的回指表达式。下例也类似:

(34)但是韩国学生的缺点是不跟外国学生交流。而且那样的人不去中国饭馆。只是去韩国餐厅。(他们)

在留学生作文语料中,除了代词使用的问题以外,还有整个代词与名词组合使用不当的问题。这里"那样的人"是回指前面的"韩国学生",直接使用人称代词"他们"就可以了。

语料中"代+名"组合的偏误不是很多,这些偏误往往与指代词的使用有关,而且也基本上反映了留学生倾向于使用低可及性的回指表达式,如可直接用代词"这儿、他们"的,却用了比较复杂的"代+名"组合。

第四节 同义词的偏误分析

使用同义词进行回指，可以避免相同的名词在篇章中的不断重复。在留学生的作文中，以同义词进行回指的情况原本就比较少见，出现的偏误也就更少，主要有简单和复杂的回指表达式两种不同的偏误：简单的回指表达式偏误就是用单个同义的名词进行回指的偏误；复杂的回指表达式是指中心语和前面限定成分组成的回指的偏误。这种表达式前面的限定成分往往是指代词，因此，我们在前面"代＋量＋名"组合偏误中提到的统称词和同义词的名词使用错误，本小节就不再涉及。我们主要分析几例语义类似的词语在选用中出现的错误，因其涉及词语的用法、使用范围等因素，往往是留学生难以把握的。下面先看这例具有代表性的同义词偏误：

(35)我想老师是很严格的人。但有一次，老师带我去参加一个新书发布会。在路上我们一同坐城铁的时候，教师很关心我…… （老师）

这里用"教师"回指上文的"老师"让人觉得别扭，主要在于两个词的意思基本相同，但是具体使用条件及用法存在差异。"教师"是指一种职业，而"老师"具有"泛称谓化"的名词特点，"一是能用于面称作呼语，口语色彩非常浓厚；二是指称面较为宽泛"①。一般我们常用"老师"，而很少使用"教师"，这是使用范围有差异的名词间互指的错误。下例也类似：

(36)已经过了三年，可是我还想那位教师。（老师）

我们需要向留学生讲清楚"老师""教师"这两个词义基本相同的词语在使用中的差异。此外，类似的偏误还有"同学们"和"学生们"。如下例：

(37)我们知道了那件事后，学生们都非常爱老师。他是我们的榜样。

此例中的"学生们"改为"同学们"就更好了，因为作者也是学生。这两个词语的差

① 王灿龙.指称黏合的条件及其相关的语法问题[J].语言教学与研究，2006(5)：20-28.

异类似于前面的“老师”和“教师”。“同学们”也是指称面比较宽泛的，可以是老师对学生，也可以是学生对学生的称呼，而“学生们”则只适合老师对学生的称呼。在对外汉语教学的课堂上，我们也发现有的留学生在讲台上发言时，用“学生们”称呼坐在下面的同班同学，让人觉得很别扭。

王灿龙在对“指称黏合的条件”进行分析时提出，“教师”和“老师”这一对词，指的是同一种职业，但前者与专有名词的黏合是不可逆的，而后者却是可逆的。[①] 即“教师张文进”可以说，而“张文进教师”则不可接受；“老师张文进”和“张文进老师”却都可接受，其中的原因是“泛称谓化的名词指称形式才具有可逆性”。凭我们的正常语感，“同学”和“学生”这对词与此类似。对于这其中的差异，汉语母语者也许未必知道，但凭着语感可以正确使用，而留学生却很容易混淆，因此，我们有必要帮助他们辨别这两组词语的使用条件及范围。

同义词的使用对留学生来说是个难点，一方面是由于词汇量所限，另一方面需要对所使用的同义词的用法、使用范围等有比较准确的把握，否则就会出现问题。

留学生指称的偏误，不仅包括指称选择的错误，还包括语序的错误，以及相关的名词选用的错误。

(38)我要学爸爸好的方面，所以毕业后想在爸爸的身边，一边学习爸爸的好处，一边帮助他。(长处)

留学生使用“好处”作为对前面“好的方面”的回指，从形式上看似乎是一种缩略的表达，但是这里与“好的方面”对应的不是“好处”，《现代汉语词典》中“好处”是指“对人或事物有利的因素”，而此例应改为“长处”，因为“长处”是指“特长、优点”。这种偏误是留学生对词语之间语义的差异没有准确把握所致。下例也类似：

(39)她还有一个男朋友。他是有钱的人，比她大八岁。这样的事前者男朋友也知道。但是后者男朋友不知道。

“前者”本身就直接指人，不可作为定语修饰“男朋友”。作者意思是说“她”同时在跟两个“男朋友”交往，所以很难找到合适的词语。这种偏误属于个例，也与学习者对“前者”“后者”本身的词义了解不清有关。

① 王灿龙.指称黏合的条件及其相关的语法问题[J].语言教学与研究，2006(5)：20-28.

总之，留学生作文语料中，这种同义词的回指偏误数量非常少。其原因在于：一是受自身词汇量所限，二是对于一些拿不准的词语，他们往往会采取回避策略。本节所列举的偏误具有一定的代表性和普遍性，在以后的汉语教学中需要有意识地提醒留学生。

第五节　指代词的偏误分析

在异形回指中，各种代词之间的使用错误比较多，主要是回指中的多余及错用偏误。在总括性回指中更为明显，尤其是与“人”有关的异形回指——主要是人称代词的偏误，我们将专门在第六章中对各类人称代词使用的偏误进行描写与分析。在留学生语料中，其他指代词的缺失偏误不是很多，只有少数几例。如下例：

(40)我们家乡也有很多自行车。搬到城市以后她从来没骑过自行车。她特别高兴，因为+骑车出去玩。（+在这儿能）

此外还有个别与古代汉语的指代词有关的错用情况。如下例：

(41)我自习的时间也随其增加了。（之）

“其、之”都为古代汉语词，在此处“随之……”是固定搭配。下面我们主要分析各种指代词在回指中的多余和错用偏误。

一、指代词在话题链中的多余

“存现句中的名词性成分作后面的小句主语时，趋向于用零形式。”这与话题链有关，因为“存现句的功能是引入话题，后面的小句对这个话题加以说明，它们常常处于同一话题链中，所以趋向于用零形式”。① 下例是“这”的多余：

(42)在临江有个什么地方，不过，我忘了它的名字，这是很有名的海鲜市场。（Φ）

① 高宁慧.留学生的代词偏误与代词在篇章中的使用原则[J].世界汉语教学，1996，36(2)：61-71.

去掉“这”就是一个完整的话题链，“这”的存在使话题链被隔断，影响了篇章的连贯。留学生作文中这种被隔断的情况并不少见，因此，指代词“这”的隐现并非随意的，而是与篇章建构有关。从语料中我们发现，留学生作文中，多是简单的句子，而且每个句子往往都比较短小，更像口语：

(43)此外颐和园，这里是中国权力很强的女王建筑的。(Φ)

(44)我买了几张 DVD，这是 F4 演的电视剧的 DVD。(Φ)

这两例都可以整合为一个句子，“此外颐和园是……”，“我买了几张 F4 主演的电视剧的 DVD”。下例也类似：

(45)还有春节的特色菜，就是年糕汤。这是上次你吃多的那个(笑)。(Φ)

此外，一些代词的多余与话题链有直接关系。两个句子单独看都没问题，但是放在一起，就显得别扭，这是因为留学生没有话题链意识，只有单句的概念，每一个看似正确的句子组合在一起，就显得松散，缺乏必要的衔接与连贯：

(46)如果你去泰山的话有一个一定要吃的东西。这是泰山的特产烙饼。既便宜又好吃。(Φ)

这里代词“这”可以去掉，加上“就”，同时把前面的两个“。”改为“，”，这就整合为一个话题链了。我们有必要提醒留学生注意一些副词、连词等在篇章中的衔接功能，这样可以避免指称的多余。下例是留学生使用了副词“就”同时也用了代词而导致的多余：

(47)但是今天要给你介绍上次我去旅行的地方，这就是四川。你也知道或者听说过四川吧!! (Φ)

如果前后衔接比较紧密，有时代词和副词都可以省略。如下例：

(48)去年我去云南的时候，我遇见了一件事。这就是与汉语的发音有关系

的。虽然他们是中国人，但是我和我的朋友一点儿也不明白他们说什么。(Φ)

如果第一个"。"改为"，"，"这就"可以省略，前后衔接就更加紧密了。我们在留学生的作文中发现了很多指代词不该用却用了而产生的多余偏误，有的时候似乎可用可不用，有时用了就让人觉得无法接受，需要根据上下文，以及作者的表达意图而定。请看下两例：

(49)你知道"泡菜"吗？这是一种发酵食品，大概有一百七十多种……

(50)你北京烤鸭知道吗？这是最有名的菜之一。

这两句中"这"的可接受度不同，(49)例是完全可以接受的，而且有比没有更好，(50)例的更倾向于没有，如果没有"这"，前后两句的关系就更密切了。两例都是问句，为何会有可接受度的差异？这与话题链有关。(49)例作为一个话题链的开始，使用"这"比较合适，而(50)例只是对前面句子的解释和说明，没有后续的小句，从篇章连贯的角度看，不用会更好。在留学生语料中这种情况往往比较复杂，并非简单地添加或删减就可以解决的，有时需要对表达方式进行调整。请看下例：

(51)有诸葛亮博物馆的地方叫五丈原。那里和西安的中心完全不一样。很美丽的风景、空气也很好。

这里作者想介绍的是"诸葛亮博物馆"所在地，可以把画线部分改为"诸葛亮博物馆在五丈原，和西安完全不一样"。不需要用"有"，用"在"就可以了。下例中"这里"的多余也与表达有关。

(52)我们去了听说在海南岛里的海边中最美丽的海边。这里在附近的岛子里上。

我们可以把画线部分改为，"我们去了据说是海南岛最美丽的海边，在我们附近的岛上"。可见，指称的偏误不仅是词语的多余、缺失或错用，而且还与篇章的表达直接相关。此外，还有类似第四章第二节中所说的动词支配成分多余的代词多余。请看下面例句：

(53)还有一座有名的桥，我忘了它叫什么。那儿也很值得去。我去那儿

的时候，来的人几乎都是恋人。我觉得有男朋友的话，最好跟他一起去。(Φ)

(54)那儿是我来中国后第一次去过的地方，我在那儿待了三个星期左右。我刚刚到那儿的时候特别吃惊……(Φ)

以上代词多余都因其作为背景信息，在汉语中作为动词的支配成分往往可以省略，此处就不赘述了。

二、指代词在回指中的错用

各种代词虽然在意义和用法上都有自身的特点，但有些代词在语义上往往也有类似、交叉或相同之处，这些比较接近的指代词之间的细微差异，是汉语学习者所不知道的，如“这”本身具有多种功能，作为代词的“这”可以“等于‘这些’”(《现代汉语八百词》)。在语料中我们发现如下两例：

(55)我爱的人很多。爸爸，妈妈和我的朋友们。这都是我爱的人。(Φ)

(56)新班、新同学、新老师、新课本等等，这都是很激动的事情。(Φ)

这里的“这”虽然可以接受，但因为是回指前面列举出来的人，有具体、确切的所指，用“这些”会更好。《现代汉语八百词》中认为，“这”不仅能与名词、数量词组合“指示比较近的人或事物”，而且还可以单独使用“代替比较近的人或事物”。在教学中，教师要提醒留学生注意这其中细微的差异。“这”往往用于直指的情境中，在篇章中，“这”最常用的是总括上文所述内容，所指的范围比较宽泛，而“这些”一般用于指代具体多量的人、事、物，两种形式在篇章中的功能是不同的。因此，各种指代词的错用往往与语体因素有关。

(一)语体差异与指代词的错用

吕叔湘在《近代汉语指代词》中指出，“这、那后面的‘个’跟一般量词显然有别”，“这个‘个’字与其说是量词，不如说是性质更近于一个语尾……但是作为量词的个自然迟早要影响到这、那后面的个字……这样一来，这两方面的分别就终于消失了，而这、那后面的个字也就被认为量词”[①]。这种“个”“更近于一个语尾”的说法，可以对留学生作文中出现的许多“这个、那个”的使用偏误做出解释，那就是语体的差异——许多留学生把口语中的使用习惯直接移植到篇章中，产生了“这个/那个”与“这/那”的错

① 吕叔湘.近代汉语指代词[M]//吕叔湘.吕叔湘文集：第3卷.北京：商务印书馆，2004：198-199.

用偏误。下面的例句就证实了我们的观点：

(57)虽然我还不懂哪个菜是哪个菜，但是我可以问厨师这个是什么样的菜。(这)

一般在书面表达中应该是先出现名词性指称形式，然后再使用代词来回指。而在口语中，特别是在对话中，听、说双方如果都清楚所指的事物，就可以直接使用“这个”指称首次出现的事物。我们在口语中也常常说“这个是什么(样的)菜”。在篇章中，作为间接引语，用“这”更简洁，当然用“这个”也可以接受，这是语体因素在起作用。下面两例都是在引号之内的对话，用“这个”的可接受度就提高了许多：

(58)回家后，我兴高采烈地把蜂蜜递给了她。当初她半信半疑，过一会儿，真没想到的样子说：“你这个怎么回事?”我干脆地说：“您每天吃这个，我今天拿到了奖学金很高兴，请您分享一下吧。”

(59)他回家的时候我送给他一个东西。“这个我去美国的时候买的。不是贵的东西而是对健康有好处。”他们收到以后回家。

在对话中，当直指某个具体事物时，用“这个”是完全可以接受的。这种情况与语体的转换有关，前面(4)例中“穿着那件拍照”虽然是口语常用表达，但是在书面语中很少这么用。这种把口语习惯带到书面表达中导致的偏误在留学生作文语料中并不少见。如下例：

(60)人们把鲜嫩的艾叶煮了以后捣碎，掺加在米粉中，再做成车轮形状，吃时味道可口。这个是人们称为“车轮饼”。(Φ)

(61)她有一个爱好，那个是剑术。(Φ)

“这个”“那个”在口语中常常出现，甚至成为某些人的口头禅，但在书面语中就会显得多余，需要提醒留学生注意，避免类似的偏误。

(62)有一天，我跟他上网聊天的时候，他问我，我的网站写的一句话是什么意思。我告诉他，那个的意思。(那句话)

如果是在一问一答的情形下，用“那个”基本可以接受，但在篇章中就觉得有点儿别扭，用“那句话”才更符合我们的语感。下例中“个”的泛化偏误也基本类似：

(63)你知道内蒙古吗？虽然叫“蒙古”但这个不是国家，而是中国的一个地方。(这/它)

在留学生的作文语料中这种与语体有关的代词错用以“这/那个”居多。还有其他情况，如下例：

(64)我喜欢买电子用品，可是他不喜欢这样的。(这些)

这句话我们在口语中也会说到，但在篇章中还是应该使用更规范的表达。语料中除了受口语影响的偏误以外，还发现个别与古汉语有关的偏误：

(65)首先此学期无论什么情况必须要预习，拿综合课来说我……(这/这个)

这种情况非常少见，我们要告诉留学生，虽然“此”有“这”的意思，但是在现代汉语中不能随意使用，它只是在一些固定的结构中出现，如“因此、此事、此外、此后……”。

(二)表示地点的指代词错用

第一，这种错用与所指的心理距离有关，也与视角的转换有关。吕叔湘认为，“这”指示比较近的人或事物，[①]“那”指示比较远的人和事物。[②] 同样，“这儿/里”“那儿/里”都表示地方，但是有远近之分。“这里”称较近的处所，“那里”称较远的处所。[③]

(66)你已经知道我在北京上语言大学。我那儿的生活很满意。虽然学习很紧张，但是可以跟很多外国人交往。如果你来我这儿的话，我可以给你介绍介绍。(这儿)

---

① 吕叔湘.现代汉语八百词：增订本[M].北京：商务印书馆，2005：656.

② 吕叔湘.现代汉语八百词：增订本[M].北京：商务印书馆，2005：396.

③ 吕叔湘.现代汉语八百词：增订本[M].北京：商务印书馆，2005：399，659.

作者在北京，且当时就在北京语言大学，但在信中却用“那儿”，后面又用了“这儿”，让人觉得混乱，因此应该把“那儿”改为“这儿”，就能与后面的“这儿”保持视角的一致。

此外，表示地方的代词与动词搭配时也会出现错误。一般“来”与“这儿”搭配，而“去”则多与“那儿”搭配，当然这也不是绝对的，有时“去”也可以和“这儿”搭配，这与人们有使用“这”系列代词的倾向有关。下例的“那里”与“来”就不相匹配了。

(67)到那边以前，我以为很多人来那里的，但是只是几个人来到这里。

这里可以改为“我以为很多人会去那里”，或者是“来这里”。这里有个视角转换的问题，去之前的想法和事实之间存在差距，用“去那里”与“到那边以前”保持视角的一致，后面则是实际的情况。请看下例：

(68)她要让我们搬家。我不了解她。为什么她的态度这样变了。所以我们没法留在这儿。我对她说：“那把押金还给我吧。”她说：“我能给你500块钱。”我生气地说……(那儿)

“这儿”是指作者租住的“她”的房子，现在作者已经离开了，而且当时还发生了不愉快，所以，此例无论是从情感还是实际的情况来看，使用“那儿”都更为合适。

第二，“这儿/那儿”中的“儿”不同于北京话中可用可不用的“儿化”，有区别意义的功能，相当于“这里/那里”。

可能是受北京话的影响，一些该用“这儿”的地方，留学生往往遗漏了“儿”。这种情况不在少数，需要教师有意识地提醒留学生注意，以避免下面的错误：

(69)我想对一位学生来说没有比这学习环境好的地方，所以很多外国人纷纷来这所大学学习汉语。(这儿)

(70)以前说过你的朋友想来中国学习，她打算在什么地方学习？如果她想来这学习的话……(这儿)

(71)一到五道口就感觉到这是外国。(这儿)

“这儿”表示地点时，既可以表示具体的地方，也可作为一种抽象的表达，如下例：

(72)说到这,我就流口水了。(这儿)

(73)好的我写的就到这吧。再见!(这儿)

“这儿”是指所写或所说的某处,不是具体的地点,而是话语空间中的某个地方。此外,“这儿”错用还表现在做定语的情况下:

(74)我在北京过得很愉快,对这的生活很满意。(这儿)

(75)来中国已经一年半了。但对这的生活很早就习惯了。(这儿)

另外,还有个别“儿/里”同时使用的情况出现,可能是留学生写作时粗心大意所致。

(76)其中,我去过西安和九寨沟。我觉得那儿里的景色非常漂亮,那儿的水也非常干净。(那儿/那里)

(77)我的姐妹呢,我们每天吵架。可是我一个人现在外国留学,这儿里生活的时候很想她们。(这儿/这里)

第三,“这里/这儿”与表示处所的“代+量+名”组合之间的错用。如下例:

(78)这个博物馆是日本打进中国的时候,在这儿很多人死了,所以为了他们建筑的。(这个岛上)

此例中出现了“岛”和“博物馆”这两个处所名词,(78)例中的“这儿”不知是指的哪一个地方,应用同形回指来避免含混。当然,留学生作文中这种情况比较少见。

第四,表示处所的指代词和疑问代词之间也会出现错用。如下面的“哪儿”与“那儿”的错用:

(79)向你介绍我去过的一个中国的地方,好不好?哪儿是内蒙古。内蒙古是中国很美的地方之一。(那儿)

这里的错用可能是粗心,或受前面的问号影响。“那”和“哪”的区别很清楚,一般稍微注意就可以避免,无须过分强调。下面有类似的例子:

(80)怎么这店里的服务那么差呀。那儿有老板做生意随便骂顾客,赶顾客走的。(哪儿)

(81)你是从那个国家来的?(哪个)

(82)如果方便的话别忘带你们城市晚上的风景照片,我们看一看那个比较好。(哪个)

第五,同义词、近义词的错用。下例都是指地方的"那边"和"那里",甚至很多时候两者都是可以互换的,但是,在有的情况下,却存在着可接受度的差异。

(83)内蒙古有很有名的一个商场。在韩国叫百货商店。那边什么都有,很便宜。我跟父母去那儿,买很多东西,可是质量不太好。(那里)

(84)你知道为什么它叫王府井吗?以前就在那边有一口井……(那里)

还有下例用"这样"回指前面谈到的地方:

(85)我最喜欢去老舍茶馆喝茶。来中国,我一定跟你去那聊天好吗?在北京我去过的地方只是这样。(那儿,这些)

这种偏误不多,属于个例。"那"与"那儿"的错用属于前面谈到的第二条。

第六节　本章小结

与同形回指相比,异形回指的难度明显增大,因此,留学生异形回指中与名词有关的各种回指表达式的使用频率明显低于同形的表达式,偏误数量也相应少很多。异形回指中出现的偏误主要有:

第一,同义词回指时词语的错用。由于留学生对一些同义词、近义词在使用中的细微差异了解不够,在原本就很少使用的同义词回指中,往往出现诸如"老师—教师"、"学生—同学"等的错用,这需要在课堂教学中提醒留学生注意,它们在使用条件及范围上的差异。

第二,指代词"这"和"那"在与主观因素有关的表达中的错用偏误。具体体现在两个方面,一是指代词"这""那"在表达中的情感距离的差异,汉语中指代词"这""那"的使用不仅表达空间的远近，还与作者心理空间的远近有关，这是需要向留学生特别强调的。二是“代＋量＋名”组合中量词的有无与主观表达之间的关系，如“这句话”和“这话”虽然都是可以接受的，通常使用“这句话”来回指，当作者的表达带有主观色彩时，会使用“这话”。这对外国留学生来说也是一个需要提醒的地方，否则他们可能会以为汉语中的量词可有可无，却并不知道量词隐现背后的真实动因。

第三，各种代词之间的错用。主要体现在指代词“这/那”与“这儿/那儿”之间的错用，这很可能是受口语的影响，因为北京话儿化音多，但是，在“这儿/那儿”中的“儿”具有区别意义的功能，是不可随意省略的。此外，“这/那”与“这个/那个”的错用也与口语影响有关。

第四，留学生普遍采用可及性低的指称表达式。异形回指中存在名词、代词和零形式这三种不同的指称形式，留学生面临选择合适的表达式的问题，本章的许多偏误都与此有关。特别是具有篇章连接功能的代词的多余往往与话题链有直接关系，一个个看似正确的句子组合在一起，却让人感觉别别扭扭的，这是因为留学生只有单句的概念，缺乏话题链意识。

第六章 人称代词回指偏误分析

在篇章回指的研究中，人称代词作为一种典型的回指表达形式备受关注，许多学者都从不同的角度对其进行过分析。“人”作为有生命的个体，具有非同一般的凸显度，Givón 在分析句子中可以充当施事成分的词语时，也提出“人＞动物＞事物＞抽象概念”的等级体系。从参与事件的角色来看，人是主要的参与者，处于事件中较显著的地位，可及度非常高，物是受动者或背景，可及度比较低。因此，我们将人称代词专列一章进行分析。这一章主要涉及零形式的使用偏误，因为“人”所具有的高凸显度，使其后的小句倾向于使用零形回指，特别是在话题链中，往往可以有多个小句都为零形式，而不会产生歧义。汉语的回指主要有零形回指、代词回指和名词回指这三种形式，上一章的异形回指偏误研究主要描写分析了留学生在各类常用代词回指中的偏误，本章主要针对人称代词回指的偏误进行研究，主要关注与零形回指有关的偏误。在叙述性篇章中话题链往往是最常见的，本章对留学生在叙述性篇章中的话题链进行了细分，具体分为人物介绍链和动作过程链，并对其中的偏误进行了分析。

人称代词作为篇章衔接和连贯的重要手段之一，其衔接和连贯功能的发挥往往受到句法、语义、篇章上下文关系，以及作者个人的表达风格等多种因素共同的影响，在篇章的不同层面发挥着作用。这些因素的影响力有大有小，各不相同，需要我们在具体的篇章语境中进行分析。

本章对人称代词的回指偏误分析主要涉及以下几个方面：

(1)相关的研究综述及偏误统计分析；

(2)人称代词在篇章回指中的多余；

(3)人称代词在篇章回指中的缺失；

(4)人称代词在篇章回指中的各种错用；

(5)本章小结。

第一节　相关的研究综述及偏误统计分析

高宁慧认为，零形回指"是汉语语篇中一个重要的指同手段，在记叙文和描写文里使用频繁，而且原指为人或动物时使用较多"[①]。本章很多人称代词回指偏误与零形回指直接相关。

一、前人对人称代词与零形回指的研究

在篇章回指中，第三人称代词"他"作为一种典型的异形回指形式备受关注，Li 和 Thompson 从话语分析的角度对汉语第三人称代词和零形回指进行了研究，他们认为，要仔细探讨影响说者和听者对句子真正含义的理解的某些因素，应以语用为基础，加上语义和结构的因素，来探讨汉语的使用者何时决定使用代词。Li 和 Thompson 还提出了"可连接性"[②](conjoinability)这一主要条件来解释主语的从缺，并认为"可连接性"是判别代词出现与否的一个重要因素。[③]

汉语篇章回指中一个突出的特点是零形式的大量使用，陈平(1986)的博士论文对此进行了深入的研究，陈平(1987)提出了"可预测性"(predictability)和"可忽略性"(negligibility)两个条件来解释主语与各种宾语的从缺，包括以下三个方面：(1)有无相互竞争的两个名词同时并存；(2)与前边的小句可连接性的大小；(3)"辨认度"(accessibility hierarchy)的高低。他还分析了汉语零形回指的微观和宏观连续性的强与弱，设定了具体的评判标准，从话语分析的角度探讨零形回指的用法。[④]

徐赳赳从线性结构和层次结构这两个不同的角度分析了人称代词"他"在篇章中的种种制约因素；[⑤]在对汉语篇章中的零形回指、代词回指和名词回指进行了系统的分析和研究基础上，徐赳赳总结了零形回指和代词回指中"他"的使用的制约因素；[⑥]许余龙从篇章理解的角度提出了回指确认原则；[⑦]侯敏等从计算语言学的角度，针对

---

① 高宁慧.留学生的代词偏误与代词在篇章中的使用原则[J].世界汉语教学，1996，36(2)：61-71.

② LI C N，THOMPSON S A. Third-person pronouns and zero-anaphora in Chinese discourse[M]//GIVÓN T. Syntax and semantics 12：discourse and syntax. New York：Academic Press，1979：311-335.

③ 徐赳赳.现代汉语篇章回指研究[M].北京：中国社会科学出版社，2003：107.

④ 陈平.释汉语中与名词性成分相关的四组概念[M]//陈平.现代语言学理论研究：理论·方法与事实.重庆：重庆出版社，1991：181.

⑤ 徐赳赳.叙述文中"他"的话语分析[J].中国语文，1990(5)：325-337.

⑥ 徐赳赳.现代汉语篇章回指研究[M].北京：中国社会科学出版社，2010.

⑦ 许余龙.语篇回指的认知语言学研究与验证[J].外国语，2003(2)：17-24.

零形回指对汉英机器翻译造成的障碍，详细分析了汉语零形回指的确认、类型、产生的原因及使用的条件，并在句组的层面上提出了汉英机器翻译中出现与零形回指有关的障碍时的相应算法。① 这些学者从不同角度对汉语零形回指的研究，对我们分析留学生语料中人称代词回指的偏误都有借鉴作用。

曹秀玲对中介语的研究发现"留学生语篇中人物指称的一个突出的表现是零形式运用不足"②。我们中介语语料库中的偏误情况也印证了这一点：该用零形式却没用的情况占绝大多数，人称代词多余的偏误很多。按照认知语法的可及性理论（the Theory of Accessibility），一般名词、人称代词、反身代词和零形式在篇章中可及性的程度存在差异，按由低到高的顺序可以排列如下：

名词　　人称代词　　反身代词　　零形式

————————————————————→

低　　（可及程度）　　　　高

Givón(1985)认为认知的可及性与人们话语里所需的信息处理的努力成反比，他把人物指称的形式排成了一个可及性程度阶列：零形式＞非重读代词＞重读代词＞名词＞被修饰的名词。③ "到目前为止，连续性最强的最为可及的识别主题的手段，通常是零前指词语和非重读的代词，当然，前者在汉语里用得多，后者在英语里用得多"④。

屈承熹认为，回指与"话题"紧密相关，用回指衔接小句的篇章功能主要体现在话题的位置上。⑤ ZA（零回指）连接小句，构成"话题链"；PA（代词回指）和 NA（名词回指）则分别显示篇章中的次要和主要停顿，而这两种停顿正好可以用来作为话题链和"段落"的边界。"人物指称时，一般篇章中先用名词引进一个人物，随着情节人物的发展，然后用人称代词、零形式或名词进行追踪，也就是指同（也称照应），从而形成一个话题参与者延续性的序列"⑥。可见话题链的形成与回指的选择密切相关。

二、与话题链有关的研究及本章对话题链的细分

在人称代词的回指中，话题链是一个非常重要的因素。"话题链"这个概念出现在曹逢甫的自序中，"主题串（翻译的不同，topic chain 即为'话题链'），由一个或数个子句所组成且以一个出现在句首的共同主题贯穿其间的一段话，实际上是汉语的言谈单

① 侯敏，孙建军.汉语中的零形回指及其在汉英机器翻译中的处理对策[J].中文信息学报，2005(1)：14-20.

② 曹秀玲.韩国留学生汉语语篇指称现象考察[J].世界汉语教学，2000(4)：77-83.

③ 曹秀玲.汉语"这/那"不对称性的语篇考察[J].汉语学习，2000(4)：7-11.

④ 熊学亮.英汉前指现象对比[M].上海：复旦大学出版社，1999：92.

⑤ 屈承熹.汉语篇章语法[M].潘文国，等译.北京：北京语言大学出版社，2006：248-259.

⑥ 曹秀玲.汉语"这/那"不对称性的语篇考察[J].汉语学习，2000(4)：7-11.

位"[①]。他并对话题链进行了细致的分析和研究。

话题链可以说是句法和语段的桥梁，曹逢甫提出，从言语发生(speech production)的观点来看，是先有了主题，然后在其范围内的句子的句法组织受到它的限制，因为主题常常可以将其语义范围扩展到数个句子，形成一个主题串，而且句子之间不须用连接词，所以主题串更像语段，而不像句子，至少不能将其视为相当于英语这样句子取向语言中的句子。[②]

许多学者对话题链的研究发现，话题链不仅与语体(或称文体)有关，也与不同的篇章表述模式有关。屈承熹发现不同的话题必须用各自的话题链来表达，而且同一个连续的话题未必用同一个链来组织，有时一个连续的话题会分在几个话题链里。表述模式可分为叙述与描写、心理状态和外表形象等。屈文(2006)认为辨别表述模式并非是主观的，而是可以用科学的方法进行严格分辨的。[③]

在叙述性篇章中，话题链是篇章衔接与连贯的重要因素，虽然"话题链在任何文体中都有，但在叙述体裁里最为常见"[④]。"一般来说，我们可以把叙述文分为'记人为主'和'叙事为主'两种，记人为主的叙述文是以记录'某个人/某些人'为主，'某个人/某些人'出现频率较高，往往贯穿整个篇章的始末。叙事为主的叙述文是以记叙事件为主，这类叙述文随着事件的进展或描写的推移，可能会出现不同的人物，即在不同的故事情节里，出现不同的人物，并非一定有某个中心人物贯穿整个篇章。"[⑤]

我们通过对留学生的作文语料分析发现，在叙述性篇章中，使用频率较高，且偏误率也较高的恰恰是"记人"和"叙事"这两类。留学生在篇章建构过程中没有话题链意识，在这两种情形下，多用一个个独立的小句呈现，使得一些原本可以用一两个话题链来表达的内容，变成一个个零散的句子，彼此之间存在着许多重复、冗余的信息，整个篇章看起来别别扭扭的。

因此，我们根据留学生作文中常用且偏误比较多的几种情况，特别提出了两类使用率很高的典型的话题链接方式：人物介绍链和事件过程链。需要特别提出的是，这两类话题链可能分别是一个独立的话题链，也可能是两个或多个话题链的连接。所谓"人物介绍链"是指在叙述篇章中对谈论的人物所作的各种介绍说明和外貌描写等，由于表述模式的不同，可能是一个，也可能是多个话题链的组合，简称"人物链"。"事件

---

① 曹逢甫.主题在汉语中的功能研究：迈向语段分析的第一步[M].2版.谢天蔚，译.北京：语文出版社，1995：自序.

② 屈承熹.汉语篇章语法[M].潘文国，等译，北京：北京语言大学出版社，2006：268.

③ 屈承熹.汉语篇章语法[M].潘文国，等译.北京：北京语言大学出版社，2006：248-259.

④ 廖秋忠.现代汉语中动词的支配成分的省略[M]//廖秋忠.廖秋忠文集.北京：北京语言学院出版社，1992：21.

⑤ 徐赳赳.篇章中的段落分析[J].中国语文.1996，251(2)：3-13.

过程链”是指在叙述篇章中与事件进展有关的一系列叙述或描写等组成的一个或多个话题链组合，可能是以时间为参照对动作过程或某一事件的叙述，也可能是以空间为参照对某个事物的描写，简称“过程链”。本章主要以人物介绍链、事件过程链这两类留学生常用的话题链中的偏误为切入点，探讨这两类话题链中零形回指的使用特点。需要说明的是，标点符号也是需要关注的一个问题，由于留学生对标点符号的掌握普遍存在问题，有些地方我们就不过多强调了。

三、人称代词的偏误统计分析

本章主要分析人称代词的使用偏误，将偏误分为多余、缺失、错序和错混四类。其中多余和缺失偏误往往与零形式有关，多余是该用零形式却未用的偏误，而缺失是不该用却用了的偏误；错序和错混是从错用中细分出来的，错序是语序错误，而错混主要是指名词、代词及零形式之间使用的错误，该用零形式或代词的却用了名词，或该用名词的却用了代词等。一般而言，第一、二人称代词“我、你”多在对话中直指对方或说话人自己，因此，许多学者对人称代词的回指研究主要集中于第三人称“他”（如徐赳赳等）。曹秀玲认为，“语言中有三个人称，但记叙文中以第三人称和第一人称的使用比较多……相对第三人称指称而言，第一人称指称似乎要简单些。因为这种指称类型主要关涉第一人称代词和零形式两个因素”[①]。

我们在语料中发现，第一人称“我”在留学生作文中出现的回指偏误频率比较高，特别是做定语或主语进行回指时。如下例：

(1)前两个星期你寄给我的信，我收到了，我收到你的信的时候，我非常高兴。

(2)我回韩国以后，我跟父母一起去看爷爷，我跟朋友们见面。

因此，本书把人称代词“我/我们”和“他/她/他们”在回指中的偏误都进行了标注和统计。需要说明的是，在具体的标注中虽然没有对零形回指偏误的标记，但人称代词在回指中的多余和缺失往往都与零形回指直接相关。本书还对偏误所处的句法位置进行了标注，并通过检索软件获得如下数据：

① 曹秀玲.汉语“这/那”不对称性的语篇考察[J].汉语学习，2000(4)：7-11.

表 6-1 四个年级留学生人称代词使用偏误统计结果

年级 / 数量比例 / 偏误类型	一年级下学期（一下）		二年级上学期（二上）		二年级下学期（二下）		三年级上学期（三上）		总计	
	数量	比例	数量	比例	数量	比例	数量	比例	数量	比例
多余	86	75.4%	42	56%	192	72.9%	32	57.1%	352	69.3%
缺失	18	15.8%	12	16%	33	12.4%	20	35.7%	83	16.3%
错用	2	1.8%	—	—	2	0.75%	—	—	4	0.8%
错混	7	6.1%	21	28%	33	12.8%	4	7.2%	65	12.8%
错序	1	0.9%	—	—	3	1.15%	—	—	4	0.8%
总计	114	100%	75	100%	263	100%	56	100%	508	100%

表 6-2 四个年级留学生在不同句法位置上人称代词偏误统计结果

年级 / 数量比例 / 偏误类型	一年级下学期（一下）		二年级上学期（二上）		二年级下学期（二下）		三年级上学期（三上）		总计	
	数量	比例	数量	比例	数量	比例	数量	比例	数量	比例
主语	101	88.6%	56	74.7%	222	84.42%	47	83.9%	426	82.2%
小主语	3	2.6%	10	13.3%	15	5.7%	8	14.3%	36	7%
宾语	3	2.6%	5	6.7%	13	4.94%	1	1.8%	32	6.2%
介词宾语	7	6.2%	4	5.3%	13	4.94%	—	—	24	4.6%
总计	114	100%	75	100%	263	100%	56	100%	518	100%

在篇章中，人称代词主要用于回指，在回指中选择代词还是零形式往往是留学生难以把握的。从以上的统计结果看，人称代词多余的比例很高，其中主语的多余占绝对多数，说明该用零形式的地方，留学生常常倾向于使用人称代词来回指，特别是在一下和二下这两个叙述语体的留学生作文中。

曹秀玲对两个阶段留学生语篇中人物指称的统计结果也证明了这一点，“各种指称形式的运用在各个阶段的留学生那里是不平衡的。到了高级阶段，人物指称的形式就相对丰富得多，语篇也连贯了许多”①。

另外，一下在定语位置上的人称代词偏误明显高于二下，而一下的语料整体数量还不到二下的一半，这些定语多余的领属结构的可及性明显低于光杆名词，让我们看到汉语水平低的留学生更倾向于使用低可及性指称形式进行回指。

① 曹秀玲.汉语“这/那”不对称性的语篇考察[J].汉语学习，2000(4)：7-11.

陈平在谈到微观连续性时认为，从语法表现手段上来分析，位于主语位置上的名词性成分一般承前性最强，位于动词宾语位置上的次之，位于其他位置上的又次之。我们所得到的数据显示，两个年级中占绝对优势的是主语偏误，第二位的是定语而不是宾语偏误，这与留学生普遍使用低可及性指称的倾向有关。另外，汉语中的领属定语不同于英语中的领属格，一般倾向于省略，廖秋忠曾对篇章中的框—棂结构关系进行过研究，认为现代汉语经常利用框架省略来确定名词的所指。[①] 这一点往往是留学生不知道的，也是我们需要在教学中予以强调的，特别是对以英语为母语的留学生。

四个不同年级留学生的错混偏误都比较多，说明留学生对名词、代词与零形式之间的回指选择规则掌握不好，有些规则及使用条件有待于我们进一步探讨。

偏误标注提供的数据显示，留学生在篇章回指中有一种普遍的倾向，就是使用可及性低的指称形式。主要体现在两个方面：一是该用零形式的却用了名词或代词而导致的指称多余偏误；二是该用光杆名词的却用了比较复杂的名词性组合，该用代词的却用了名词或"代＋量＋名"组合等指称错用偏误。请看下例：

(3)周末的时候我跟我的爸爸和爸爸的朋友去饭店，我们一边聊天儿一边喝酒所以我的感觉很好。我的爸爸每天给我钱，而且什么都给我，如果我没有我的爸爸，我也不可能来北京学习，所以我的心里只有他。(Φ，他，Φ，Φ，Φ)

此例中所有的领属结构"我的爸爸"都可以用名词"爸爸"替代，至于"爸爸的朋友"中的"爸爸"则可用"他"来替代，后面的条件句中的"我的"可以省略。以上的偏误主要是该直接用名词的用了复杂的领属结构，该用代词的用了名词，该用零形式的用了代词。语料显示，这种倾向随着留学生汉语水平的提高会有所改变。下面将对人称代词回指中的多余、缺失及各种回指形式之间的错用、错混、错序偏误进行描写与分析。

第二节 人称代词在篇章回指中的多余

从留学生的语料中我们发现，人称代词在回指中的偏误存在于篇章的不同层面，

① 廖秋忠.篇章中的框—棂关系与所指的确定[M]//廖秋忠.廖秋忠文集.北京：北京语言学院出版社，1992：30-44.

陈平在论及宏观连续性时提到，先行语所在的句子与回指对象所在的句子二者在话语结构中的联系表现在两个方面：一是句子与句子之间的线性顺序；二是句子与句子之间的层次关系。[①] 如下例：

(4)天气太热的时候，他会发现我们要喝水，但只是因为不想打扰别的学生而忍着，他就亲口说："你们都去喝水吧！"(Φ)

这里出现了两个以上的人物，但是有两个层次，一是"他(老师)""发现"了一种情况，接着就采取了行动——"说"，二是对这种情况的介绍，"我们(学生)"怎么样。虽然两个"他"之间插入了其他人物，但是不在同一层次上，没有第二个"他"也不会产生误解，而且还可以使篇章更加连贯。蒋平提出层次的差异也会影响回指的关系，高层次的零回指可以越过低层次的小句及其指称词语与前先行语同指。[②]

本节主要从话题链、复句、小句和句内等不同的层面对人称代词的多余偏误进行分析。

一、人称代词在话题链中的多余

在叙事性篇章中往往有各种不同的话题链。在人物介绍链(以下简称"人物链")中，由于被介绍人物本身的"显著性"高，其可及性也就高，因此，使用零形式往往是最佳选择。

王灿龙认为"人称代词的照应有主语倾向，即在连续话语中，后续句的人称代词主语大多与始发句的主语同指，选择始发句的主语为先行语。……一般情况下，如果没有特别引出新的话题，那么就意味着原话题仍在继续。当后续句的主语是代词或是零形式时，说明后续句的主语可及程度较高，也就是说，它是原话题的继续，此时代词或零形式易于与始发句的主语产生联系。心理语言学的实验研究也证明，先述者比后述者易于提取"[③]。因此，汉语篇章中主语往往倾向于使用零形式，而留学生在学习过程中或许是习惯生成比较完整的句子，因而忽略了上下文之间的衔接和连贯，或许是缺乏篇章建构意识，出现人称代词在不同情况下的多余偏误。

陈平认为在下列两种情况下先行词的启后性最强：一是做主语；二是作为新的信

---

① 陈平.汉语零形回指的话语分析[M]//陈平.现代语言学理论研究：理论·方法与事实.重庆：重庆出版社，1991：193.

② 蒋平.影响先行语可及性的因素[J].外国语，2003(5)：44-51.

③ 王灿龙.人称代词"他"的照应功能研究[J].中国语文.2000(3)：38-47.

息成分出现在存现动词后面或者普通动词的宾语。[1] 这两个特点往往都能在“人物链”中得以体现。

(一)话题链中主语位置上人称代词的多余

在以叙述为主的篇章中,介绍某个具体人物时,主语位置上的人称代词主要包括直接作为主语和在主语中作领属定语两种情况,其往往可以在后续的小句中省略,这是汉语的一种常规表达方式,但是很多留学生过分关注每个小句自身的完整,而忽略了篇章的衔接和连贯。这种偏误在留学生作文中出现的频率相当高,高宁慧的研究也证实了这一点,“主语多余的偏误比率无论是在作文中还是在代词填空测试中都是最高的”[2]。请看下例:

(5)他是男孩子。他叫金裕承。他是很帅和可爱。

(6)他今年三十五岁。他还没结婚,但他有女朋友。

以上两例都可用一个话题链串起来,除了标点符号需要修改以外,作为共同的主语“他”在后续句中多余。有时,这些偏误也与叙述的顺序有关。如下例:

(7)我的外祖母是六十三岁,她的头发灰灰的,她长得有点儿胖,她的眼睛淡褐色的。

以上谈论的是同一个话题——介绍“我的外祖母”,画线部分是主语或主语前的领属性定语的多余,直接去掉画线部分,一个个独立的小句就可以连接成一个话题链。如果能适当地调整一下语序,则更符合汉语的表达习惯。请看调整后的表达:

(7)′外祖母六十三岁,长得有点儿胖,灰灰的头发,淡褐色的眼睛。

一般人称代词都用于回指上文中出现过的先行语,在篇章中一般为“名词－代词－零形式”这种指称使用顺序。多数留学生基本上都能遵循这个排列顺序,偶尔也有个别的留学生在篇章中先出现代词。如下例:

---

① 陈平.汉语零形回指的话语分析[M]//陈平.现代语言学理论研究:理论·方法与事实.重庆:重庆出版社,1991:188.

② 高宁慧.留学生的代词偏误与代词在篇章中的使用原则[J].世界汉语教学,1996,36(2):61-71.

(8)我最爱的一个人就是她，我妈妈。

这种表达在口语里比较常见，表示一种强调。在这里“她”可以省略，直接用“我妈妈”就可以了。有的留学生在人物介绍时，一开始就用不定指，然后是人称代词“她”，后面再介绍名字。如下例：

(9)每个人都有爱的人，我也有一个爱的人。她是个非常善良的人，我刚来中国的时候认识她的。她叫张星。她是中国人。她今年二十二岁。

这种顺序颠倒的情况，有时可以作为一种表达风格，制造一种悬念，以吸引读者的注意，或者通过不断地重复，达到一种特殊的表达效果，一般是作为一种修辞手段出现的。但在这里人称代词“她”的过度频繁出现，不仅让人觉得有些啰唆，还使篇章如同散沙。每个句子虽然看似没什么问题，但整体缺乏连贯性，需要重新组织，可做如下修改：

(9)′人都有爱的人，我也有一个爱的人。她叫张星，是中国人，今年二十二岁。我刚来中国的时候认识的，她是个非常善良的人。

人物介绍一般要遵循一定的顺序，如从大到小、从外到里、从具体到抽象等，不能想到什么说什么，这也是留学生在人物介绍链中出现人称代词多余的原因之一。每个句子之间互不相干，就只能靠人称代词加以衔接。

当然，话题链的建构并非只有一种固定模式，而是因人而异的，其长短、结构模式等都不是绝对的。如下例：

(10)我是山东人，我的老家在农村，我二十一岁，我在北京想找好工作……

这里也是人称代词的多余，每个小句前不是“我”就是“我的”，我们可以省略其中的人称代词。至于如何删除，则不同的人因语感不同，可能会有不同的结果，可以是一个话题链，也可以分为两个话题链，但是这种每句都以人称代词开头的情况显然是无法接受的。请比较下面的例句：

(10)′a.我是山东人,二十一岁,老家在农村,想在北京找个好工作……

b.我是山东人,老家在农村,我二十一岁,想在北京找个好工作……

c.我是山东人,老家在农村,二十一岁,我想在北京找个好工作……

因此,话题链可长可短。长短不同的话题链,其表达效果也就会有差异,主要体现在话语的节奏上。我们下文还会谈到这个问题。

从留学生的语料中我们发现,他们的篇章中极少出现"话题链",即使出现,其长度也明显低于汉语母语者。不仅人物介绍链如此,动作过程链也是这样:

(11)我骑马的时候从马上摔了下来,我受伤了。特别手上比较严重。所以我赶快回北京,我到了北京,想去医院看病。但是在中国我一次也没去过。所以很怕。我正想去找李林,偏巧李林来了,她看到我以后吃了一惊,她说:……

这里有两个过程链,一个是关于"我"的,一个是"李林"的。画线的四个人称代词都为多余,如果对其进行梳理,有的没画线的人称代词可以省略,画线的"李林"应当用"她"来回指。一般在动作过程链中,开头交代了动作主体,后续小句的主语往往都可以省略,这样不仅可以使篇章更加连贯,而且可以增强节奏感:

(12)可是她偏偏来了我家,她看到我的样子以后,她对我说:"你……"

(13)有一天我在宿舍洗衣服的时候,我突然听到中国人说话的声音,我就立刻走到他们说话的地方。然后我……

例句中去掉画线部分的人称代词,就可以使前后更加连贯,也更为紧凑,动作的节奏感也增强了。在留学生的语料中发现,他们的过程链和介绍链一样,往往都很短,可见他们缺乏"话题链"意识。如下例:

(14)我觉得很高兴。我就抱着她说:"谢谢,你让我很感动。"

(15)我找到他的家。我安慰他。他突然哭了……

这两个例句都是只有几句话，有两个问题：一是标点符号使用不当，第一句后面的“。”使用不当；二是画线部分人称代词多余。此外，人称代词的多余还与留学生的表达能力有关，在叙述过程中前后的顺序如果适当调整，也可以减少人称代词的使用：

(16)开始他问了我几个问题我不太懂，他说的话说得很快，他有的时候用方言。但他说话时，他双眼一直炯炯有神。他很快发现了我当时的汉语水平还不是很高，他就说得慢点儿。他也开始用双手表示他的意思。

修改如下：

(16)′开始他问了我几个问题我不太懂，他的话说得很快，说话时，双眼一直炯炯有神，有时用方言。很快他发现了我当时的汉语水平还不是很高，就放慢速度，还开始用双手表示他的意思。

这是二下留学生的作文，他们已经开始注意到一些副词在篇章中的连接作用，但是对人称代词的隐现还掌握不好。有时在话题链中不仅出现人称代词的多余，而且人称代词与名词的顺序颠倒，会影响上下文的连贯，也会产生歧义。如下例：

(17)我有高兴的事时，她总是买给我一本书和一个本子。她把那些书和本子递给我的时候，姐姐说：“你……”(Φ)

根据上下文，这里的“姐姐”与“她”为同指，但是给读者的感觉似乎是两个人，就是因为作者没有遵循“名词—代词—零形式”这个顺序。

(二)以宾语引入的“话题人物”在后续句中的隐现问题

我们前面第三章中谈到，篇章中往往以数量结构和存现句引入一个重要的话题。不同学者的研究有一个基本相同的发现，“存现句中的名词性成分作后面的小句主语时，趋向于用零形式”[①]。这一代词使用原则不仅仅限于存现句，陈平认为，代词“作为新的信息成分出现在存现动词后面或者普通动词的宾语”[②]。这种情况下先行词的启后性最

① 高宁慧.留学生的代词偏误与代词在篇章中的使用原则[J].世界汉语教学，1996，36(2)：61-71.

② 陈平.释汉语中与名词性成分相关的四组概念[M]//陈平.现代语言学理论研究：理论·方法与事实.重庆：重庆出版社，1991：189.

强,因此倾向于使用零形式。这是因为,话题展开过程中起推动作用的是评述部分,它们最常见的出发点一是上句的主题,二是上句评述部分中的某个新的信息成分。

我们在留学生的语料中发现:一般在一个人物链中,当一个新的话题人物在宾语的位置上被引入之后,其后续句中作为主语的人称代词往往都可以接受,当然也可以省略。请看下例:

(18)两年前我在对外经贸大学认识了一个中国同学。他从广州来的,他是二十四岁,他在对外经贸大学学习日语。(Φ)

(19)第二天叔叔的朋友介绍一个中国人。她是山东大学学生。她就是我的辅导老师。她比我大一岁,所以我叫她姐姐。(Φ)

(20)我最爱的一个人是女朋友。她的名字是宋希泠。她是韩国人。她身高一百六十五公分。她脸型端正又漂亮。她在大学学习[十的]时候……(Φ)

(21)我在中国。我有一个好朋友,他叫小张,他是北京人,他是我的最好的朋友之一。小张的个子不高,他稍微有一点点胖,走起来非常慢,但是这样给一个人非常稳重成熟的感觉。此外,他的笑容真的很可爱,他还有一双大大的明亮的眼睛和长长的睫毛 ……(Φ)

上例都是宾语引入一个新的人物,后续句中的主语都不是零形式而出现了人称代词,但在语感上都可以接受,只是当人称代词出现过多的时候,会有重复多余的感觉。除此以外,在留学生的语料中还发现了两句明显排斥人称代词的情况。请看下例:

(22)有一天她给我介绍了一位男人,他是她的未婚夫,我很吃惊,我从来没有听过的事,我……

此例"他"的存在显然让人无法接受。首先,从篇章因素来看,以数量结构引入的人物,往往是后面要谈论的话题人物,读者的心理预期就是接下来要谈论这"一位男人",因此这里的"他"可及性很高,没有也完全可以接受。如果出现人称代词"他",读者会产生一种心理期待,就是对"她的未婚夫"的进一步介绍,可是作者在后面并没有更多加以介绍,而是转移了话题,因此,"他"为多余。其次,从韵律的角度来看,"他"在同一句中与后面的"她"共现,两个"他/她"虽然所指不同,汉字也不同,但在语音上完全一致,读起来有些别扭。后续句如果为"他是教语法的老师",其可接受度就会有所提高,但由于后面的内容与"他"无关,所以没有更好。类似的情况在过程链中也有体现，如下例：

（23）突然从我的后边来了一个人，他很生气的表情说："停"。（Φ）

这里的"他"也是多余，因为两个小句同处一个过程链中，而且是一个比较简短的描述动作过程的话题链。"在这种格式里，上一句的结果一般处于宾语的位置，成为下一句的起点。由于结果和起点指同，起点经常从缺。"[①]但是，如果这个过程链比较长，如"突然从我后边来了一个人，（只见他）瞪着眼睛，撸起袖子，抓起一根棍子"，人称代词的出现就完全可以接受了，当然，如果没有也同样可以接受。

可见，汉语人称代词的使用"存在一定的灵活性，真正强制性地要求使用代词的情形不多"[②]。Li and Thompson 曾对第三人称代词的使用做过一个调查，他们把一段《儒林外史》叙述当中的"他"删除，请母语为汉语的被调查人填上他们认为应该有"他"的地方。结果发现，没有两个人的答案完全相同，同时，被删除"他"的几处只有两个地方被半数调查人认为该用"他"，其余的地方被调查人认为要用"他"的人数不到一半。

按照徐赳赳对 Li and Thompson（1979）和陈平（1987）关于"连接性"（conjoinability）的总结，所谓"连接性"就是某个篇章小句和前面一个篇章小句组成某个独立单位的程度。[③] 两个篇章小句连接的一致性越低，在第二个篇章小句中出现代词的可能性就越大。如果都是对人物的介绍，一致性基本相同的情况下，我们认为后续句的数目是一个值得参考的因素，如果引入的人物在后续句中做主语，且只有一个后续句，在这种比较特殊的情况下，一般这个后续句的主语倾向于以零形式出现，有时甚至强制性地要求使用零形式。

目前我们发现的类似例句比较少，在第三章已经讨论过，以数量结构引入的名词性成分往往是一个比较重要的话题，一般情况下后续小句的数目都比较多。与一些学者的研究不同，从语料中我们发现，在以数量结构引入一个新的人物之后，由于留学生没有话题链意识，在多数情况下往往在后续的小句中使用人称代词，但基本上都可以接受。

那么，当一个在宾语位置新引入的篇章人物，在后续的小句为主语且作为下文主要谈论的"话题人物"时，人称代词是否还要出现呢？

从表达效果来看，后续句没有人称代词会使篇章连接得更加紧凑，节奏也更快捷，

---

① 廖秋忠.现代汉语中动词的支配成分的省略[M]//廖秋忠.廖秋忠文集.北京：北京语言学院出版社，1992：22.

② 方梅.篇章语法与汉语篇章语法研究[J].中国社会科学，2005(6)：165-172.

③ 徐赳赳.现代汉语篇章回指研究[M].北京：中国社会科学出版社，2003：107.

特别是在描述动作的过程链中，这种节奏感尤为突出，一般情况下后续句不是很多。而人称代词出现在后续句中时，往往在表达上有一种“定格效应”，如我们可以在人称代词前加上一个“只见”，就将前一小句新引入的人物推到了话题的位置，帮助读者将目光聚焦在这个人物身上，就像人物在舞台上“亮相”一样，然后对其进行描述，这样可以增强一种现场感，也使篇章的节奏趋于舒缓，让人觉得更加从容。

我们认为，两种表达方式的选择，应当根据具体的表达需要而定。在教学中，特别是在写作教学中，教师有必要把这两种话题引入方式及其不同的表达效果告诉留学生，让他们体会到不同表达式之间表达效果的差异，帮助其选择正确且恰当的表达方式。

因此，在课堂教学特别是作文的教学中，可以操练一些有针对性的话题链，如人物的介绍、动作或事件的过程描述等，帮助留学生进行集中训练，形成话题链意识，这有助于留学生建构更加连贯的篇章。

二、人称代词在超句结构中的多余

对于汉语单复句的划分，1957 年，一些学者就曾经在一些刊物上展开过讨论，最后也没得出比较一致的意见。吕叔湘认为，单句复句的划分是汉语语法叫人挠头的问题之一。[①] 因此，我们在此处使用“超句结构”这个概念，从篇章角度对两个或两个以上的小句中人称代词的偏误进行分析。

以往许多学者都从不同的角度对小句之间的关系进行过研究。方梅通过对小句句法属性与背景信息之间的关系的研究认为：等立关系小句的默认原则是显性主语小句在先，零形主语小句在后。一旦违反，小句采用零形主语反指，其句法地位也就随之降低了。因此，小句主语的隐与现，零形主语小句的先与后，这两个方面的交错组配，构成了语篇内部小句的主次关系层次。[②] 在主从复句中，如果主语相同，代词往往倾向于出现在主句主语的位置上，这一规则在留学生作文的偏误中也有体现。如下例：

(24)我为了提高我的词量，我每天通过大量的阅读文章，先把……(Φ)

前后两句的主语一致，而且没有其他人物竞争，一般人称代词还是倾向于在主句中出现。

---

① 吕叔湘.汉语语法分析问题[M].北京：商务印书馆，1979：87.

② 方梅.由背景化触发的两种句法结构：主语零形反指和描写性关系从句[J].中国语文，2008，325(4)：291-303.

(一)各种复句中人称代词的多余

“在汉语里,复句的各分句主语相同时,主语一般只在其中的一个分句出现,其余的分句不出现主语。这种在复句中不出现主语的现象,通常叫主语的隐现。”[①]这是汉语句子之间衔接与连贯的要求,否则一个复句就成为几个独立的、没有联系的句子。方梅根据句法等级与背景信息的关系将小句区分为用于表现前景/核心信息的自立小句(independent clause)和用于表现背景信息的依附小句(dependent clause)。[②] 在形态语言里,自立小句具有完备的句法屈折,表现为具有自己的时和体标记,主语的所指不依赖其他小句,并可以不依赖其他小句而进入语篇。依附小句是在句法上不能自足的小句,表现为时和语气成分受限制,主语的所指依赖其他小句,并且不能独立进入篇章。

人称代词的多余偏误是留学生作文中最常见的,特别是在叙述语体中,几乎贯穿整个篇章,需要我们特别关注。

(25)我在中国的生活10年过去了。我刚到北京差不多三个月左右。我朋友给我介绍一位辅导老师。

留学生习惯在每个句子前都使用人称代词,有的甚至不止一个。在这短短的三句话中,就出现了四个“我”,我们可以把其中的两个“我”去掉,修改如下:

(25)′我在中国的生活10年过去了,刚到北京差不多三个月左右,朋友给我介绍了一位辅导老师。

在提供时间框架的主从复句中,首先,人称代词“我”无论是在作为时间背景的短语还是小句中,一般都倾向于用零形式;其次,作为领属定语的“我”,在不产生误解的前提下,一般也倾向于省略。此句后面有介词宾语“我”存在,不会产生误解,用了反而重复多余;如果省略,这段话就更加连贯了。

陈平分析零形回指的制约因素时认为,“所指对象的微观连续性本身受两个方面的因素制约,一是先行词的启后性,二是回指对象的承前性”[③]。

① 刘月华,潘文娱,故韡.实用现代汉语语法:增订本[M].北京:商务印书馆,2006:883.

② 方梅.由背景化触发的两种句法结构:主语零形反指和描写性关系从句[J].中国语文,2008,325(4):291-303.

③ 陈平.释汉语中与名词性成分相关的四组概念[M]//陈平.现代语言学理论研究:理论·方法与事实.重庆:重庆出版社,1991:187.

徐赳赳的统计显示，先行词的启后性存在差异，有标记的启后性较强，无标记的启后性较弱。有标记启后语的标记有两种，一是启后词，一是标点。由于留学生使用标点符号缺乏规范，我们将主要关注带有启后或承前词语的关联词的偏误情况。我们根据刘月华等对复句的分类，先看联合复句的情况。

(26)我们是在韩国大学的时候开始恋爱的。我们一见就钟情了。她不但温柔而且她长得也漂亮。(Φ)

(27)真不知道该怎么感谢他才好。他不只是治好我的病，而且他还看我像他自己的孙女一样。(Φ)

以上两个递进关系复句，也可算是等立关系。按照方梅所说的默认原则，应该在后一小句中使用零形式。在等立关系的小句中人称代词的使用也类似：

(28)我在北京语言大学汉语学院学习汉语，我住在学校外边的一个小区。(Φ)

(29)那时候我的汉语水平还是不行。我一点都不会说汉语。(Φ)

(30)我们高高兴兴的。我们一起一边吃菜一边聊天。(Φ)

(31)她最喜欢的颜色是蓝色，她最爱的动物是狗。(Φ)

(32)他不是跟我一样的学生，而他是个工作人。(Φ)

但是，在偏正复句中，主语的隐现要复杂一些。按照以往学者的研究，人称代词应该出现在主句中。如下例：

(33)对了，你五·一的时候有时间吗？你如果那时候没有什么打算的话，你先来北京，以后我们俩一起去南方旅行怎么样？(Φ)

(34)香港很干净。如果我有机会的话，我想再去香港。(Φ)

(35)韩国打网球很贵吧？这里很便宜，如果你知道多少钱，你一定很吃惊。(Φ)

(36)因为她知道我的汉语水平还很差，她想给我学汉语多点儿帮助。(Φ)

(37)虽然他很忙，但是他给我打电话。我觉得这是“兄弟[十之]爱”。(Φ)

“如果、因为”引导的都是偏句，“但是”作为转折词引导的是主句，前面小句中画线的人称代词都可以为零形式。我们从留学生人称代词多余的偏误中发现，这种情况并非绝对，有时主语出现在前面的偏句中，不仅可以接受，而且也符合汉语的习惯。如下例：

(38)如果我有问题我就给她打电话，即便她在加拿大，她还是会帮我。(Φ,Φ)

(39)……可以骑马。我从来没骑过马，所以我很怕。(Φ)

这个问题值得我们关注，此处不仅仅是主句与偏句的问题，还与篇章中出现的人物数量有关。我们需要提醒留学生注意：当篇章中同时存在两个或两个以上的人物时，人称代词一般倾向于在话题发生转换的第一个小句中出现，即使这个小句并不是主句。如下例：

(40)他们也教我们很多知识，如果我们不明白的时候，我们一定要问他们。(Φ)

(41)如果我遇到困难，她肯定会帮助我。如果她不在北京的时候，她就让她的朋友们解决我的问题。

(42)我不懂的地方他一一教我。他也通过这机会，他才会更了解自己的母语。(Φ)

(43)我认识的一个中国朋友的老家是安徽。那次正好她想回家一趟，所以她顺便带我去了。

以上人称代词的使用规则在一些以"希望、知道、感觉、认为"等词语引导的内嵌式小句中，也同样有效。请看下例：

(44)我希望你有空儿的话，你来北京看看我。(Φ)

(45)她父亲是某个省的管理者。所以我感觉她说话的时候，她无视别人。感到她是目中无人。(Φ,Φ)(我感觉她说话的时候无视别人，目中无人。)

需要强调的是，一些在复句中的默认原则往往在篇章中会因上下文因素的影响而有所改变，这是语言的经济性和明晰性共同作用的结果。有时，即使所指并不相同，在不影响正确理解的前提下也可以使用零形式：

(46)可是我们的学校不一样。学习越来越忙。不能常常见面。如果我的心情不好的话,我马上给她打电话聊天儿。(Φ)

我们认为篇章中人称代词的线性顺序和层次差异能够超越主从复句中的局部原则,如在超越复句的篇章概念——话题链中,复句往往也受话题链因素的影响而有所不同。如下例:

(47)我最爱的一个人是我的妈妈,虽然她不是我亲妈[1],可是她对我很好[2],她好像亲妈妈一样爱我[3]……(Φ,Φ)

这里三个"她"明显是多余,但应该如何修改,如果遵循复句中的代词使用规则,在"连词和时间词后面的小句主语趋向于用代词",那么保留"可是"后面的"她",前后两个小句中的"她"就可以省略了。如果从话题链的角度考虑,把后面的复句看作一个新的话题链的开始,那么,保留[1]句中的"她",后面[2]和[3]都用零形式,即使没有使用零形反指,由于是在话题链的开始部分,也是可以接受的。虽然违背了连词后要有代词的局部规则,但体现出篇章整体规则具有超越性,可以超越局部规则而发挥作用。下例也类似:

(48)我十三岁的时候,我得了大病,所以我住了十几天院。

可改为:

(48)′a.我十三岁的时候,得了大病,(所以)住了十几天院。["所以"也可以省略]

b.十三岁的时候,我得了大病,(所以)住了十几天院。

c.十三岁的时候,得了大病,(所以)我住了十几天院。

下面的例句也是人称代词的多余:

(49)我第一次上课时很紧张,因为我以前上学的时候都是跟女的在一起上课,这是第一次我跟男人一起上课。(Φ,Φ)

通过对留学生的语料分析发现，人称代词的问题不能局限于复句范围内，有时需要从更大的篇章结构去把握，分析结果才更加准确。如下例：

(50)现在妈妈的病完全治好了。可是妈妈的身体仍然不太好，所以妈妈每天都和我的妹妹锻炼身体，每天都吃药。很难受。

此例中“妈妈的、我的”，以及“所以”后面的“妈妈”都可以省略，同时，把其中两个“。”改为“，”，就构成了一个完整的话题链。

此外，我们发现留学生作文中人称代词的多余还与他们对各种连接手段掌握不好，或者不能灵活交叉使用各种篇章衔接手段有关。如下例中，第二个画线部分的“我”若以连词来替代，就能使话语更连贯。

(51)我虽然是上了三年级，不过我知道的汉字太少了。我很多会说的生词也不会写。(Φ，而且)

以上是留学生不知道使用连接词而出现的人称代词偏误情况。有些留学生会同时出现人称代词的多余和连词使用不当的问题：

(52)如果我死了，我也不会忘记我的爸爸。(即使，Φ)

(53)我的爸爸每天给我钱而且什么都给我，即使我没有我的爸爸，我也不可能来北京学习，所以我的心里只有他。(如果/Φ)

人称代词的多余和连词使用不当往往纠结在一起，一些连词的使用可以增强篇章的衔接与连贯，就不再需要人称代词了：

(54)我在韩国没有经历过这么长时间在屋子里谈话，我们一般七点见面，那么我们两点钟才能回家。(Φ)

这是使用了连接成分后又出现了人称代词的多余偏误。此外，一些特殊句式的使用也可以促使人称代词的承前省略。如下例：

(55)因为是国际高考卷子不是我的老师改的,它们是寄到别的老师改。(Φ)

“不是……(而、只)是……”的结构,往往是针对前面的同一个主语兼主题的,若后句主语用代词就显得很累赘。

从以上的分析可以看出,留学生的这些偏误是在目的语发展过程中产生的。通过这些偏误,我们似乎可以发现留学生由小句组建篇章的一个渐进的发展轨迹:

孤立小句————连接词+孤立小句—————复句—————话题链

[人称代词多余—人称代词多余+连词偏误—人称代词多余—人称代词多余+逻辑顺序错误等]

方梅认为不同的语言中依附小句的具体形态也表现各异,但是依附小句的句法等级总是低于自立小句。其中主句为前景,表达事件过程;从句为背景,表现事件过程以外的因素,如时间、条件、伴随状态等。[①] Tomlin(汤姆林)通过统计分析进一步说明,约80%的用例符合上述规律。[②] 下面我们分析时间表达中人称代词的多余偏误。

(二)人称代词在时间背景表达中的多余

在汉语中,以时间为背景的依附小句中的主语往往要省略,这也算是一个默认的原则,但是,在留学生篇章中往往出现人称代词的多余现象。如下例:

(56)另外我十月的时候,我跟几个朋友一起去旅行。(Φ)

(57)我中学的时候我每个星期六星期日都有足球课。(Φ)

虽然在汉语中去掉后面小句中的人称代词“我”也可以,但这往往是在对比的情况下,如“我十月的时候……,十一月的时候……”,或“我中学的时候……,大学的时候[后来]……”。按照正常的汉语语感,我们认为还是去掉前面的人称代词为好。汉语中这种倾向性的规律需要告诉留学生,否则他们作文中总会出现类似的情况:

(58)我上高中的时候我已经非常喜欢中国,研究中国的文化。所以我当了国际关系部的代表。(Φ)

(59)我刚来北京的时候,我差不多一句汉语也不会说。(Φ)

(60)我想介绍的地方就是长城。我到北京以后我已去了长城好几次了。(Φ,Φ)

①② 方梅.由背景化触发的两种句法结构:主语零形反指和描写性关系从句[J].中国语文,2008,325(4):291-303.

我们在留学生的语料中发现，在表示时间的短语中，多余的现象比较多，常常是在“……的时候”或“……以后”等时间短语中，出现人称代词多余的现象。一般按照汉语的语感，表达时间信息的短语或小句中出现的人称代词为“多余”，在标注中我们也基本上遵循这个原则。但是，相当一部分留学生习惯把人称代词放在时间短语的前面，有时从上下文的角度来看，去掉后面主句主语中的人称代词也完全可以接受。如下例：

(61)我参观以后，我去景山公园了。(Φ)

(62)他唱完后，他被歌迷挤得一塌糊涂。所以我们不能靠近他。(Φ)

这里我们认为是两个连续的动作，人称代词放在最前面，会使小句之间衔接更紧密，形成一个类似动作过程链。如表示时间的词语不出现，在这种语义上有先后顺序的小句群中，往往更倾向于保留首句的主语。如下例：

(63)我听了爸爸的话，我才知道了说谎是真不好的事。(Φ)

在篇章中，这种人称代词的多余，可能会有多种修改方式，往往是高一级的篇章规则超越并制约着次一级的篇章规则。在超句结构中，话题链的规则往往是在其之上的：

(64)[段落的开始]我上高中的时候，我被汽车撞了。当时，每天我的妈妈在我的身边哭。还有，她每天去教堂向耶稣祷告。因此，我觉得很快病就好了。(Φ,Φ)

这篇作文的题目是“我最爱的一个人”，作者写的是“妈妈”。在这一段的开头，用“我”在这里完全没有问题，但当有两个或者两个以上的人物在篇章中出现时，人称代词通常出现在以此人物为话题的最前端，以避免混淆，这是竞争因素在起作用。下例也是如此：

(65)她一声不吭低下头，看起来很伤心。我当时我很生气，我便骂她几句。(Φ,Φ)

(66)我过生日的时候他送给我两个礼物，一个是生日卡，卡里他写很多，其中写他爱我……我读的时候，我心里很开心，眼泪差点儿出来了。(Φ)

从正常的汉语语感来看，“我当时”和“我读的时候”中的“我”都为多余，但这里的出现位置都是话题转换的地方，所以，保留这些人称代词，去掉后面的“我”更符合篇章表达的需要。

总之，超句结构作为次一级的话语组织方式，最终还是要受话题链的制约，如下例中的两个人称代词“她”都是多余，就是因为在同一话题链中，作为主语的“我的姐姐”有很强的启后性。

(67)那时我的姐姐去买吃的东西，她正在买的时候，忽然她碰到我的表哥……(Φ/她，Φ)

可见，在篇章中，一些局部的语用规则往往要服从篇章整体的表达需要，这是我们在汉语教学中，特别是中高级的写作教学中需要突出强调的。

从留学生的语料来看，很多人称代词的多余偏误，往往可以有不同的修改方案。如下例：

(68)我跟房东说好以后，我安心地回国了。

(69)她说回家的时候她觉得很难过。

这两个小句都有人称代词，去掉其中任何一个都可以接受，这是篇章因素在起作用，因为篇章分析的结论往往是倾向性的，而非强制的，对篇章偏误的修改往往也如此。

下面(70)(71)两例与人称代词有关的时间表达偏误也需要我们去提醒留学生。时间表达不必重复前面提到的内容，可以使用更为简省的形式。

(70)前两个星期你寄给我的信，我收到了，我收到你的信的时候，我非常高兴。(当时)

这里画线部分改用“当时”就可以了，无须这么长的一段话。留学生在时间表达上的偏误也是不少的，一般时间框架出现在篇章或段落的开始，而且不会同时有两个时间表达。如下例的情况：

(71)我这学期开始的时候，我选语言方向以后，我要很努力地学习汉语，但到现在我没有自信，我特别对语言方向必需的综合课，我应该努力学习这门课。(Φ，我选了语言方向，Φ，Φ)

这里该以过程链的方式出现的内容，却用了时间短语的方式表达，导致人称代词的多余。以上主要是主语的人称代词多余，下例是宾语的多余：

(72)我回国时，每次带去汉方药(中药)给祖母。吃它后精神好了……(Φ)

在留学生作文中这种宾语承前省略的偏误并不少见，前面已有涉及，此处就不再赘述。

(三)人称代词在一些习惯表达中的多余

从留学生的语料中发现，人称代词的多余往往出现在篇章的不同层面，如一些具有固定结构的紧缩句中，“紧缩句是一种以单句形式表达复句内容的句子。一般可以看成是复句紧缩而成的”[①]；“紧缩句有两个谓语，……但在紧缩句中常常只出现一个主语”[②]。在紧缩句中，宾语相同时，只需一个就可以了，在留学生的语料中会出现下面的情况：

(73)他对穿衣服不太讲究，不太在乎衣服的样式和颜色的搭配。一看他就知道他是中国人。(Φ)

(74)她长得很可爱。她的眼睛很大，所以一般人一看她就以为她是日本人。她个子比较矮，不太胖。(Φ)

“一……就”这种紧缩结构给人提供了一个相对固定的认知模式，无须前后两个人称代词来指同，只要保留一个就够了，保留前面的人称代词也是可以的。此外，还有一些人称代词的多余，是留学生在表达中对一些比较固定的表达模式或对词语的正确用法掌握不够准确而导致的偏误：

---

① 刘月华，潘文娱，故铧.实用现代汉语语法：增订本[M].北京：商务印书馆，2006：893.

② 刘月华，潘文娱，故铧.实用现代汉语语法：增订本[M].北京：商务印书馆，2006：896.

(75)考完了,成绩公布了,我通过了,我给她打电话告诉她,在电话里她祝贺我。

这里是杂糅导致的偏误,作者把两个习惯表达“我给她打电话”和“我打电话告诉她”掺杂在一起了,导致了介宾结构“给她”的多余。下例的多余,是对动词“反对”的正确用法掌握得不够全面所致:

(76)今年五月份儿要跟她的男朋友结婚。他们交往了两年。她才二十五岁。她的父母一直反对她。因为她的男朋友年龄比较大。比她大七岁。(Φ)

“反对”的宾语可以是人也可以是事情,同时,它还可以不带宾语,直接用“父母一直反对”,读者可以通过上下文知道“反对”的是“跟她的男朋友结婚”这件事情。下例也类似:

(77)这样做,就是背叛喜欢他的球迷,背叛自己,背叛职业的道德。他不能同意了他们。(Φ)

上文说到有人贿赂“他(我的老师)”,让“他”在球赛中不进球,这里谈到“他”的态度是“不同意”,直接说“他不能同意”就可以了。

可见,人称代词的多余往往在篇章不同层面都有体现。在汉语篇章中,如果所指可以根据上下文判断出来的倾向于使用零形式,无论是在话题链中、在复句或紧缩句中,还在单句中,都可以省略,否则会影响篇章的衔接与连贯。下面我们来分析句中人称代词多余的情况。

三、人称代词在句内作小句主语或定语的多余

汉语的单句根据结构模式划分出来的句型,种类比较多也比较复杂,“句型系统是有层次的,因此,在确定某一个具体句子的句型时,也必须逐层进行,从第一层开始,一直到最小的基本句型”[①],如“小李同意帮你复习功课”是单句、主谓句、动词性谓语句、述宾谓语句。

---

① 邵敬敏.现代汉语通论[M].上海:上海教育出版社,2001:213.

我们来看看包孕句中出现的指称错误。Chomsky(1981)的研究认为有些动词可根据其性质,决定 PRO 的先行语,有主语控制和宾语控制两种情况。所谓“主语控制”,就是零形回指对象跟句首主语同指。我们看下例:

(78)我希望将来我能成为我的舅妈这样的女人。(Φ,Φ)或者(Φ,我)

很显然这是一个主语控制的句子,此句中画线的“我”与前面的大主语一致,可以省略,而“舅妈”在前面已有交代是“我的”,此处的领属定语也可省略,即使不省略也最好用“我”来替代“我的”。在同一小句中,作为主语的指人名词或人称代词,其辖域一般能够覆盖全句,宾语前的领属定语若与主语指同,一般倾向于零形式,而默认是主语所领有的,比如我们说“他回家了”,一般不说“他回他的家了”。但是留学生却会写出如下句子:

(79)所以我自己改变了我的想法。(Φ)
(80)在这里我想总结一下这半年的我的学习情况。(Φ)
(81)我认为我这个学期的最大的成功是我的词汇比以前多了。(Φ,Φ)

定语“我的、我”在此处是多余的,可以改为“我改变了想法”,若一定要“强调不由于外力”的话,用“我自己改变了想法”也可接受。徐赳赳对多动词句中的零形回指分析后得出了一个倾向性规律,具体包括以下两条,“定语位置上出现的人物一般与句首施事者异指;句内零形式跟句首施事者同指”[①],如果“改变”的不是与主语一致的“我的”想法,就需要特别提出其领有者,如“我改变了他的想法”。下面的偏误违背了徐赳赳所总结的第二条规律:

(82)我变了,我不像我小的时候。(Φ,Φ)

这里是以现在的“我”和小时候的“我”进行对比,虽然动词“像”不具有动态义,但仍然适用我们前述的观点,除非是与别人比,“我不像他小的时候”。若与主语一致,领属定语的出现就为多余。下面我们看看违背第一条的情况:

① 徐赳赳.现代汉语篇章回指研究[M].北京:中国社会科学出版社,2003:88.

(83)王老师很关心他的学生。有一次,……(Φ)

根据上下文,这句话本义是“王老师很关心自己的学生”,但也可理解为“王老师很关心别人(他)的学生”。因为违背了“定语位置上出现的人物一般与句首施事者异指”的原则,按照正常的理解,王老师关心自己的学生,“他的”是不需要出现的,出现了就容易给人误导,产生歧义。人称代词的隐现往往与其前后使用的词语以及各种篇章因素有关。请看下句:

(84)我觉得没有爸爸在我[1]身边我[2]很寂寞、孤独。(Φ,我)或者(Φ,Φ)

此例画线的“我[1]”之所以能省略,是与“身边”这个词有关,因为按照我们正常的背景知识,不可能是“爸爸在爸爸自己身边”。“觉得”后面是一个紧缩句,相当于“如果……就”的复句表达。第二个画线的“我”可有可无。“人”作为具有生命的存在,其凸显度非常高,因此,在不影响正常理解的情况下,往往可以使用零形式。如下例:

(85)我和她可以算是很有缘,我还记得很清楚我第一次认识她的情况。(Φ)

在一些可以引入小句宾语的动词后,如果引入的小句主语与前面的主语一致,往往也趋向于省略:

(86)但是我告诉他我晚上要去飞机场接我的同屋。(Φ)

动词的特性在判断零形回指对象为何物这点上是起很大作用的,这在单个小句中表现特别突出。因此,在“希望、觉得、知道、认为、想、决定”等动词后面,小句的主语如果与大主语一致,就倾向于选择零形式,下面的偏误就与此有关:

(87)……但是都没有用,我想我只好坚持到飞机场。(Φ)

(88)所以我决定今后我不说谎。(Φ)

(89)但发现了一个问题,就是我们中谁也不知道到哪儿下车。那样着急中我就决定我问前边的中国女孩儿了。(Φ)

这里“想、决定”前后所指相同,应该省略。徐烈炯列出了五个汉语动词,其他的动词可分别归于这五个动词之下[①]：

设法　　决定　　知道　　主张　　禁止

←同指(co-refering)异指(noncorefering)→

在汉语篇章中,“希望、知道、觉得”等动词前面的主语,若能根据上下文清楚地推断出来的话,往往可以省略不提,否则就会有重复多余之感。如下面例句中的“我们”就是如此：

(90)来北京以前我们俩常常说话,因为我们知道我来北京以后没有这样的机会。(Φ)

虽然这里的偏误主要是在小句层面的,但影响到了篇章的连贯,在篇章的组织过程中也是不容忽视的。需要说明的是,在篇章中代词的隐现往往是各种篇章因素共同起作用的,存在多种可能,有不同的选择,而不是绝对、强制性的。如下例：

(91)这时,虽然我知道爸爸对我偏心,但是我还是不听话。(我/Φ,Φ/我,Φ/Φ)

这里短短的两个小句,就有三个“我”字,让人觉得累赘,需要去掉其中的一个或两个“我”才能更连贯。这与“知道”前后人称异指有关,还与人称代词“我”的使用频率有关。另外,“但是”后面的“我”可省略,是受到上下文篇章规则的影响。

第三节　人称代词在篇章回指中的缺失

一般在叙述性的篇章中只有单一人物出现,线索往往简单明了,零形式的使用会比较多,读者也比较容易判断出其所指对象。但是,当叙述中有一个以上的人物出场时,零形式出现的概率相对要低许多,因为缺少必要的人称代词会造成表达不清,甚至产生歧义。从统计数据可见,留学生作文中偏误率最高的是各种多余偏误,缺失和错用偏误量基本相当,但具体情况各不相同,有待于我们进一步分析。

① 徐烈炯.从句中的空位主语[M]//徐烈炯.共性与个性:汉语语言学中的争议.北京:北京语言大学出版社,1999:171.

一、篇章中存在竞争因素时人称代词的缺失

篇章中出现两个或两个以上不同的人物，而且存在一定的竞争性时，人称代词就不能随便省略，否则会导致所指不明，甚至产生歧义。下面我们分析在一些留学生语料中发现的人称代词缺失的偏误。

(一)在主语中的缺失

前面我们谈到，在叙述过程中，出现两个或两个以上的人物时，就会出现“竞争”，特别是在话题转换时，需要人称代词，甚至是名词来加以区分，同时往往还会有一些外在的标记，我们可以提醒留学生注意这些形式标记。如下例：

(92)我最爱的一个人是我的妈妈。为什么喜欢妈妈呢？我从小时候到现在＋照顾我。(＋她都)

(93)老婆儿没有儿子，只有五个女儿。她希望自己女儿有儿子。但我的妈妈一直生了女儿，我出生的时候很可怜，哭了半天。从那时候开始＋不喜欢邻里的孩子。(＋她)

(94)他叫明镐。第一次见他的时候，我有点怕。因为他个子高，看起来经常锻炼身体，头发很短，甚至眼光也锐利。当然对刚刚高中毕业的学生来说，＋不想跟他说话。其实那时候，＋汉语说得不太好。(＋我，＋我)

(95)我在中国认识了她。那天……我要回家的时候，＋给我来了个电话。(＋她)

首先，时间词语往往是话题转换的一个标记，如“从小时候到现在、从那时候开始、那时候、……的时候”，教师需要提醒留学生，可以利用这些时间标记词语来辨认需要使用代词的位置。其次，“其实、但是、可是”等连接词语的使用，往往也是语义发生转换的一个重要标记，需要添加代词。如下例：

(96)她尽管工作很忙，可是每当＋做一件重要的事时，她一定会陪我们去。她说，不管怎么样，家庭的事情是最重要的。(＋我们)

(97)我等着她的回答，几天以后她说“好的”，只有一句话，但是＋非常高兴。(＋我)

(98)我有许多中国朋友。但是＋不能算真正的朋友。(＋他们)

有转折连词“可是、但是”表示语义的转换时，其后需要添加人称代词“我(们)、他们”。有时虽然没有这种外在标记，但是所指人物已经发生了变化，这时也需要人称代词来区分：

(99)我现在22岁，父母也老了。十要努力学习，大学毕业以后必须找到好的工作，对父母的报恩……(十我)

(100)老师常常问我：“学汉语有意思吗?”，“你妈过得怎么样?”，“高恩，越来越习惯吗?”一句话一句话都关心地问我。十越来越喜欢那位老师……(十我)

上面两句中的人物都不止“我”一个，即使没有表示话题转换的标记词语，叙述的主体也已经明显从“父母、老师”转到“我”了，这里没有人称代词“我”，虽然读者通过上下文也能理解，但是需要花费更多的时间来确认所指，从而影响了篇章的连贯。有时人称代词的缺失还可能导致歧义：

(101)妈妈很生气地回答说：“干什么啊？你要回家吗?”妈妈这样说话以后，十一句话也没有说。(十他)

上文是说“他”(儿子)不断地问妈妈有坐车的钱没有，听了妈妈这些生气的话以后，作为儿子的“他”就不再问了。这里需要添加人称代词“他”来标出视角的转换，否则会让人误以为是妈妈说完这句话，就“一句话也没有说”。

篇章中出现两个或两个以上的人物时，一般倾向于使用人称代词或者名词，以免因缺失影响篇章的连贯，但并不意味着每个小句都需要人称代词，这就需要从徐赳赳提出的“线性结构”和“层次结构”来进行分析了。

(102)a.我跟妈妈的关系……①不管我怎么对她，②怎么不听话，③怎么让她着急，④十都爱我。(十她)

b.我常常惹继母生气，常常惹麻烦，①可是她对我很好，②她好像自己的儿子一样照顾我，③所以十改变想法，④我也想她是我的亲妈一样。(Φ，十我)

这两句中人称代词的缺失都出现在偏正复句中主句的首句里，它们的线性结构是①②③④，但它们处于不同的层次结构中，我们有必要对这两句的层次结构进行分析：

a.[①②③]④　　　b.[①②][③④]

其中b②和b④中的人称代词“她”和“我”都可以省略，因为它们处于同一层次中；④句需要修改为“把她当作我的亲妈”，这样可以使篇章更加连贯。因此，在出现竞争的情况下，主语位置的人称代词能否省略，与其“线性结构”和“层次结构”有关，处在同一层次结构中的相同的人称代词往往倾向于省略，一般位于一个层次首句的人称代词不能省略，而其后续小句中的人称代词倾向于使用零形式。下面两例中的偏误也与这种层次结构有关：

(103)我以前不知道他的性格那么着急.如果在红绿灯前等着的话，＋真着急，他让坐在旁边的人也觉得不安。(＋他，Φ)

(104)有一天她突然对我说：“我妈出事了，＋该回大同的老家了，我可能不回北京了，所以我想把这个房子卖了。”(＋我，Φ)

当有两个人物同现时，人称代词使用的频率要相对高一些，但要注意具体的位置。人称代词通常出现在话题开始或者发生转换的位置，如(104)例“我妈出事了，我该……，可能……，所以想……”，一旦在话题开始的部分确立某一人物，后续小句就可以使用零形式。所以，在建立话题链概念的基础上，有必要关注话题的转换和衔接，以帮助留学生正确地使用各种指称。

我们之所以强调“同一话题链”，是因为在话题转换时人称代词是必不可少的，但在话题链内人称代词就可以省略。由于留学生习惯于写出独立的句子，而不是具有衔接连贯功能的话题链，所以往往是不该用人称代词时出现多余，而该用的时候又可能缺失。出现这一问题的关键在于留学生缺乏“链”的概念。请看下例人称代词的缺失：

(105)这时候我去了图书馆，我见了一个中国女学生，我觉得＋看起来很聪明。(＋她)

(105)例里三个小句都很独立，分别是“我去了……，我见了……，我觉得……”，但不是一个话题链，如果我们修改一下，去掉第二句的主语“我”和第三句的“我觉得”，这三句话就可以整合为两个连贯的小句，“这时候我去了图书馆，见到了一个聪明的中国女学生”。我们发现留学生作文中人称代词的缺失与视角的不断转换有关。如下例：

(106)发生了交通事故。那时候我头部受了点儿伤。好在我的日本朋友没有受伤。但吃惊得很厉害。那时候十一点儿精神也没有。我的朋友不知道怎么办才好。(十我)

这里一会儿说“我”,一会儿说“我的日本朋友”“我的朋友”,存在多个人物,指称的缺失让人不知道是谁“一点儿精神也没有”。这段话如果整合一下,就能省去许多不必要的指称,如“那时候、我、我的朋友”等。我们可以这样修改,“发生了交通事故。当时,我头部受了点儿伤,一点儿精神也没有,好在我的日本朋友没有受伤,但她吓坏了,不知道怎么办才好”。

我们在教学中有必要帮助留学生建立“话题链”的概念,将各个零散的片段整合为一个有机的话语链条,视角并非不能改变,但不要变换得过于频繁,否则,即使是同一个人物,由于叙述视角的不断变化,也会导致歧义。如下例:

(107)她原来头发很长。但是,跟男友分手了就剪了。昨天看她的时候,看起来她比以前好点了,①头发也跟以前差不多,②十现在也很漂亮。她希望尽量快点儿找新男朋友。(十她)

这里如果能调整一下①②的顺序,那么人称代词“她”就无须出现了。当叙述视角从“她”转换到“头发”之后,由于“很漂亮”既可以用于头发,也可以用于人,就很容易让人不知所云。这提醒我们,在课堂或课外练习中需要培养留学生的话题链意识,同时,还要帮助留学生学会抓住叙述的主线,避免视角的偏移:

(108)她(我妈妈)长得很漂亮:高个子,大眼睛,高鼻子,头发跟我一样。我不像我妈妈,我像我爸爸,就是头发像我一样的。(我妈妈)

这里前面介绍妈妈的长相,后面说“我”的情况,句号后面的主语都是“我”,可最后一句突然出现“就是头发像我一样的”,这在内容上跟前面的重复,再加上承前省略的主语是“我”不是“我妈妈”,这个句子就显得很矛盾。

此外,一些篇章中的偏误与口语的影响有关。如下例:

(109)有的人对我感觉不好。但是这之中一个人,就是她,十肯定不会忘记。(十我)

(110)还有他(弟弟)照顾父母,+很抱歉,如果我开始工作的话,给他报答。(+我)

在口语中,“肯定不会忘记”和“很抱歉”我们都常说,但是,在篇章中,这种表达就不合适,需要添加适当的人称代词才可接受。

(二)在宾语及介词宾语中的缺失

人称代词在宾语和介词宾语中的缺失偏误数量不多,我们认为这种缺失可能是因一些表达方式还没被留学生正确掌握,或者是由于粗心大意。

人称代词在宾语中的缺失往往与动词有关,尤其是在一些兼语句中。如下例:

(111)妈妈的朋友介绍+去哈尔滨的某一个学校。(+我)

这种人称代词的缺失可能是由于留学生的疏忽,也可能是受口语的影响。如下例:

(112)有一天史林请+来他的家做客。(+我)

口语中我们会说“有时间请来我家做客”,留学生可能是套用了这种常用的表达,写出了“请来他的家做客”这样的句子。

有的人称代词的缺失也伴随着前面动词的缺失,如下面与“帮”有关的小句偏误:

(113)他很认真,很聪明……还有他+解决了关于高中毕业以后做什么的问题。(+帮我)

“帮”后面可带名词宾语,也可带兼语。这句话如果不联系上下文看是没问题的,但这并不是作者要表达的意思。这里可能是留学生受自身汉语水平所限,无法正确表达自己的想法所致。

另外,介词后面宾语的缺失偏误问题往往非常明显,而且在小句内就能发现:

(114)那天以后常常跟+见面,一起吃饭什么的。(+她)

(115)现在……跟+分手已经一年了。(+她)

这两例都是介词"跟"后的宾语缺失。出现这种偏误的原因可能是老师在课堂教学中讲解"见面、分手"等动词使用规则时，为了避免留学生出现"A 见面(分手)B"的情况，特别强调这些动词要与介词"跟"共现，即"A 跟 B 见面"，留学生或许只记住了这种表达格式，在套用时出现了错误，也或许是因为粗心。下例也类似：

(116)他得了第一名。如果没放弃的话肯定通过考试。他要做的事就一定做。虽然他比＋小两岁可是有的时候像哥哥一样。(＋我)

(117)第二天我们一起坐飞机来了北京。她跟＋来了学校，给我找了宿舍，办好了手续才走。她对我的态度好像对妹妹一样。(＋我)

(118)但是她不是这样。我跟＋一起吃饭时，她常常[&.来]请客。(＋她)

以上人称代词的缺失很可能是粗心所致，而下面的缺失则可能是由于留学生表达能力的不足：

(119)她的爱好是去旅行。她说"你有机会的话，我们一起去旅行吧。我＋介绍在中国很美丽的地方"。(＋给你)

汉语口语中也会说"我想介绍一个好玩的地方"等，但是，规范的说法应加上介宾结构。类似的偏误还与兼有动词和介词功能的"让"有关，请看下例：

(120)所以我下了决心，这学期恳求英语老师＋旁听。结果增加了听英语的机会。(＋让我)

"让"既可作动词，也可作介词引进动作的施动者。此句中的"恳求"是可以带兼语的动词，如果说"恳求老师旁听"句法上没问题，但意思不符合上下文语境。以上这种缺失多出现在一些可带兼语的小句中，下面的偏误则与一些难度比较大的句法结构有关，如"把"字句：

(121)[学生和邮递员]两个人之间决定了一个规则，就是邮递员工作时候，借给自行车，工作完了以后还给他。

这里有两个人物"学生和邮递员"，为了避免"他"的指称混乱，上例不能只是简单地添加“他”，最好把句子改为“学生把自行车借给他（邮递员），工作完了以后再还回去”。这与“把”字句的回避使用有关。此外，个别的介宾结构缺失与名词有关：

（122）我觉得我们俩之间有一种特别的感情—很亲切的，姐妹的感情。我很重视我十的友谊。（十跟她/十们）

“友谊”是人与人之间的，这里或者在“我”后加上一个“们”，或者加上一个介宾结构。在人称代词“它”的使用偏误中也有类似情况出现：

（123）它只不过是一座塔，但晚上开灯就没有十更好看的了。（十比它）

（124）一个既空气不好又脏的地方，人们常常十跟青岛相比……（十把/拿它）

介词宾语中的人称代词缺失可能是受留学生语言水平的影响，也可能是粗心所致，这种偏误是属于发展过程中的，一旦被教师指出来，留学生很容易改正。

二、人称代词在共指或分指时的缺失

在篇章中，有时需要以人称代词的复数形式如“我们、他们”等，来总括上文所提到的人物，我们把这种回指称为“共指”；共指之后再回指其中的某个人物，我们称为“分指”。下面我们就分析一下在共指与分指中出现的偏误。

其实，严格地说，这种回指已经不是同指回指，而属于联想回指的范畴，是对先行语的部分或者整体的回指。本章除了较多涉及零形回指以外，还会对一些与联想回指有关的偏误进行分析。

（一）共指时人称代词的缺失

共指的人称代词如“我们、他们”等，在各个语言中都有。一般情况下，留学生基本上能恰当地使用，但也会出现一些以人称代词来总括上文所提到的人物时的共指偏误。有些偏误与话题有关，如果换一种表达方式，情况就不一样了。如下例：

（125）从那时起奶奶为我和妹妹做饭、做家务，到晚上十就跟她一起聊天儿、做游戏、读书。（十我们）

这里可以看作是共指的人称代词“我们”的缺失，没有回指上文提到的“我和妹妹”。“奶奶”作为话题兼主语有比较强的启后性，可以适当地调整一下语序，把“她”换成“我们”，“到晚上就跟我们一起聊天儿、做游戏、读书”。由于留学生缺乏话题意识，往往每个小句都是孤立的，使篇章显得散乱。如果能有话题链的概念，就能把一个个小句有机地组合起来，避免许多不必要的重复和多余。

在共指偏误中，有的是与动词的使用有关的，因为“汉语中一部分动词，对主语的‘数’是有严格制约与限定的，只是这种制约与限定不是固定在词形上，而是隐含在深层语义关系中的”[①]。请看下例：

(126)她说：“我告诉你，今年我25岁。怎么你看我还这么年轻吗?”我有点不好意思。“那你呢，今年几岁了?”“今年我十九岁，比你小五年。”“这么年轻。”就这样＋第一次见面。(＋我们)

(127)[上文是：一个人给我错发了一条短信]我回了信，没想到那天晚上＋好几个小时愉快地聊了天。他确实发错了短信，但我们很快就忘了这件事。(＋我们)

(128)这次放假，我打算跟她一起去旅行。我打听她有时间的话＋去香港。(＋我们)

很显然，“见面、聊天”都是两个或更多的人参与的，前面都需要有一个对上文提到的人物进行总括的人称代词来回指，否则就会影响篇章的连贯。类似的动词还有“交谈、分居、共享、离婚、轮流、搭伴、商量、争论”等。卢福波认为：复指动词隐含的“数”的大小，复数集体中个体之间的相互关系，都将会影响它对不同的复数主语及其结构的选择。[②]

语料中我们还发现与这种动词有关的“我们”与“我”的错用。请看下例：

(129)原来他不喜欢第一次见面的人。但是我第一次见面的时候他很喜欢我。很高兴，一直笑。(我们)

① 卢福波.复指动词的语义类别与句法组合关系[M]//卢福波.对外汉语教学语法研究.北京：北京语言大学出版社，2004：200.

② 卢福波.复指动词的语义类别与句法组合关系[M]//卢福波.对外汉语教学语法研究.北京：北京语言大学出版社，2004：201.

这种人称代词的单复数之间的错用与其使用的动词有关。如果我们能向留学生解释清楚，这种错用基本上就能避免了。

(二)分指时人称代词的缺失

以上我们分析了共指时出现的人称代词的各种偏误。在共指之后，出现分指的情况时，一般要在最初进行分指的地方使用人称代词，否则也会出现歧义。如下例：

(130)这个事件后，我们就开始亲密了，常常去她的家睡觉，也跟她谈了许多的事，我们的关系越来越好，＋也开始努力学习了。(＋我)

“也开始努力学习了”前面缺少人称代词“我”，会引起歧义，让人觉得似乎是“我们”“也开始努力学习了”，而作者想说的是“我”。

有时虽然未必引起歧义，读者可以通过上下文猜测出是谁，但却因人称代词的缺失增加了篇章理解的复杂度，影响了篇章的连贯。如下例，是跨段的缺失：

(131)[段落开始]有一天我们在咖啡厅喝咖啡的时候＋突然给我说：“我要你做我的女朋友。”(＋他)

以上的指称缺失，主要是在共指后又分指的情况下缺少人称代词而造成语义的隔断，需要读者到上一段中找回缺失的人物，这样就加重了读者理解的负担。我们可以看作是指称缺失，有时也可以看作是表达不当，如下例：

(132)我们常常一起吃饭，一起玩儿，什么都一起做。＋爱好也跟我差不多。我很喜欢看电影、听音乐。她也很喜欢。所以周末的时候，一起看电影，一起去买光盘。我感觉每天的生活很愉快。(＋她的)

这里画线的句子可以加上领属定语“她的”，也可以调整一下表达方式“我们爱好也差不多”。因此，篇章中的指称偏误不能绝对地认为只有一种可能。这是我们在偏误分析中应该注意的问题，同时也是篇章偏误分析的一个难点。

三、人称代词在句内作小句主语的缺失

在本章第二节的多余偏误中，我们介绍了徐赳赳提出的多动词句中的零形回指使用的两条规则，如果内嵌小句主语与前面的主语是异指的情况下，人称代词是一定不可省略的，否则会让人花费更多的时间去理解。如下例：

(133)美卡也正在买票，这时看见了我。她感到＋很可怜。(＋我)

(134)"……这样学习的话，你的汉语水平肯定会提高。"真没想到＋这么认真地关心我。所以我很感动。(＋她)

有时，这种缺失会让人不知所云：

(135)[第一次来中国的时候，我的目的地不是北京，而是哈尔滨。]

(136)妈妈的朋友介绍＋去哈尔滨的某一个学校。我要介绍的老师也是在那儿认识的。(＋我)

(137)第一次见他的时候我认为＋韩国人，所以我对他用韩国语说话。(＋他是)

以上的缺失偏误都是由于句内的零形式与最前面的大主语非同指，导致读者理解出现障碍。徐烈炯认为，把"知道"放在中间，既可以与主语同指，也可以异指，需要根据具体情况而定。[1] 请看下面的例句：

(138)她心地善良……我以前不知道＋是否真心，但是我通过一件事以后才明白了。她是个非常好的朋友。(＋她)

应该是"我以前不知道她是否真心"，这里是异指，人称代词不可缺失。虽然从上下文语境和本句的语义上，我们或许能推断出是谁，但这里人称代词的缺失，违背了我们前面提到的人称代词的使用原则，造成了理解障碍，降低了篇章的连贯度。

---

① 徐烈炯.从句中的空位主语[M]//徐烈炯.共性与个性：汉语语言学中的争议.北京：北京语言大学出版社，1999：171-172.

第四节 人称代词在篇章回指中的错用

在篇章回指中人称代词的错用情况主要体现在名词回指与代词回指的错用、各种代词的错用等。

一、名词回指与代词回指的错用

首先，虽然名词性成分的重复出现在形式上显得冗余，也会影响篇章的连贯，但对于留学生来说，同形或部分同形的回指表达是最易提取的一种指称表达。所以，这种表达形式在篇章中常常出现。如下例：

(139)我最爱的一个人是我的妈妈。我的妈妈是1958年出生的。(妈妈/她)

(140)我的外祖母说我什么都要做，可以做。我有一个梦想的时候我的外祖母总是支持我。(外祖母/她)

(141)我介绍一下儿我最爱的一个人。我最爱的一个人是我的爸爸。(这个人/他/就)

这些画线部分都可以使用更简单的名词形式或者人称代词回指，但留学生却用了完全同形的回指表达式，这种情况在低年级留学生作文中出现的频率较高。在篇章中，不同的回指方式并非完全任意的，“如果某一表达对象一开始就用人称代词来指称，那就意味着该对象在受众的认知世界可及程度较高，若此时再在句子后面部分用名词来重提该对象，自然与句子开始认定的事实相违背”[①]。名词回指使用不当往往给人一种突兀感，让人以为另有所指，影响篇章的连贯。

(142)我们前年在韩国大学开学的时候第一次见面，我就喜欢她，当时她有男朋友，可是我没有放弃，也没告诉她。

[后段]过几个星期，有一个朋友告诉我，我喜欢的女人跟男朋友分手了，我一边高兴一边担心她。(她)

① 王灿龙.人称代词“他”的照应功能研究[J].中国语文，2000(3):38-47.

前段一直谈的是“我”和“她”，后段突然来了一个“我喜欢的女人”，让人误以为另有所指，然而通过上下文发现还是原来的“她”。下面两例也是如此：

(143)我听他的话，就对他产生了好感。觉得他很诚实、实在。我这样想的同时他竟然说道：“你愿意跟我交朋友吗?”我高兴地回答：“好，我对你也有好感。不成问题。”我这时觉得这个人很喜欢跟外国人交往。(他)

(144)我这才明白他是老板的表弟，从北京来的。他之所以来到这儿工作是因为老板请他帮忙。那个小男孩儿不是老板的儿子。从那天起，我们就常常聊天。我去那家餐厅不是为了吃饭，而是为了看他。(他)

在篇章中代词和名词所提供的信息量是有差异的，因此，该用名词时用了代词，会产生我们前面所说的“重复名词不利”[①]效应，降低篇章的连贯度。

(145)我家三口人，妈妈、弟弟和我。我的爸爸呢？我小学三年级的时候，他去世了。所以，我特别爱她。(妈妈/我的妈妈)

虽然，第三人称代词“他、她”可以从字面上来区分人物的性别，不会产生误解，我们也可以根据上文内容推知这里的“她”指的就是前面所提的唯一的女性——“妈妈”，但这里用人称代词明显不合适，需要用名词来凸显“妈妈”在话语中的前景地位，这与名词在篇章中的前景化功能有关。在篇章中，一般推出前景是在宾语的位置上，而不是主语，因为这两个不同的句法位置本身存在信息地位的差异，主语多为已知信息，宾语为新信息，而且这里“妈妈”是整个篇章将要谈论的话题人物，需要特别地包装，甚至添加领属定语，用“我的妈妈”也完全可以接受。而下例中画线的人名如果改为人称代词，会使上下文更加连贯：

(146)可是我最喜欢的是朋友的性格：意娜是个很认真的，善良的，积极的人。(她)

人名“意娜”在此省略更好，因为此处人物并非需要凸显的新信息，她的性格才是

① 李晓庆，杨玉芳.语篇中指代词的分布规律与心理机制[J].心理科学进展，2004，12(1)：2-10.

读者关注的内容。作者在这里突然插入人名，会打乱读者正常的思路，要花费一定的时间来把“朋友”和“意娜”联系起来。下例也类似：

(147)我是第一次看到表哥，因为他很少来我的家。表哥从那天开始，他常常来我的家。(Φ)

我们前面已经谈到在篇章中的指称趋简倾向，(147)例四个小句分别为“表哥—他—表哥—他”，第二个“表哥”明显多余。下例也类似：

(148)我介绍我的朋友。她叫安炫珠。她……几年以后我才知道安炫珠也喜欢他……我们20岁的时候一起去食堂。我觉得服务员的态度不好。所以我也做不好的态度，我无视服务员。我们吃完了以后朋友对我说……

在这段话中，作者先后用了“我的朋友—她—安炫珠—她—安炫珠—我们—我—我—我—我们—朋友”来指称主人公“安炫珠”和我，开始时使用“我的朋友”，最后一句使用“朋友”，并不会产生任何误解，但是，名词回指往往出现在段落的开始部分。这里谈论的是“我们”在一起的事情，因为有“我”和“她”，所以用人称代词加以区分就可以了，突然出现名词“朋友”让人感到很突兀，使原本延续性的话题线索中断了，读者需要花费时间来判断这个“朋友”指谁，给正常的理解造成了障碍。

值得一提的是，“代＋量＋名”组合中的指量结构不仅作为回指的标记出现，来衔接上下文，而且还兼具指别功能，但留学生往往把这两种功能混为一谈：

(149)比赛开始几个小时前，几个外国人和土耳其人来到老师的房间。其中一个人是那个土耳其队的老板。(他们)

在这里，留学生将指别功能与回指功能混杂。“老师”本人是土耳其队的一员，而土耳其队作为国家队具有唯一性，因此，把“那个土耳其队”改为“他们”就更加清楚了。

(150)我跟她仍然是好朋友，不过她还在我的心中呢。我还想那个中国朋友。(她)

这里作者一直都在写自己的“中国好朋友”，最后一句突然出现了“那个中国朋友”

这么一个复杂指称，让人误以为是另外一个人，但其实就是前面说的“她”。可见，指称使用不当不仅影响篇章的连贯，而且还有可能产生误解或歧义。下例也类似：

(151)后来有一个朋友介绍给我一个姐姐。朋友说这姐姐是个好人，很温柔也很善良。我一听朋友这样说我好想马上要跟那位姐姐见面。我知道姐姐的电话号码就马上给她打电话。她说：“我们星期六下午见面吧！”我同意了。(她，她)

这里指称有两个链条：一个是“我”，一个是“一个姐姐—这姐姐—那位姐姐—姐姐—她—她”，短短几句话多次出现名词重复，特别是“那位姐姐”的出现很突兀，“这”和“那”的先后出现，容易让人误以为是别人，因为指代词不仅有回指上文的功能，还有指别的功能，特别是在篇章中违背了指称“趋简”的倾向，就容易产生这种歧义，影响了篇章的连贯，增加了理解的难度。这也体现了前头提到的“重复名词不利”[①]效应。因此，该把“那位姐姐”改为“她”，这样不仅形式简化了，还能避免歧义的产生。修改如下：

(151)′后来有一个朋友介绍给我一个姐姐。朋友说这姐姐是个好人，很温柔也很善良。一听朋友这样说我马上要跟她见面，知道她的电话号码后就马上打电话，她说：“我们星期六下午见面吧！”我同意了。

以上主要是名词、领属结构和“代＋量＋名”组合等表达形式与代词、零形式之间的错用，下面是各种代词的错用。

二、各种代词的错用

在各种代词的错用偏误中，主要有人称代词之间的错用，还有人称代词与各种指代词之间的错用。

(一)人称代词之间的错用

人称代词之间的错用往往与话语的转换、语体以及所使用的动词等因素有关，如直接引语和间接引语之间的转换问题。请看下例：

① 李晓庆，杨玉芳.语篇中指代词的分布规律与心理机制[J].心理科学进展，2004，12(1)：2-10.

(152)我对她说我的意思,然后我说我要跟你一起去。(我说:“我要跟你一起去。”)

(153)我听他的话,就对他产生了好感。觉得他很诚实、实在。我这样想的同时他竟然知道以后很难见到她了,就觉得舍不得让她走。她说现在我心里充满了对工作的一种不安……(她说“现在我心里充满了对工作的一种不安……”)

上面两例都是用间接引语的形式表达了直接引语的内容,而下例则相反,是用直接引语的形式表达了间接引语的内容。

(154)说道:“你愿意跟我交朋友吗?”我高兴地回答:“好,我对他也有好感。不成问题。”(我对你也有好感)

这些偏误往往出现在“想、回答、说、问”等动词后面。下面的偏误也类似:

(155)一想起这个他的心就像破了一样,原来我的朋友中有一个小偷,本来想向警察报告,可是气消了以后他想怎么能。(原来他/自己的朋友中有一个小偷)

(156)姐姐告诉他我们的事,然后表哥跟她说我送你们回家去,表哥送我和家里人回家。(:“我送你们回家去。”/要送我们回家)

(157)然后小张赶忙去帮助她,然后小张回来我问你为什么帮助那位老太太。(:“你为什么帮助那位老太太?”/他为什么帮助那位老太太。)

(158)晚会结束以后她说我的礼物我已经收到了,就是你们我的孩子。(:“礼物我已经收到了,就是你们——我的孩子。”)

以上偏误主要是留学生使用直接、间接引语时对标点符号的规则掌握不好所致,也可能跟留学生的粗心有关。如果我们在教学中稍微提醒一下他们,这种错误应该很容易避免。

除了与直接、间接引语有关的错用以外,还有些与语体有关。留学生把口语直接移植到篇章中,就显得不恰当。请看下面例句:

(159)(我和他)这样见面以后咱们就成了好朋友。(我们)

这里“咱们”是一般是口语中常用的词，而且从语义上看，它包括“听话人”，在篇章中就包括读者，用在此处明显不合适。下例也是错用：

(160)但，我忘不了，她给我的那本子，她对我激励的话……我永远忘不了你。(她)

前面一直使用“她”，最后突然来了“你”，让读者有些难以接受，当然“我永远忘不了你”作为篇章结尾，单从表达作者情感层面来看也是可以的，汉语中我们往往会说，“我永远忘不了你——我的姐姐”。在教学中，特别是在中高级的汉语教学中，我们要帮助留学生明白口语和书面语的区别，明白正常的表达是怎样的，一些抒发情感的表达又是怎样的，让留学生能够选择适合自己需要的方式，避免因混杂而导致的偏误。

还有一种偏误是在篇章中同时出现两个人物时，都用代词“他”所产生的混淆：

(161)职员查了一段时间，可是没有找出毛病。甚至他跟我说家里的排水管全都很正常。听完他说，我心里就痛快得甚至怕他无地自容，轮到我骂他了。

实际上这里有两个人，一个是“职员”，另一个是“我的楼下邻居”，却都用“他”让人误以为是一个人，画线的“他”需要以名词来区别，否则就会产生混乱。

此外，与人称代词有关的偏误还包括“他/他们”与“它/它们”之间的错用，如下例：

(162)这门课是这学期我在学习的。他是一个你得理解才会明白的课。(它/，也)

这里是人称代词使用的错误，与留学生不会使用副词或连词进行上下文衔接有关。如果前句用“，”，后句用“也”来衔接就可以了。在语料中，这种情况并非个别：

(163)这门课虽然也是这学期才有，但他跟一年级和二年级的综合课差不多。这门课好像跟阅读课一样，只不过他比阅读课复杂得多。(它/Φ)

这里的人称代词“它”可用可不用，甚至下例中的整个介词结构都可以省略：

(164)其次把不认识的字抄写几遍把他们背下来。经过这样的反复练习……(，把它们/Φ)

以上的代词或介宾短语都是可有可无的，留学生一般倾向于使用低可及性回指表达式，即使用代词而不是零形式。

(二)人称代词与各种指代词之间的错用

在语料中我们也发现少量的人称代词与指代词之间的错用，表现为“这/那”或“这/那”系列与名词组合、人称代词“他/她”之间的错用。

(165)他的年龄比我大两岁。所以有时候他叫我小妹妹。我很高兴有一个很好的中国哥哥。这个人心眼儿挺实在。(他/他这个人)

这里使用“这个人”有一种突兀之感，因为指代词“这/那”有“复指前文”的功能，在篇章中可以回指人、事、物，但其凸显功能会使得前后小句的连贯受到一定的影响。我们认为最好用人称代词，当然如果作者表示强调，也可以使用复指表达。这是用哪个更好的问题，而不是对与错的问题。下面也类似：

(166)安序是我来北京之后认识的第一个中国人。这是一个一眼看上去就讨人喜欢的年轻姑娘。(她)

(167)我在中国已经三年了，我认识的中国人不少，但是给我留下了最深刻印象的是一位教我汉语的中国老师，那就是王老师。(他/Φ)

这两句用第三人称代词“她/他”或指示代词“这、那”都可以接受，只是对篇章连贯度有一定的影响。(166)例中前面若没有“。”，后面再用人称代词“她”或者零形式，就可以使前后更紧凑。如果用了“这”，就会产生“定格”效应，因为后面是对“姑娘”的描写，也是可以接受的。(167)例也类似，作者在此引入的是篇章话题人物，前面已经以不定指“一位教我汉语的中国老师”引入，用“那”使后面的“王老师”更加凸显出来，如果用“他”或零形式，就没有这种凸显效果，但小句之间的连贯度就增强了。

此外，还有与“它”有关的错用，如下例：

(168)这门课虽然也是这学期才有,但他跟一年级和二年级的综合课差不多。(它)

当"它"用于指一个地方的时候,往往也可以用"那儿、那里"来回指,但它们是有分工的,有时两者都可选用,有时则只能选择其一,请看下两例:

(169)……中国南部,那儿的名字是安求。(它)

(170)晚上城市的风景很美丽。我听说它是一个金融中心。以后有机会的话,我想到它工作。(那儿)

一般情况下,"它、那儿"都可用做主语、宾语和定语,具体要看其前后的搭配情况。(169)例中与"名字"搭配最好使用"它";如果是"风景、气候"等,则两者都可用。做宾语时,如果是"到、来、去"等后面要求地点名词的动词,宾语要用"那儿",而不可用"它";如果是其他动词如"喜欢",两者都可使用。做主语时,一般宽容度比较大,两者都可以接受,如(170)例中的"它(那儿)是一个金融中心"。

第五节 本章小结

从总体上看,留学生使用人称代词与其他各种回指表达类似,有一个共同的倾向,就是使用可及性比较低的指称形式来回指。这种问题有些会随着留学生汉语水平的提高而有所改善,有些则有一定的"石化"特征,需要教师在教学中不断地提醒和操练。通过本章分析发现:

首先,由于"人"本身的凸显性,在篇章中往往可以使用零形式。特别是在话题链中,我们通过对留学生叙述性篇章中常用的"介绍链"和"过程链"中人称代词的多余偏误分析,发现了以存现句引入的新话题在后续小句中的隐现规律,并分析了使用零形式和人称代词所产生的不同表达效果。

与以往学者的研究不同,我们认为存现句引入的话题人物在后续小句中人称代词的隐现不能"一刀切",需要根据具体情况而定。从形式上看,如果后续句数量比较少,一般倾向于选择零形式。如果仅有一句,那么强制性地要求选择零形式,否则就会出现多余的偏误。如果后续句较多,则要根据具体情况而定:(1)如果后续内容非常紧凑,第一个后续句的主语可为零形式,以增强整个话题链的内在连接;(2)如果后续的内容比较复杂，作者会在引入新的话题人物之后，直接使用人称代词来“定格”，给读者一个心理预期，就如同舞台上的“亮相”，或电影、电视里的“特写”一样，产生一种“定格效应”；(3)如果包含很多不同的层次，其后的小句可零形式与人称代词交替出现，以避免句句出现人称代词的情况。这是对前人研究的一个补充和深入。

其次，通过对人称代词缺失偏误分析发现，缺失往往发生在两个或两个以上人物同时出现的情况下。我们具体区分了竞争因素和由共指到分指、由分指到共指的转换，这两种留学生最常出现人称代词缺失的情况。

再次，人称代词的隐现机制往往受多种因素的制约，留学生除了了解代词使用规则之外，还应该知道与篇章有关的规则往往不是强制性的，而是具有倾向性的。此外，教师还应该提醒留学生注意篇章中存在的层次差异，一般高层级的篇章因素可以超越低层级的制约因素而发挥作用。具体排列如下：

小句＜超句结构＜话题链＜段落＜篇章＜篇章修辞手段[包括各种情感因素等]

一般在篇章中，首次出现的往往是名词或名词性成分，其后再以代词或零形式指同。但有时也可能由于修辞方面的因素而先出现人称代词，以此来制造悬念。可见，人称代词在篇章中的使用并不是非此即彼的、绝对的，而是带有一定倾向性的规律。

最后，通过对人称代词使用偏误的分析，我们发现留学生往往没有话题链意识，篇章中出现的多为独立的小句。在今后的教学中，我们要培养留学生从篇章小句到话题链这种不断扩展的篇章建构能力。

第七章　总括性回指的偏误

总括性回指是指在篇章中以代词、代词与名词的组合或其他方式对上文所述内容,一般是动宾短语、小句、句群,甚至更大的篇章内容进行的一种总结概括性的回指。一般总括性回指常常使用"这/那"及各种与"这/那"有关的指代词或指代词与名词的组合,统称为"这/那"系列。这其中的名词多为统称词,在第五章异形回指中涉及了"统称词"这个概念,主要是对"名词"所指对象的偏误进行了分析,本章将对"动词所指的对象"和"用来指某一事件、状态、行为、过程等"[①]的统称词偏误进行研究,如"这样做、这样想、这样的事情、这件事、这种说法"等。这种对篇章内容进行的总括性回指,类似于我们通常所说的"篇章指示语",属于胡壮麟所说的"语篇指称"[②]。这类指称针对的不只是上文的某个名词性成分,而是一个范围相对扩大了的篇章内容,在使用中的难度也要相对大一些。丁启阵(2003)从距离的远近、是否话题成分、已然和未然、实指和虚指、肯定和否定等角度对现代汉语"这""那"的语法分布进行研究,发现"这"系列与"那"系列的使用有交叉,认为"词语的使用,除了非此即彼、非彼即此的强制性选择以外,往往还有可此可彼的可能选择,即语言现象有连续性"[③]。通过对汉英的对比分析,测定了英语母语者学习汉语指示指称词语的习得顺序:

先近指,后远指;

先单数"这(个)、那(个)",后复数"这些、那些";

先习得对人、事物或方所的指称,再习得对事件的指称,最后习得对程度、时间、方式、性状的指称;

最晚习得的是话语关联功能、虚指功能。

---

① 廖秋忠.现代汉语篇章中的指同表达[M]//廖秋忠.廖秋忠文集.北京:北京语言学院出版社,1992:50.

② 胡壮麟.语篇的衔接与连贯[M].上海:上海外语教育出版社,1994:52.

③ 丁启阵.现代汉语"这""那"的语法分布[J].世界汉语教学.2003,64(2):27-38.

这一习得顺序的确定对汉语教学、教材编写，以及对偏误分析都有指导及借鉴作用。从中可以看出总括性回指基本属于“再习得”与“最晚习得”的阶段，与前面两章同形、异形回指相比，总括性回指习得的难度要更大一些。

我们先来看看留学生篇章中出现的总括性回指偏误的统计数据(见表 7-1)，主要是根据语料中出现的各种偏误类型来分的，前面四行主要是直接使用各种指代词进行总括性回指的情况，后面是指代词与名词组合构成的一些比较复杂的总括性回指表达式，及其他与代词无关的各种总括性回指表达式。

表 7-1　四个不同年级总括性回指偏误统计

指称形式 \ 偏误类型 \ 年级		一年级下学期(一下)			二年级上学期(二上)			二年级下学期(二下)			三年级上学期(三上)			总量	百分比
		多余	缺失	错用	多余	缺失	错用	多余	缺失	错用	多余	缺失	错用		
指代词	这/那	1	—	3	1	—	—	2	1	3	—	3	2	16	7.8%
	这个/那个	—	—	—	—	—	10	—	—	3	—	—	1	14	6.9%
	这样/那样	3	2	6	1	1	8	1	—	19	—	—	3	44	21.6%
	这/那系列	—	—	5	—	1	5	—	—	3	—	—	—	14	6.9%
复杂组合	代+量+名	—	—	4	1	2	6	1	1	15	—	—	11	41	20.1%
	这/那样+名	—	—	10	—	—	9	1	—	8	—	—	17	45	22.1%
	这/那系列+名	—	—	1	—	—	—	3	—	4	—	—	5	13	6.4%
	其他	1	—	3	—	—	3	—	—	7	—	—	3	17	8.3%
总计		39			48			72			45			204	100%

以上是对四个不同年级留学生总括性回指偏误情况的统计。通过图 7-1 可以更加清晰地反映这种对比。

从以上数据我们可以清楚地看到，在总括性回指中，错用的偏误是最多的，占绝对多数，杨玉玲对单个“这”和“那”篇章不对称研究发现，以往的研究“把‘这’系和‘那’系内部各词语放在一起去考察，从而掩盖了一些事实”[①]，因此，本章对各种错用的偏误进行了细分，第一节中主要是与单个代词“这/那”有关的错用，由于与“这样/那样”有关的错用偏误非常多，约占总量的 43.7%，所以分两个小节进行描述，分别对“这样/那样”本身在使用中的偏误及其与其他各种回指表达式之间的偏误进行分析。

本章将从以下几个方面对总括性回指的偏误进行分类描写与分析：

(1)“这/那”系列的偏误；

① 杨玉玲．单个“这”和“那”篇章不对称研究[J]．世界汉语教学，2006(4)：33-41.

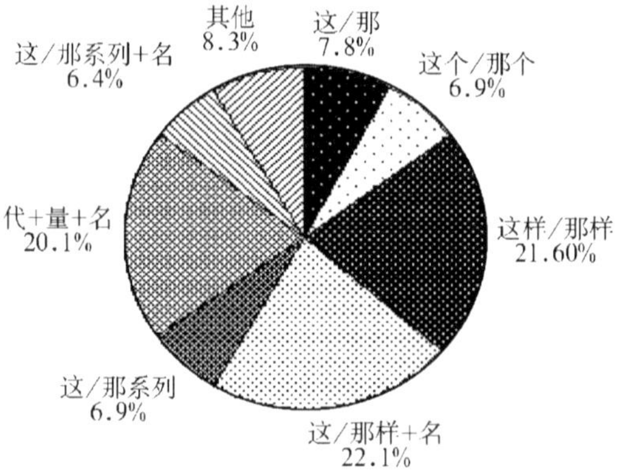

图 7-1　四个不同年级总括性回指偏误统计

(2)"代＋量＋名"组合在总括性回指中的偏误；

(3)与"这样/那样"有关的总括性回指偏误；

(4)"这样/那样"与各种总括性回指表达式的错用及其难度考察；

(5)针对总括性回指的教学策略；

(6)本章小结。

第一节　"这/那"系列的偏误

吕叔湘在《近代汉语指代词》一书的序言中指出,"同古代汉语比较,近代汉语里的指代词更加丰富些,也更加精密些,是语法中很值得研究的一个部分"[①]。现代汉语中,"这"和"那"系列不仅在形式上不同,而且在篇章中的功能和情感表达等方面也存在差异,"这/那"以称代的用法单独使用时,其指称范围往往不局限于具体的人、事、物,或时间地点等,而可能是对篇章中的某些情形的回指,如一个动宾短语或一句话,也可能是多句或整段的内容。丁启阵认为:指代话题是"这"系列的一大重要用途,而"那"系列一般不用于指代话题。[②] 因此,是否能够指代话题,就成了"这"与"那"两个系列的分水岭。从留学生的作文语料中也证实了这一点,表 7-2 显示了四个不同年级的学习者在总括性回指中的偏误情况。需要说明的是,这里的"其他"类是指那些不属

① 吕叔湘.近代汉语指代词[M]//吕叔湘.吕叔湘文集:第 3 卷.北京:商务印书馆,2004:2.

② 丁启阵.现代汉语"这""那"的语法分布[J].世界汉语教学,2003,64(2):27-38.

于"这"或"那"系列的总括性回指，如"我的想法、她的离婚经历"等回指表达式。

表 7-2　四个年级留学生"这/那"系列的使用偏误情况

偏误类型	"这"系列	"那"系列	其他	总计	比例(%)
一年级下学期(一下)	29	6	4	39	19.11%
二年级上学期(二上)	42	4	2	48	23.52%
二年级下学期(二下)	52	14	6	72	35.29%
三年级上学期(三上)	40	2	3	45	22.06%
总计	163	26	15	204	—
比例(%)	79.9%	12.74%	7.35%	—	—

以上是四个不同年级留学生"这、那"系列的使用情况，通过图 7-2 可以更为清晰地反映出这种对比。

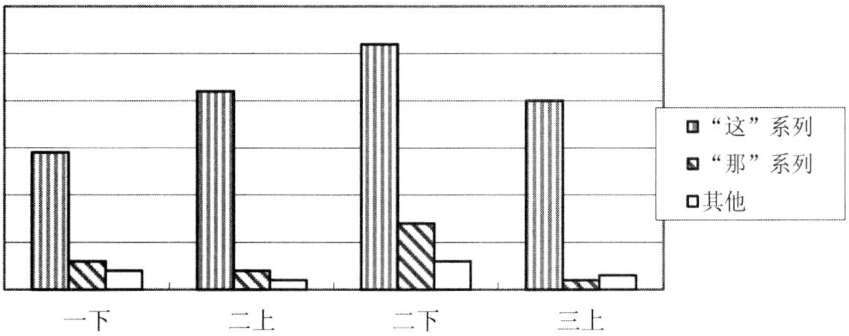

图 7-2　四个年级留学生"这/那"系列的使用偏误情况

汉语中常常以"这"以及"这"系列代词或代词与名词的组合进行总括性回指，从留学生语料中发现，除了"这"系列外，在总括性回指中也有个别的"那""那个"，与"那样"以及"那＋量＋名"组合等，但数量不多。因此，虽然不同的回指方式都可用于总括性回指，但其在篇章中的功能存在着差异。在具体的表达中该如何恰当地使用，往往是留学生所困惑的，也是我们在教学中常常忽略的。本节将主要关注与"这/那"系列有关的各种错用偏误。

一、"这"与"那"系列在回指中与情感表达有关的错用

现代汉语中"这"与"那"除了有近指和远指的差异以外，在使用中也是不对称的，许多学者都进行过研究。赵成新提出在指称"性状/方式/程度"时，汉语和英语的指示指称词语之间存在着明显的差异：汉语要根据指称对象与说话者说话时的实际时间和

空间的远近，选用近指或者远指形式，而英语中只有一种形式，不分远近。[①]

在总括性回指中，“这”和“这”系列指代词的使用占绝对优势，但并不意味着“那”就不可使用。“这/那”的情感表达差异我们在第五章第三节中已经谈到过，这类错误在总括性回指中也有反映，下面先来看看“这/那”系列在总括性回指中的错用偏误。

“人类认知以自我为中心，由里及外、由此及彼，所以近指的‘这’在心理上的可及性高于远指的‘那’而成为语言中的无标记项。”因此，最常用的“这”系列不仅用于指代时间、空间比较近的对象，而且往往用于指代心理上“近”的对象，而心理距离比较“远”的，“表示不关心、冷淡、讨厌、鄙视、仇视等情感时，则通常用‘那’”。[②]

(1)一位坐摩托车的女士叫我说：“你找房子吗？有没有帮你找房子的朋友？”听到这句话我就吃惊，因为我没想到她问那个问题。(这些/这种/这样的问题)

这里的“那”使用不当，因为陌生“女士”问的问题“是否要找房子”，正是“我”在做的，所以我“吃惊”，而这也是作者所关心的问题，用“这”系列比“那”好，更能体现作者内在的情感。此外还有“个”的泛化问题，此处就不赘述了。下例也类似：

(2)她知道我学校附近没有这种地方，她特意带我去那样的地方。(这样)

根据汉语的语感，“那样的地方”往往是一些不好的、不想去或不愿意去的地方，根据上下文这里作者是说“她”非常体贴“我”(外国留学生)，“知道我学校附近没有”这些好玩的地方，特意带“我”去的，用“这样的地方”就更符合汉语的语感了。下例也类似：

(3)我通过那样的方法学习进步了一些。(这样)

上例提到的是好的学习“方法”，改用“这”系列更好。下例也类似，不过要做更多的修改：

(4)一定要坚持做那样的方法，不然没有效果。(这么做/这种做法)

---

① 赵成新.汉英指示指称词语对比及汉语习得研究[M].开封：河南大学出版社，2009：214.

② 丁启阵.现代汉语“这”“那”的语法分布[J].世界汉语教学，2003，64(2)：27-38.

(3)(4)两例都与好的学习“方法”有关，因此，将“那”改用“这”系列更好。下例却相反：

(5)我跟那个老头儿的关系还是这样，没有什么大的变化。(那样)

上文中“我跟那个老头儿的关系”一直不好，此例用“那样”更合适。当然，“这”作为话题并非绝对的，往往要根据作者的情感表达而定。

虽然一些学者对“这”和“那”的情感因素进行过分析，但是我们认为这种与情感有关的因素并非绝对的，有时“这”系列也可以表示愤怒和不满，而表示尊敬、敬仰时也会使用“那”系列，如“他们的品质是那样的纯洁和高尚，他们的胸怀是那样的美丽和宽广”。一些不好的情感如不满、厌恶等固然在人的心中产生距离，但是，有时距离也可以产生美感。我们可告诉留学生，“那”主要是指远，引申为有距离，一般人的倾向是因距离而有一种疏远感。因此，凡是在表达中有距离的往往倾向于用“那”，“这”与“那”的使用往往与人的情感因素有关。

从语料中我们发现，多数是该用“这”系列的用了“那”系列，占到总括性回指偏误的80.75%。“这/那”的差异对留学生来说并不是难点，最难的是“这”系列各种指代词在具体使用时存在的细微差异。以往学者对“这/那”的研究比较多，但是对“这/那”系列各种表达式之间的差异分析不够；在现有的语法书和教科书中，对这方面的介绍也很有限。很多“这”系列的指代词或与名词的组合常常用于总括性回指，而且各种表达式之间存在着细微的语用差异，母语者能够把握，但对汉语学习者来说则比较困难。在具体的篇章中，各种不同的回指表达似乎都可以接受，然而其间存在着可接受程度的差异，有很多属于“偏”，而非“误”的问题。

二、指代话题的“这”系列的偏误

尽管“指代话题是‘这’系列的一大重要用途”①，但在语料中我们发现，留学生对“这”的直指功能比较熟悉，对其在篇章中的称代功能不太了解，或了解得不够全面，这可能是教师对“这”的两种表达形式在功能上的差异没有足够的重视有关。在总括性回指中，常常出现“这”的缺失和错用，很多错用都是该用“这”却用了比较复杂的“这/那”系列或一些组合方式等。

在总括性回指中，“这”及各种代词或代词组合都可使用，但其使用范围存在差异，

---

① 丁启阵.现代汉语“这”“那”的语法分布[J].世界汉语教学，2003，64(2)：27-38.

在篇章中的功能也有差异。如指示代词“这样”不仅具有指示和称代的功能，而且还具有连接功能，这三种功能之间并没有绝对的界限，彼此之间有交叉；“代＋量＋名”组合不仅仅是表达形式相对复杂一些，在篇章中往往具有使其所指内容前景化的功能，凸显指称的话题地位。

在留学生的作文语料中我们发现，他们在篇章中都倾向于使用比较复杂的表达式来进行总括性回指，出现了一些错用的偏误。

(一)“这”系列在总括性回指中的各种错用偏误

我们在语料中发现，留学生普遍有使用复杂的总括性回指表达式的倾向，如下例，“这件事”用“这”来代替可接受度更高：

(6)这件事以后我们成了好朋友。(这件事/这)

(7)可是三四天以后我发现弄错了。我送给他的礼物不是新的。这件事吓了我一跳.我马上给他打电话。(这件事/这)

在(6)(7)例中使用“这件事”和“这”都可以接受。在篇章中选择“这”不仅可使语言更加简洁，而且可以避免因表达式比较复杂而出现一些不必要的错误，如下例中量词的错用：

(8)不过语法可能没有进步。我说话的时候不考虑语法上的问题。所以，这种问题是以后我应该注意的地方。(这/这个问题)

此例比较特殊。在语料中，绝大多数留学生在“代＋量＋名”组合中普遍“都是个体量词混用为类别量词的偏误，没有发现类别量词混用为个体量词的偏误”①。

留学生之所以会选择比较复杂的形式，其中一个原因是其获取难度不大——虽然形式复杂，但是使用起来比较简单，只要代词加上前面提到的名词就可以了，不需要从记忆中提取新的元素。不过这往往造成篇章中大量的冗余信息，影响篇章整体的衔接及连贯。即使有时使用部分同形，如以统称词的方式概括上文的内容，虽然避免了重复，但从篇章表达的经济性原则来看，仍是多余。请看下例：

(9)门后可以看到一个大湖和一座山。这个风景是来颐和园的目的。(这)

---

① 赵成新.汉英指示指称词语对比及汉语习得研究[M].开封：河南大学出版社，2009：230.

“这个风景”本身没有问题，但结合上下文看，可接受度不同。作为已知信息，不需要特别地凸显，只用“这”就可以了。下例在复指中的偏误也说明了这一点。

(10)在中国生活中，说汉语这种事是不可缺少的。(这/Φ)

这里不必使用“代＋量＋名”这种复杂的组合，直接用“这”或者零形式即可。如果需要强调，用“这”来复指前面的话题“说汉语”也可以。有时即使没出现量词，还可能有指代词后名词的多余偏误，如下例：

(11)你听说过没有<三种谎话>？这话是韩国从古时流传到现在的话。(这)

此例中“这话”作为一个回指表达式最好添加量词“句”，而在本句中主语“这话”与后面“……的话”重复，因此要去掉“这”后的名词“话”，或者去掉“是”字宾语的中心语“话”，这样才能接受。这是句内的重复。有时在同一话题链中，甚至整个代词与名词的组合都要省略，如下例：

(12)我还知道了韩国人比较传统，日本人却比较现代，但其中有一个相同的重点，这重点就是礼貌。(Φ)

上面的例句中“这重点”明显无法接受，去掉名词后只有代词“这”似乎可接受度高一些。在同一个话题链中，“这”省略更好，可以直接使用零形式。下面的例句也类似：

(13)“你应该了解他们。”听了她的话以后我才知道父母跟我有关系。这次以后我跟父母没有吵过架。(这)

(14)从这次开始到现在我们还是最好的朋友。(这)

在总括性回指中“这”明显比“这”系列的其他代词或“这”系列与名词的组合表达式使用范围广，其语义内涵也更加宽泛，有时不仅可以替代一些名词性成分，也可以回指上文，因此，很难以确切的词语来表述，往往无须出现任何名词。

留学生可能只关注了“这”的指示功能，而忽略了或者没掌握好其称代功能，也可能是由于教师在教学中对总括性回指的关注不够，以为留学生都能自然习得，没有进行充分的讲解所致。留学生往往把“这”与“这”系列的组合表达式的功能简单化了，只用“这”来直指，在篇章中进行总括性回指时多使用复杂的指称表达式，这可能与开始时过多地操练“这是……”有关，导致留学生不知道“这”在总括性回指中的称代功能，出现了很多错用，个别留学生也有“这”和“这”系列的多余和缺失的偏误。

(二)“这”系列的多余和缺失

与“主语”突出的语言(如英语)不同的汉语是一种“话题”突出的语言，汉语的话题可以是名词短语、动宾短语，甚至是小句，在一个明确的话题中无须代词回指。请看下例：

(15)把一篇韩语文章翻译成汉语的，现在对我来说，这不是那么难了。(Φ)

我们应当告诉留学生：当前面的话题很明确时，后面小句主语往往不用代词，而用零形式来回指，这样可增强语篇的连贯性。

在叙述性语体中最为常见的是各种话题链。在话题链中往往使用零形式来衔接，然而由于留学生没有话题链意识，所以往往以小句为单位来组建篇章。在话题链中，在前面的话题已经非常明显，无须过分强调的时候，不用代词往往可以增强话语内部的连贯度。当然，话题链意识的建立并非一蹴而就的，需要在不同的阶段帮助留学生建构长短各异的话题链。话题链的建构往往会受到每个人不同的语感的影响。如下例：

(16)每个岩壁的形象都不一样，……这是让人觉得好像在梦中看见的风景一样。(Φ)

前面的省略号是描述岩壁的，以上画线部分的“这是”如果去掉，可以延长这个话题链，这里的“这是”主要是对前面所述内容的回指，在同一话题链中出现显得多余，从篇章连续性的角度看，去掉更好。如果加上“这是”，作为一个独立的句子，在上下文中有一种割断的感觉，虽然也是可以接受的，但是篇章的连贯度会受到影响。下例也类似：

(17)这样做意思就是给他们“福”以及生很多孩子。这仪式完了后新郎、

新娘去旅行。(Φ)

前面描述了“结婚的仪式”,这里画线的“这”如果去掉,前面的“。”改为“,”,就能延长这个过程链,只用光杆名词“仪式完了后”,或者使用提供时间背景的“这以后”“之后”都可接受。用“这仪式”有凸显整个名词性成分的功能,背景信息被过度包装而凸显出来,影响了篇章的连贯。下例中的“这”也有类似的效果:

(18)到了上海我一分钱也没有花,这不是因为我不想花而是因为她不让我花。(Φ)

此例中的第二句作为背景信息解释“我没花钱的原因”,无须用“这”来凸显。如果去掉“这”,前后两句就更加紧凑了;当然,不去掉,也可以接受。

我们发现留学生普遍存在指称多余或使用复杂表达式的倾向,只有少量该用而没用的偏误。请看下面的缺失例句:

(19)可是他早上的时候,看到给乞丐面包的我,+以后他喜欢我。+以后,我们成了好朋友。(+这)

“以后”作为时间转换词语,同时也是话题转换的标记,前面需要用“这”来连接,才能使篇章更加连贯。“这”的存在具有开始一个新话题的篇章功能,时间词语“以后、时候”等也具有开始新话题的功能,因此,在开始一个新话题时,“这”用在小句开头,复指前文就非常必要了。

三、“这个/那个”在回指中的偏误

汉语中“这/那”与“这个/那个”在使用中的差异是一个值得研究的问题,许多学者都非常关注。陆俭明提出,“这是……”和“这个是……”是汉语中很常用的两种格式。[①] 到底什么场合用“这是……”,什么场合用“这个是……”,其中有无规律可循,说清楚这些问题将有助于对外汉语教学。

(一)“这个/那个”在回指中的多余

“这个/那个”是我们在口语中常用的,这种口语习惯也会影响到留学生在篇章中

① 陆俭明.“这是……”和“这个是……”[J].语言教学与研究,1999(2):25-35.

的表达。如下例：

(20)新年参拜时，有些人像以前一样穿和服，这个表示对神仙的敬意。(这/Φ)

我们提出了“这/Φ”两种修改方案，因为，从可接受度来看，两者皆可。用“这”表示对前句的解释和说明，如果省略了代词，能使前后两句话衔接得更加紧密，上下文更连贯。从篇章连贯的角度看，不用“这”更好。许多留学生作文中普遍存在的“单句＋单句”的情形，是我们在今后的汉语教学中需要帮助留学生克服的问题。下例也是如此：

(21)这天新娘的脸颊上敷着红色的粉，这个是新娘当时很羞的意思。(Φ)

因为第二句是对前一句的解释或说明，无须任何代词介入，直接以零形式替代，可以使表达更加顺畅。有时即使有转折词语，也可以使用零形式：

(22)大概一天中哭一、两次，但这个时间也不长。(Φ/这)

这里也是对前一句的补充说明，不用代词更好。也许是受口语的影响，留学生过度使用“这个/那个”，以至于其意义虚化，不再具有指称义，只是口头表达的一种冗余。如下例：

(23)那边的风景很漂亮，我从来没有看过那么漂亮的地方，有山有水，那个怎么说呢？好像湖泊一样吧！(Φ)

“那个怎么说呢?”在此处作为插入语，没有具体的意思，只是表达作者不知如何说的一种自言自语的心理活动过程，经常出现在口语中，在书面语中没有更好。留学生习惯于使用指称词语生成一个个独立的句子，这往往会牺牲篇章话语的衔接与连贯。如下例：

(24)我们国家春节是1月1日。这个是一样吧?(这/Φ跟中国一样吧?)

由于语体的差异，有的在口语中可以接受的用法，在书面语中就需要重新修改。在(24)例中要去掉“这个”，或改为“这”，并对小句进行修改。有时使用一些有连接功能的连词或副词，也可以替代“这个”的多余，请看下面的例句：

(25)借这里的卫生间的人都进卫生间就吓了一跳。为什么？这个是你亲眼看一看吧！告诉你就没意思了。(还)

上面的例句中每个单句都没有什么问题，但是篇章不够连贯，让人觉得别扭。如果不是以“这个”来替代上文，而是用“还”来连接，就能够更加连贯。

可见，留学生在指称上的偏误并不仅仅是一个孤立的词语使用问题，而是与其他词语及不同的句法成分，以及各种篇章因素之间共同作用的结果。

(二)“这个/那个”与“这/那”在回指中的错用

我们在语料中发现，留学生在面临用“这”还是“这个”的选择时，往往会使用“这个”。下例都是对上文所述内容的总括性回指，用“这”比“这个”更好。

(26)从那天开始差不多每天看报纸，而且越来越有意思……这个对我来说是很大的进步。(这)

(27)新郎和新娘向父母行礼，行礼以后新郎的母亲对新郎和新娘扔红枣儿，这个意味着过好日子。(这)

(28)但这时候男人和男人一起吃饭，女人是和女人一起吃饭，这个是我们民族的一种风俗习惯。(这)

(29)有的时候，我一个人带着地图走。这个也很有意思。(这)

(30)这样女的准备好了，结婚前送男方家。这个是一个风俗。(这)

(31)这个咖啡厅因为不容易找到所以客人少。这个也是我喜欢这个咖啡厅的原因。(这)

以上的例句，使用“这”会更好，因为都是对前面所描述内容的总括性回指。这里留学生之所以偏好用“这个”，很明显是受口语的影响。留学生作文中很多“这个/那个”使用不当的偏误都与口语影响有关。下面的“那个”也类似：

(32)我坦白地回答;“我以为你是个坏人。因为你开车的时候常常骂话。”他笑着说:“那个是我的口头语!没有什么不好的意思!”(那)

此例因为是以对话形式出现的,可接受度相对高一些,若用“那”就更好了。“这/那”与“这个/那个”在篇章中的使用究竟有什么不同?我们根据留学生的偏误实例来具体分析。请看下例:

(33)有一天史林请我去他的家做客。这个是我第一次来到中国人的家。(这)

此例的偏误主要在于“所指范围”的不同,不是指某个具体的人或物,而是回指前句,或前面几句所说的情形,因此,要用“这”,不可以用“这个”。

陆俭明对“这是……”和“这个是……”的研究发现,“这是……”的使用频率比“这个是……”高得多。① “这”是一个单独的指示代词,能指代一切事物;“这个”是一个由指示代词和量词“个”组成的指量结构,所指范围要比“这”小。可以这样说,凡用“这个是……”的地方一般都能用“这是……”(除了个别情况外),而用“这是……”的地方往往不怎么能用“这个是……”替换。但是由于留学生不能分辨它们的细微差别,故而常常出现这两种表达式的错用偏误:

(34)中国人结婚的时候自己家门上贴着“囍”这个字。门的右边贴一个,左边也贴一个。这个表示婚礼的意思。还有结婚那天早上中国人放爆竹,这个也是表示结婚。

此例中的三个“这个”我们来具体分析一下:第一个“这个”复指“囍”字,虽然不用也可以,但用了也可以接受,且不能用“这”替代。第二个“这个”的情况比较复杂,此处最好用“这”,回指前面贴“囍”字的做法;或者将前面的“,”改为“。”,使用零形式也没有问题;用“这个”来回指前面所说的“囍”字,也勉强可以接受。第三个“这个”的可接受度低于前面两例,明显不如用“这”好,因其回指的内容是“结婚那天早上中国人放爆竹”这种情形,所以只能使用“这”,而不能用“这个”。我们需要提醒汉语学习者注意:一般情况下,使用“这个/那个”主要是回指某个具体的事物。

① 陆俭明.“这是……”和“这个是……”[J].语言教学与研究,1999(2):25-35.

总之,“这个”与“这”无论从语感上,还是在具体的使用中都存在差异。最主要的不同在于,“这个”因为有“个”的存在,往往指称比较具体的名词性成分,其使用范围相对小一些;“这”用途广泛,不仅可以直指具体的人、事、物,而且可以指代话题,在篇章中多用于总括性回指,因此,往往口语中用“这个”进行直指表达的情况都可以使用“这”来替代。

宗守云对“这是……”和“这个是……”的用法进行研究后认为,由于两者的使用原则都是在语用中体现的,其规则自然不像语法那样有很强的约束力。不同的人有不同的语感,对“这是……”和“这个是……”用法的研究只是提供一个倾向性的规律,而不是绝对的规则。[①] 我们通过对中介语语料库中的语料进行的分析也进一步印证了这一观点。

对语言的研究需要有语体观念,对偏误的分析也不例外,只有将语体的因素考虑在内,得出的结论才能更具说服力。在口语中“这个/那个”的出现频率很高,与“这/那”没有什么明显的区别,所指的范围也基本相同,既可指具体的名词性成分,也可指称某种情形等,并且“这个/那个”可作为话语标记,被广泛使用,这些都是导致其偏误的动因。

在语料中我们发现,“这个”的使用偏误不仅限于“这”,也表现为与“这”系列其他指代词之间的混用。如下例:

(35)每天做作业或者复习、预习。但是这个也不想做。(这/这些)

(36)……基督教的人们做礼拜。这个结束以后我们就吃饭。(一切/这一切)

这里是“这个”与“这”系列的各种表达式的错用,有时这种错用不仅仅是词语错用,还兼有其他方面。如下例:

(37)我们每次见面的时候一起学习。我们一起学习的时间一个小时。可是我教他的时间50多分钟。他教我的时间不到10分钟。这个也是我以为没关系。因为我们是朋友。(我认为这也没关系)

在对话中我们也常常会说“这个也没关系”,其中的“这个”可以直指前面所说的情

① 宗守云.也谈“这是……”和“这个是……”[J].语言教学与研究,2001(3):77-80.

况，但是在篇章中这种表达的可接受度并不高，需要进行修改。因此，“这个”与“这”之间的使用除了具体语义的差异以外，不同语体中可接受度的差异也不容忽视。

第二节 “代＋量＋名”组合在总括性回指中的偏误

“代＋量＋名”组合一直是留学生偏爱使用的一种回指形式，通常用于回指具体的人、事、物、地点等。在留学生作文中，最常使用这种表达式进行部分同形回指，在异形回指中由于其难度提升，使用量明显减少，在总括性回指中数量也不多，主要表现为与其他表达式之间的错用偏误。我们下面将专门对各类偏误进行考察。

一、“代＋量＋名”组合的多余

在总括性回指中，往往有一些使用频率很高的表达方式，如“这件事、这种事情、这种情况”等。留学生在这方面的错误比较少，我们发现的几例都是对前面引号内话语的重复所导致的多余及错序偏误：

(38)“……这件事是我最难过的。”说着这句话时，她突然流眼泪了。(Φ)

以上是对前面话语的回指，“说着这句话时”中的“这句话”不是作者要突出的重点，重点是“她”的反应，这个偏误与前景—背景因素有关。

(39)我马上毫不犹豫地回答说：“好”这一句。(Φ)

此例是对前面话语的复指，虽然有了也不能算错，但在此是不必要的重复，造成冗余信息。复指的使用除了要考虑上下文语境因素以外，还要注意适当的语序。请看下例：

(40)所以现在对妈妈感到抱歉。我从来对妈妈没说过这句话“谢谢妈妈。”

这里的“这句话”可以看作多余，也可以看作错序。以指示代词或指代组合方式进行复指时，通常都是出现在所指内容之后，对所指加以强调，这里是语序的错误，“这句话”应该放在“谢谢妈妈”后面。

以上的多余或错序偏误只要稍加注意就可以避免，与篇章整体的衔接关系不大，只不过会影响局部的连贯。

二、“代＋量”的缺失

在同形回指中“代＋量＋名”组合的缺失往往出现在前后的小句之间，在总括性回指中可能会涉及更大的篇章范围。请看下例：

(41)［上文介绍了韩国人认为会带来厄运的日子——“伏日”的一些习俗］［段落开始］随着国家越来越发展人们逐渐淡忘了＋迷信的说法。(＋这些)

在“迷信的说法”前应加上“这些”总括回指上文所说的各种“迷信的说法”。由于缺少“代＋量”组合的衔接，原本关系密切的语篇，显得不太连贯了，直接影响到了段落之间的衔接和连贯。当涉及上文提到的内容时，指量结构在段落之间的回指起着衔接纽带的作用，特别在段落开始的地方，具有承上启下的篇章衔接功能。有时指量结构的缺失与使用的词语有关，如下例：

(42)因为小学的时候开始＋意愿。(有这个)

此处“意愿”是名词，不同于作为动词的“愿意”。“开始”后面往往跟动词，因此，可以添加一个动词，再加上指量结构。

在前面同形回指的偏误分析中我们提到过，指量结构在回指中的范围限定功能，使其成为回指中不可缺少的部分，在总括性回指中也有类似的例子：

(43)［上文谈到“我”因在学校吸烟被老师抓住］他狠狠地骂我。他说：“你期中考试好的话，我饶恕犯罪，还有我不告诉你的父母。”(我饶恕你这次过失)

这里“我饶恕犯罪”除了搭配不当以外，其所指也不明确，其实是“我饶恕你这次过失”，指学生违反学校规定吸烟被老师发现一事，这里因缺少必要的范围限定，让人不知所云。此外还有量词的缺失，我们在前面“代＋量＋名”在同形、异形回指中的偏误分析中已经谈到，量词的有无与主观表达有关，留学生作文中量词的缺失，很可能是受口语的影响。如下例：

(44)弟弟的奖金是九千人民币的话礼物的价值也不一样,所以这问题是最近发生的事。(这个问题)

(45)所以不知道中国的年轻人平时干什么,想什么。通过这机会,我觉得会了解他们一点儿。(这个机会)

(46)这是怎么回事儿?她不担心我吗?我感到失望,以前我做什么就批评,那妈妈去哪儿了?好像对我死心了一样。(那个妈妈)

虽然这种缺失并非完全不可接受,也不会产生任何误解,但是,教师在教学时有必要提醒留学生注意使用正确规范的表达方式。

三、"代+量+名"组合中的错用

在总括性回指中"代+量+名"的错用主要有三类:第一类是定语指量结构中的错误,主要体现为类别量词与个体量词的混用;第二类是中心语的名词使用错误;第三类是整个"代+量+名"组合与其他指代词之间的错用。第三类偏误与本章的第一和第三、四节会有交叉,我们就不单列出来分析了。如下例:

(47)不管比赛的结果怎么样都要跟对手握手。她和别的队员在这儿被我感动了。(这件事上)

由于"代+量+名"组合在总括性回指中常用的名词是"事(情)",因此,第三类错用往往是与"这"系列其他指代词的混用偏误,本节不再赘述。

(一)"代+量+名"组合中指量结构的错用

在总括性回指中"代+量+名"组合往往倾向于使用"类别量词",如常用的"种",但留学生对这种情况或者不够了解,或者对类别量词不太熟悉,在篇章中类别量词与个体量词的混用情况比较多。类别量词是表示某类人、事、物的量词;个体量词是表示某个具体的人、事、物的量词。"造成这类偏误的原因是留学生把类指和特指混淆了"①。请看下例:

(48)另外,综合课中的文章也达到了一个新的标准。课文很长,而且它

① 赵成新.汉英指示指称词语对比及汉语习得研究[M].开封:河南大学出版社,2009:229.

的含意也相当深。这个情况让我很满意。(这种情况)

(49)两三个小时以后才能和好。这个事不是一次两次发生了。(这种事/这样的事)

(50)过节的时候,女人大都想穿传统衣服。这个女人的传统衣服一个人不能穿,很难穿,应该要别人的帮助。(这种女人的传统衣服)

我们的发现与赵成新的研究结果一致,“都是个体量词混用为类别量词的偏误,没有发现类别量词混用为个体量词的偏误”①。这很可能是“个”作为最通用的量词被泛化使用的结果。这种情况不仅发生在“这”类组合中,在“那”系列的“代+量+名”组合中也有类似偏误:

(51)但是这样的生活中,我测悟出来,那个生活不跟中国人对话,没有中国朋友……(那种生活)

在留学生的偏误中我们发现,除了具体名词回指时出现这种“个”的泛化现象外,一些抽象名词在回指中,也出现了类似的现象。

(52)可是后来通过她的祈祷我才感到她对我们的爱。那个爱是深深的。(这/这种)

由于抽象名词“爱”本身不具有鲜明的“个体性”特征,因此就不能使用具有个体化功能的“个”,而应使用类指量词“种”;由于“爱”是非常美好的情感,这里倾向于用“这种”或“这”系列组合;又由于“爱”本身具有主观性特征,可以直接用“这+NP”组合。另外,在文艺作品中用“那”或者“那种”往往能产生一种距离美,因此,作为一种修辞手段,在上例也是可以接受的。

吕叔湘在《近代汉语指代词》中指出“在这和那并不对举的时候,这的近指性和那的远指性都会弱化而近于中性”②。在前面“代+量+名”组合的同形和异形回指中,偏误多出现在两个连续的小句或者同一小句中,量词的使用错误很容易被发现。在总括性回指中情况就要复杂一些,前后相隔好几句话,而且所使用的词语也有差异,这种

---

① 赵成新.汉英指示指称词语对比及汉语习得研究[M].开封:河南大学出版社,2009:230.

② 吕叔湘.近代汉语指代词[M]//吕叔湘.吕叔湘文集:第3卷.北京:商务印书馆,2004:188.

偏误就不那么容易被发现，如下例中“危机”与“困难”属于同义回指，但是数量不匹配：

(53)我长大后、我们家庭过危机了好几次。父母的离婚、爸爸的大肠癌、我妹妹的青春期问题、经济困难什么的。家人都感到难过。可能奶奶也很吃力。可是奶奶始终如一献身于我的家人。因此我们能克服了那种困难。(那些困难)

“那种困难”用来回指前面列举的种种情况，前后不匹配，需要改为“那些困难”。总之，从以上偏误我们看到，留学生对指量结构的掌握存在着一个渐进的习得轨迹：从个体到类别，从单量到多量，这是一个表达方式由简单到复杂的发展过程。

(二)“代＋量＋名”组合中名词的错用

由于词汇量所限，留学生在总括性回指中最常用的往往是“这种情况、这种事情、这件事”等一些习惯性表达，因此出现的错误不多。错误多出现在一些容易混淆及一些不常使用的表达式中。

在汉语学习中，留学生在课堂上听老师说“造一个句子”和“这个句子……”这样的话，课本里也常常使用“一个句子”的说法，因此，他们往往分不清“一个句子”和“一句话”之间到底有什么差异。如下例：

(54)写着一个句子“祝你生日快乐!! 最爱的小哥哥”一看这句子我就高兴。(这句话/这些话)

此例中的“一个句子”和“这句子”应该分别改为“一句话”和“这句话”。“句子”是我们在课堂上或语法分析中使用的概念，在实际的交际中，通常使用“一句话、一段话”等说法。类似这种“一个句子”的偏误在留学生的作文语料中不是个别现象，而是比较多见的，这一点需要教师在课堂上提醒留学生，帮助他们在具体使用时避免这类错误。此外，汉语有些量词与名词直接相关，如这里的“句”可为名词也可为量词，也会使留学生糊涂，需要老师加以说明。另外，还要提醒留学生词性的问题，如下例：

(55)手术后，大夫说：“你们别担心，手术很成功了。”听这说话后，我家里的人都松了一口气。(这句话/这话)

此例中“说话”是动词，而“话”是名词，这种错误只要我们一提醒，留学生基本上就能够避免。

此外我们还发现一些留学生的错误往往与作为中心语的名词错用有关。如下例：

(56)“你们也要实现父母对你们的希望。你们应该好好学习汉语。”我们听到这种看法都觉得更有学习汉语的动力了。(这种说法/这些话)

此例中“看法”改为“说法”更好，或者用“这些话”更符合上下文语境。此外，有些名词的错误是由于留学生词汇量有限，或对词语意义掌握不准确。如下例：

(57)那个猪被杀得很痛苦的样子，这个形影永远留在她的头脑里。(形象)

(58)[前面谈到日本的成人礼]我希望你能来参加这个日子。早告诉我这样我给你准备。我等你回的信。(仪式)

(59)汉语水平也比以前好多了。而且其他外国语也越来越提高。我觉得这种现象很好。所以现在日语、英语水平也还好。(状态)

(60)她陪我去吃中国菜。我很期待那个时间。你知道吗？中国菜真的很好吃。(时刻)

还有一些偏误是整个“代＋量＋名”组合与其他代词之间的错用，我们在本章的其他错用偏误中都有所涉及，此处就不赘述了。

第三节　与“这样/那样”有关的总括性回指偏误

在总括性回指中，“这样”是一个高频使用的词语。在语料中我们发现与“这样/那样”有关的偏误数量也是非常高的，占总括性回指偏误的43.63％。

《现代汉语八百词(增订本)》中把“这样”分为指别词和代词两大类，其中指别词又分两类，一为“指示性状”，如“这样的事情/图案”等，二为“指示程度和方式。多用于书面语。口语多用‘这么’”。作为代词“代替某种动作或情况，用作各种句子成分”。[①]《实用现代汉语语法(增订本)》中认为，“这样”“指代性质、状态、情况，在句中可以做定

① 吕叔湘.现代汉语八百词：增订本[M].北京：商务印书馆，2005：665.

语、谓语、补语以及主语、宾语”，还“指代程度和方式，做状语”。① 此外，“这样”和“那么”还有一个用法，即它们在句中可以起到承上启下的连接作用。“这样”用来承上，“那么”用来启下。可见，在现代汉语中“这样”的使用范围比“那样”明显宽泛许多，因此其在篇章中的分布也占绝对优势。

“这样/那样”几乎可以处于各种不同的句法位置上，有时还可以单独使用，来回指或承接上文，因此，与其有关的偏误往往呈现出不同的情形。我们将专门对其进行研究，并通过对偏误及正确使用情况的对比分析，全面考察四个不同年级留学生在使用“这样/那样”进行总括性回指时的整体状况。

朱青把指示代词“这样”的用法分为指示、称代和连接。“这样”用作指示时，一般用在名词或名词短语前面，起指示作用；用作称代时，一般与其所指对象存在某种解释关系；而用于连接时，一般作为语篇的一部分，具有独特的语用价值。② 我们将“这样/那样”的使用分为两大类：首先，把指示和称代归入一类，并以不同的句法成分对其进行区分；其次，将作为连接成分的归入一类，如作为插入语“这样”，或者出现在句中，以“(不)是这样、就[是]这样、这样的话、这样吧、别这样、这样一来”等固定表达的形式呈现。具体统计结果见表 7-3。

根据表 7-3 中的数据显示，随着汉语水平的提高，留学生“这样/那样”的使用率在明显提升，而错误率却在逐渐降低，基本上能够体现出其中介语的发展路径。四个不同年级的正误的比率分别为：一下 51∶28；二上 62∶25；二下 119∶67；三上 137∶32。可见，随着汉语水平的提高“这样/那样”使用的正确率也在提升。

首先，虽然“这样”几乎可以用于各句法位置上，如可分布在句首、句中及句尾，但从留学生使用情况看，“这样”在不同句法位置上的使用频率存在明显差异。在四个不同年级中，“这样”做定语及状语的使用率都非常高，偏误率也很高，这是一个值得注意的问题，我们会专门进行分析。做主语、谓语、宾语及补语的情况在各个年级中都很少。随着留学生汉语水平的提高，情况有所改变，从整体上看使用量在增加，正确率也在提高。从语料中看，之所以三年级的量少，可能与三年级语料总量比两个二年级的语料少，与一下的语料相当有关。

其次，随着年级的升高，作为连接功能的“这样”使用率明显提高。数据显示，一下、二上和二下这三个层次的留学生连接功能的使用约为指代功能的二分之一，有的还不足，三上则为 91∶78，非常接近。这与赵成新“最晚习得的是话语关联功能”③的

① 刘月华，潘文娱，故铧.实用现代汉语语法：增订本[M].北京：商务印书馆，2001：89-90.

② 朱青.语义指称论与表征论的对比研究[J].科技文汇，2009(6)：248.

③ 赵成新.汉英指示指称词语对比及汉语习得研究[M].开封：河南大学出版社，2009：93.

习得顺序预测基本吻合。数据同时还显示，使用的正确率随着年级的升高而提升。

表 7-3 四个年级“这样/那样”使用情况统计

指称形式 \ 句法位置 \ 偏误类型 \ 年级		一年级下学期（一下）		二年级上学期（二上）		二年级下学期（二下）		三年级上学期（三上）		总计
		正确	错误	正确	错用	正确	错用	正确	错用	
单独或组合	主语	—	1	4	—	5	1	8	1	20
	宾语	1	2	—	3	—	3	—	1	10
	谓语	—	1	—	2	9	3	—	—	15
	状语	18	4	17	4	45	10	24	7	129
	补语	—	—	—	1	—	1	—	—	2
	定语	10	15	18	13	26	16	35	15	148
固定表达	连接成分	5	2	12	1	16	3	38	3	80
	因为这样	1	1	—	1	—	—	—	1	4
	这样的话	4	—	2	—	1	2	15	—	24
	［就、不］是这样	10	2	9	—	17	9	9	1	57
	这样一来	—	—	—	—	12	1	8	2	23
	这样吧	1	—	—	—	2	—	—	—	3
	别这样	1	—	—	—	4	—	—	—	5
	其他［虚指］	—	—	—	—	—	—	—	1	1
总计		51	28	62	25	137	49	137	32	521

最后，“这样/那样”灵活的用法，及多样的分布，往往让留学生误以为它们随处都可用，与此相关的偏误情况也就比较复杂。目前，对这方面的研究，无论是语言本体还是汉语教学领域都不是很充分，本书将从偏误的角度对其使用条件及具体的境况进行探讨。

一、“这样/那样”的多余

《实用现代汉语语法（增订本）》中“这样”和“那么”还有一个用法，即它们在句中可以起承上启下的连接作用。“这样”用来承上，“那么”用来启下。[①] 这种篇章功能留学

① 刘月华，潘文娱，故铧.实用现代汉语语法：增订本[M].北京：商务印书馆，2001：90.

生往往不明白，导致多余的出现：

(61)我最爱的人就是父母和朋友们，我的二十六年生活中不能忘记他们，“在家靠父母，出门靠朋友”这样。(Φ)

由于“这样”可以处于任何句法位置，甚至还可以独立出现，一些留学生误以为“这样/那样”可以随意使用，但事实并非如此：

(62) 这时我说：“我从 9 月 1 号开始一直住这个房间，并且一直我一个人住。”他很客气地说：“不好意思你那儿号码不是……”。他这样确认以后说道：“哎，我好像打错了。不好意思。”这样说完后挂了电话。(Φ)

此例用零形式可使后面的小句与前面的内容更连贯，因为“这样”回指上句所说的内容，却并未开启一个新的话题，用零形式可以使结构更加紧凑。下例也类似：

(63)我们买了门票后好像自己当皇后那样似的很高兴地过那个门了。(Φ)

这里“那样”类似于“似的”，导致重复，这里的多余偏误是非常明显的。有时用来回指前面所述情形，使用“这样/那样”似乎也可以接受，但存在着可接受度的差异，如在同一个话题链中，一般使用零形式是最佳的选择，可以使表达更加紧凑，但是用了“这样”也并非不可接受。请看下例：

(64)她还说：“刚刚从朋友的商店拿来了一些衣服，你们看一看有没有喜欢的！”这样说着她就走了。(Φ/这样)

这里零形式可使后面的小句与前面的内容更连贯。语料中的偏误显示，有些并非是简单的多余或者缺失问题，而是如何恰当表达的问题。请看下例：

(65) 我向他表示几次感谢。可是每次对他表示感谢的时候，他都回答：“没关系，找房子是没什么大不了的，还是我的工作吧别那么……”他每次这样装出没关系的样子的时候，我真不知道说什么好。(都装出这种没关系的样子)

此例中“这样装出没关系的样子”的表达本身存在问题，留学生试图使用比较形象的表达方式，但是由于汉语水平所限，而出现了混杂的状况。因此，“这样/那样”具体如何正确使用要根据实际表达的需要，有时也可以有不同的修改方案，如下例：

(66)那个老板高兴地欢迎说：“你们好！你们过得怎么样?”这样说着迎接我们。

我们可以把画线部分改为“这样迎接我们”，无须“说着”，因为“这样”能总括上文内容，有“指示性质、状态、方式、程度等”之意。在语料中我们发现，一些留学生会把“这样”和“这么”放在一起，造成多余：

(67)我来中国以后我们最喜欢他和他的家人。这样这么好人跟我们是好朋友。我觉得我们的运气太好了。(Φ)

“这样”与“这么”同时出现，需要去掉其中之一。而且，其后的形容词“好”的后面需要添加“的”字，才能使全句更顺畅。下例是“这样”及“那么”共现导致的多余：

(68)我在中国无亲无故，很难过，不过年龄比我小的她好像给我当妈妈似的。这样对我那么好的耿璐，现在不在中国，她出国了。(Φ)

此例中的“这样”放在句首，容易让人误以为是篇章衔接的一个话语标记，但是根据作者的表达意图看，与“那么”的意思基本相同，在同一个句子中用一个就可以了。下面是两种表达方式杂糅在一起导致的多余偏误：

(69)但我觉得我的别的朋友也一定会这样像她对待我那么好。(像她对待我那么好/像她这样对待我)

此例中，留学生把“这样对待我”“像她这样对待我”和“像她对待我那么好”这三种不同的表达方式混杂在一起，造成了上面的错误。

在作文语料中，我们发现有时作为引出下文情形的“这样”在篇章中也是多余的，如果去掉，可以使上下文更连贯。

(70)他常常对我说:"你要感谢现在的情况,很多年龄和你差不多的青少年很愿意学习可是他们的情况不好只好这样,去外地打工,所以……"(Φ)

此例中使用零形式并去掉",",可以使篇章更加连贯。"这样"在篇章中一般用于回指上文,也可以用于后指,但若不是在需要特别强调或引起注意的情况下,一般不用。下面也是在启后时的多余:

(71)我和妈妈常常对她说"你已经作业做完了吗?"她常常说的这样的"已经做完了"但其实还没做完……(Φ)

此例中画线部分在此处是指后面说的话,为多余,要去掉。表达方式本身也存在错误,很可能是将"常常这样说"与"常常说这样的话"两种表达杂糅在一起了。

我们有必要提醒汉语学习者,虽然"这样"的功能比较丰富,但是,在篇章中出现时往往表示强调。在相邻的句中出现,无论表示回指还是复指,是承前还是启后,如果不需要强调,就不必使用;有时即使相隔一段距离,也不需要。如下例中"是这样的"也是多余:

(72)我在学校里走路时,她突然来到我的旁边对我说:"你是日本人吗?我要学日语,你要学汉语吧!那,跟我一起互相学习怎么样?"那时,我刚来中国开始学汉语,而且她说话说得真快,所以我完全听不懂,什么也不说。可她好像明白我为什么一句话也不说,又一次用日语对我说了。然后我才知道她说的是这样的意思。(Φ)

可见,有些偏误并非是孤立的词语使用问题,而是与篇章中的语义表达有关。如下面画线部分的重复多余,就与语义重点有关:

(73)他们说,他们这样做不是因为他们不爱我们,但是他们要这样做是因为他们很爱我们。(而)

此例中的语义重点不在于"他们这样做",而是后面对"这样做"的原因的解释。只有去掉,才可以凸显"不是……,而是……"所表达的语义内容。

综上，我们发现，留学生语料中的多余偏误是在尝试使用不同的“这样”表达式时的偏误，体现了学习者中介语发展的一个过程。

二、“这样/那样”的缺失

“这样/那样”常常用于回指前述情形，可以使表达更加简洁经济，避免不必要的重复。我们在留学生作文中发现，偏误率比较高的是多余及错用，缺失的情况比较少。在语料中我们发现了一些回避使用的情形。

(74)在学校里住不太方便所以我搬到外边住。在外边住我认识了一个中国人，他是我的邻居。(这样)

(75)去买东西的时候，我们可以练习口语，我们认为去买东西对我们的汉语有好处。(这样)

一些留学生对“这样/那样”在总括性回指中的使用还没有很好地掌握，往往会以这种重复上文的方式来回指。“这样”不仅可以称代上文中的动宾短语，也可以做状语用在动词前，还可以称代更为复杂的内容。

(76)如果我们用日语聊天儿的话，虽然我们来到中国，可是没意思。我们俩都愿意用汉语说话，所以我们用汉语说话。(这样/这样做了)

(77)因为我从小孩子的时候一直看西田智子帮助有困难的人所以现在我也想遇到有困难的人话我帮助有困难的人。(这样)

以上的情形都是该用“这样”而没用，却用了与前句相同或类似的动宾结构或复句形式。有的留学生或许是为了图方便，甚至整个句子都以同形方式复现：

(78)现在，结婚的时间推迟。男方是三十岁，女方是二十六岁。因为、人们有自己的工作。所以，结婚的时间推迟了。(这样)

这里的重复可能是留学生对“这样”可以进行总括性回指的功能了解不够所致。需要我们在教学中不断地提醒留学生，并对他们进行适当的操练，让其慢慢掌握。

整体来说，留学生语料中“这样”缺失的情况比较少，除了“回避”的情形外，缺失并不多见，往往具有隐蔽性，我们只发现了很少的几例：

(79)有一天，我看见我的邻居。看起来她也是韩国人。我高兴地问："你是韩国人吗?"，她回答："是。"就是，她成了我的女朋友。(就是这样)

(80)有一天，我得感冒。那天我很孤单。过了一会，她来我的家。她看我，就看护我。我很感动。(她看我这样)

(81)[他不但是严格的爸爸，而且是很爱我的一个人。]……他已经知道我喜欢玩，不努力的性格。如果他没教我的话，现在的我肯定不在。(不是这样)

以上的缺失偏误需要根据上下文来判断，否则就很难发现。由于篇章中的回指，特别是总括性回指往往可以有不同的表达式，究竟应该选择使用哪一个，这是汉语学习者感到困惑的地方，也是我们的研究应该回答的问题。

三、"这样/那样"的错用

对汉语学习者来说，要想全面准确地掌握"这样"的各种用法，不是一蹴而就的，而需要对其有一个全面的了解，并且通过不断地操练，才能对各种表达式之间的差异有比较清晰的认识，因此，习得难度是相当大的。

(一)"这样/那样"在句法位置上的使用错误

"这样/那样"可以在句中充当不同的句法成分，对留学生来说，往往难以准确把握，容易出现各种偏误。我们在语料中发现很多"这样/那样"在篇章中的位置错误，其中比较多见的是在动词前后的错位。

虽然"这样"可以出现在动词前做状语，也可以出现在动词后做宾语，但是在具体的语义上是存在差异的。请看下例：

(82)她说，只有找新男朋友，才能忘以前痛苦的时间。我也想那样。所以我打算给她介绍我认识的好男生。(那样想)

这里"我也想那样"从句法上看是正确的，我们也常常这么说，但是，从上下文的语义来看，这里作者想要表达的意图是"我的想法跟她的一样"，而不是"我想像她那样"。"想那样"与"那样想"的意思是不同的。因此，"那样"要与前面的动词颠倒一下顺序，要改为"我也那样想"才符合作者的意思。下例也类似：

(83)原来我想跟她一起聊天儿，一起玩儿。但是我是内向的人，对不太熟的人不能做这样。(这样做)

(84)可他回答我："可以是可以，但是做那样的话，我自己感到不满意……"(那样做)

(85)然后叫醒我们，最后打扫房间。她每天早上过这样。(这样过)

这里要把"这样/那样"放在动词的前面，做状语。值得注意的是，这里我们只能说"这样/那样做、这样过"，不可以随便颠倒，但是，"这样/那样"与"想"组合的时候就可以颠倒使用。

在汉语中既可以"想那样"也可以"那样想"，但与动词"做"组合时，我们常用的是"那样做"，而"做那样"却很少使用，只出现在一定的语境中，如"受过训练的人都会先做这样，再做这样，最后做那样"，关键在于用在动词前表指别，用在动词后表指代，后者不是很常用。

通过分析学习者的偏误，本书发现"这样/那样"在动词前后不同的位置，意思也不同。在动词前面做状语，几乎适用于所有的动词，但是在动词后面做宾语，则是有条件的，而且条件还比较苛刻，比如"想、希望"等动词后面可以跟一个小句。"这样/那样"称代一种情形，而"做"是表示具体的动作动词，后面的宾语一般是表示具体事物的名词，如"做饭、做作业"等，因此，在一些表示具体动作的动词后，一般不能使用"这样/那样"做宾语，除非在虚指的情况下，如"做这样也不行，做那样也不好"，或者作为定语"做那样的事情"等，这是需要我们在教学中跟留学生讲解清楚的地方。这种规则在动词后面有补语的情况下也同样有效，请看下例：

(86)他们这样做没关系吗？我不知道，但是我没做过这样，如果我的男朋友跟我这样做我一定会很生气。(这样做过)

"这样"在动词前表示"怎样做"的意思，这种错误与动词本身的语义有关，动词"做过"后面不可以单独使用"这样"，但可以使用"这样的事情"，或"代＋量＋名"组合指称具体的事物，如"这种事"。虽然"这样"可以出现在各种不同的句法位置上，但其适用范围往往是有一定限制的，要根据上下文语义而定。如下例：

(87)她对我和以前不一样。她要让我们搬家。我不了解她。为什么她的态度这样变了。(为什么她的态度变成这样了)

上文是介绍房东"她"态度改变后的情形,不是对"她的态度怎么改变"的具体过程的描述,因此,用"这样变了"在此不合适,需要改为"变成这样了"才与篇章整体表达一致。

一般"这样"用于回指上文所说的情形,往往是一段话、一句话,至少是一个动宾结构(如"去买东西")等,而不能用于回指某个具体的名词、动词。下面的例句也印证了我们的观点:

(88)"绝对不可能你一个人去我陪你一起去。即使你不这样我也正打算去上海看我的妹妹。太好了。"(去)

这里直接用"去"就可以了。用代词"这样"来回指一个具体的动作是不可以的,如果要用至少得是一个动宾结构。

此外,在其他句法位置上"这样/那样"的错误也有体现:

(89)可是他明明不像以前那样亲热对我,这次也不叫我"姑娘"了。(对我那样亲热)

在这里是语序的问题,要把"那样"放在介宾短语的后面。这种情况对留学生来说比较复杂,出现的偏误要少一些。

(二)"这样/那样"在表达中的各种错误

正如我们前面所说的,留学生习惯于用低可及性的、比较复杂的回指表达式。在语料中我们发现,与"这样"有关的总括性回指也出现了类似的情况。

汉语中"这样"可以直接使用,留学生却倾向使用比较复杂的结构,如"……的时候""……的话""在……情况下"等表达格式,虽然不算错,但是有一种画蛇添足之感。

(90)对我的妹妹说:"你真的不懂事。你这样的时候,妈妈的心里更难受。别这样!知道吗?"(这样)

(91)"你要我这次考试不及格吗?""不要,但是一个人在家无聊,害怕,你想去就去吧。"这样说的话,我怎么能回去做作业呢?(这样)

(92)如果只是看课文，期末考试就取得了好的成绩。可是在这样情况下，不能取得 HSK 高级。(这样)

“这样/那样”可以充当不同的句法成分，既可以直接做谓语，也可以单独使用，来连接上下文。由于留学生对各种表达方式不能完全准确地掌握，他们往往习惯于选择定语和状语这两种形式。

“这样”不仅具有指代功能，还兼具上下文的连接功能，如连接词语，既有回指上文之意，又在篇章中起到一种话语连接的作用，使上下文更好地贯通。

(93)所以对我来说，早上很早起来去上课是比较大的问题。这一点，我就经常旷课。(这样)

作为连接，“这一点”应改为“这样”。“这样”所具有的篇章连接功能，往往是留学生所不知道的，或者有的留学生知道也不会用，一般在中高级阶段才开始学。教师需要将这种功能明确地告诉他们，帮助他们如何更好地建构篇章。

(94)现在我的汉语水平比以前高得多。没有她的帮助，关心，我不能成这样。(这样)

(95)这个学期快要结束了，我像这样学习已经八个月了。(这样)

(96)她不好意思地一个一个又问我一次。是这样我们成了朋友。(这样)

以上三例“这样”前的“成、像、是”都为多余。这里的“这样”分别作为谓语、状语和连接成分出现，三例偏误都是留学生对“这样”的功能掌握得不够全面所致。

在语料中我们还发现，留学生在使用“这样”或“这样”的组合方式进行回指时，常常用比较复杂的表达形式，有的可以接受，有的则明显多余，甚至错误。如下例：

(97)北京的年轻人穿得并不漂亮。女人还行，可男人不行。虽然年轻，可穿得好像老人。比如说，上穿西装似的上衣、下穿较细的裤子、脚穿皮鞋。真难看！穿牛仔裤的还可以，但是跟上衣、鞋不太搭配。他也跟那样的人一样。(他也那样)

(98)总是觉得我也不大满意这学期的我学习生活。所以以后不能这样过生活。(这样/这样过)

在语料中我们发现留学生往往使用比较复杂的表达式来进行总括性回指。他们可能以为对上文的一大段话进行回指，一定要用一个相对比较复杂的形式，当然，这也与许多汉语学习者对“这样/那样”的各种表达方式不了解有关。请看下例：

(99)妈妈常常说“她像你小时候的样子”别人也这样的说。(这样说)

(100)我妈说：“你吃饭了吗？还有身体怎么样？”经常这样的问。(这样问)

(101)妈妈说：“我跟你爱以后结果有这孩子，现在这孩子得了重病，如果这样的放弃的话，这孩子马上就死了我们应该照顾孩子，我不放弃我的孩子。”(这样放弃)

(102)只是想别的事情。这样的过几天以后老师说期末考试之前有几次简单的考试。(这样过)

“这样”不仅可以做定语，还可以做状语。这些偏误显示留学生比较习惯“这样”做定语的表达方式。类似的例子还很多：

(103)我要问老师：“老师！您在美国的生活怎么样？好吗？您现在幸福吗？您健康了吗？您的女儿结婚了吗？”那样很多。(那样的话/很多那样的话/很多话)

(104)我跟她联系那么开心。她也这样感觉。(有这样的感觉)

我们还发现，除了对“这样”的各种表达方式掌握不够准确以外，有些偏误还与留学生的词汇量有关：

(105)他回家以后，他告诉我那样的事情，他的同事不是没带钥匙，而是丢了钥匙。(事情的真相)

“那样的事情”让人不知所云，其实作者所要表达的意思为“事情的真相”。可能是由于留学生词汇量有限，不知道“真相”这个词，而“这样/那样”又是常说的词，于是就出现了这种偏误。下例也类似：

(106)因为我朋友很努力学习，所以每个月大学给她奖学金；我在我的国

家上大学的时候因为这样的原因也有奖学金;很遗憾这儿我没有!(同样)

"因为这样的原因"在这里改为"同样"更符合上下文。有时该用"这样"的却没用,如下例:

(107)我们的家人不去祖上墓地,因为太远。只是在家祭祖宗,这个方式春节一样。(春节也是这样)

以上是一些与"这样/那样"有关的复杂表达形式中的各种偏误。在语料中也发现了个别过分简单导致的偏误,如下例:

(108)应该了解那位作者的心理状态,当时的社会背景等以前没有学过这样的,所以完全不习惯。(这样的内容)

"学过"后面的宾语通常为名词,这里是作中心语的名词缺失导致的偏误,这种偏误在留学生语料中很少。

此外,一些需要补语配合的表达,由于留学生比较难以掌握,往往会出现下面的错误:

(109)然后她详细地告诉我她在哪儿学日语的。我们的互相学习这样继续了。(就这样继续下去)

语料中与补语有关的偏误比较多,修改的方法也不同:

(110)我在中国学习汉语。她也在中国学习汉语。我们都是日本人,可是我们为提高自己的汉语用汉语聊天儿。我们都是日本人,所以有时候,我们都不明白我们说的汉语对不对,可是我还是觉得我们那样做的对。(我们做得对/我们那样做是对的/那样做是对的)

我们在语料中发现留学生使用"这样/那样"的错误往往与各种表达纠结在一起,呈现一种比较复杂的情形:

(111)每天通过这样的做法，我的汉语水平有了明显的提高……

这里画线部分属杂糅的错误，留学生很可能是把“每天这样做”和“通过这种做法”纠结在一起，产生了以上的句子。下面的情况也类似：

(112)“哎呀，你吃得怎么这么少，比我还少吧，这不算男人的饭量！”，她这样一点虚假做作都没有的朋友。

作者的意思应该是“她就是这样一个一点虚假做作都没有的朋友”，这个句子比较复杂，也可以分解为“她就是这样的朋友，一点虚假做作都没有”。

赵成新通过汉英对比分析发现：英语中指称“性状/方式”的只有 such 和 so 两个词，在汉语中 such 和 so 的功能至少有“这样/那样、这么/那么”四个词分担(实际上还有“这/那＋种/类”的用法)，并且在分布上存在着斜配关系，因此把难度定为第六级。[①] 我们从留学生语料中发现，这种斜配关系比赵成新文章中所预测的要难很多，除了以上提到的几种用法之外，我们还发现很多该直接使用“这样/那样”的时候，留学生却使用了比较复杂的“这样/那样＋的＋NP”结构等，下一节将进一步探讨这些问题。

第四节　“这样/那样”与各种总括性回指表达式的错用及其难度考察

“这样/那样”几乎可以处于各种不同的句法位置上，有时还可以单独使用，来回指或承接上文；“这样/那样”与“这/那”系列代词一样都可以直接用于总括性回指，但是其中语义上的差异有的非常明显，有的则比较接近，往往要在具体的上下文中来考察。因此在篇章中，它们与其他指代词之间语义的交叉，以及本身多种灵活的用法，往往让留学生不知所措，在表达中会出现各种不同的错用偏误。本小节在对偏误进行描写分析的基础上，对习得“这样/那样”的不同难度等级进行一个排序。

一、“这样/那样＋的＋名词”与“代＋量＋名”组合之间的混用

我们在语料中发现，“这样”做定语的使用频率高，与其有关的偏误率也很高。在

① 赵成新.汉英指示指称词语对比及汉语习得研究[M].开封：河南大学出版社，2009：178.

现代汉语中,“这样”作为性状修饰词修饰名词性成分时,要添加“的”。一些学者的研究认为,“这样”是否加“的”是“这样”在古代汉语与现代汉语语法特征上最大的不同。朱青揭示了“这样”所经历的词汇化过程:从严格的“这样”直接修饰名词或名词短语,到带“的”和不带“的”两种修饰方式并存的中间过渡状态,再到严格的必须带“的”的形式。①

出现这种演变是由于“这样”最初是“这”加上量词“样”组成的一个词组,在词汇化的过程中,“这样”的语义和语法功能都发生了相应的变化:从语义上看,“这样”的语义不再等于“这”+量词“样”,而是开始指代性状;从功能上看,“样”作为语素进入“这样”中,它作为量词的语法特点也不再完全。因此,“这样”后面可以加“的”,而量词后面不能加“的”。在中间状态时期,即量词“样”在向语素“样”过渡的时期,“这样”的发展阶段有三个:

(1)“这”+量词“样”:不能带“的”,只能组成“这样+名”,这里的“这样”都可以用“这种”来替换。

(2)“这样+名”与“这样+的+名”并存:过渡阶段,量词特点还未完全丧失。

(3)“这样+的+名”:“样”的量词特点完全丧失,不加“的”的形式最终消亡,词汇化过程最后完成。

汉语中“这样/那样”与名词性成分的组合,和作为指量结构的“这/那+量词(如:种、些、个、件……)”与名词性成分的组合,无论是形式上还是语义上都存在一定的差异。但是,我们在语料中发现,由于留学生对这些词语本身了解有限,或对量词的掌握不全面,或对不同表达式掌握不正确,常常出现各种情况的错用偏误。

首先,从回指表达式本身的差异来看,“这样/那样+的+NP”与“这+量词(如:种、些、个、件……)+NP”两种表达方式,前者有“的”,后者没有“的”,留学生因为没有掌握好这两种固定格式而出现形式上的错误。其次,从语义的角度看,指量结构是对具体事物的指同,而“这样/那样”是指类似的情形。这两者之间的差异在有些语境中是比较容易区分的,但在有些情况下,难以明确区分,会有两种表达都可以接受的情况。下面我们就从形式和语义上对相关偏误进行描写及分析。

(一)两种回指表达式在结构形式上的差异及偏误分析

由于“做定语是‘这样’使用频率最高、分布最广的句法形式”②。现代汉语中“这样”做定语,后面要加“的”,其表达式和“代+量+名”组合不同,一些留学生或许是未掌握好这两种模式,或者是由于粗心,而出现了一些显而易见的偏误:

---

①② 朱青.语义指称论与表征论的对比研究[J].科技文汇,2009(6):248.

(113)上课前把课文的内容读一读，不知道的生词先查查词典，看看生词在课文里的用法。这样方法，减少了我在上课时的困难。(这样的/这种)

(114)听不懂老师讲的内容，很难清楚地表达出来自己的意思等等。这样情况让我对自己没有信心，对汉语的兴趣也减少了。(这样的/这种)

(115)我妹妹说："她是很善良、很漂亮、很有能力、很聪明的女孩儿。"我跟她聊天儿的时候，我也有这样感觉。(这样的/这种)

(116)我不能改变，这样生活方式已经习惯了。(这样的/这种)

(117)所以恋爱和男人的事情都不太清楚，这样事情也应该要学习，非常重要！(这样的/这种)

(118)中国有"每逢中秋，倍思月饼。"这样说法。(这样的/这种)

这些偏误主要是表达形式上"这样/那样＋的＋名词"中"的"的缺失偏误。下面两例是"代＋量＋名"组合中"的"的多余：

(119)你是学生而且是外国人，本来这种的事情按照法规解决是肯定的，但你也是不知道。(这样的/这种)

(120)我的心里非常紧张而且我来中国以后初次遇到这种的事……(这样的/这种)

以上均是使用"这样/那样＋的＋名词"与"这/那＋量词[如：种、些、个、件……]＋名词"出现的偏误，这类错误往往是初级、中级阶段的留学生没掌握好这两种表达式，或者是由于粗心所导致的混淆偏误。我们需要在教学中提醒留学生注意这两种不同的表达式之间的差异，形成"这样/那样＋的＋名词"和"这/那＋量词[如：种、些、个、件……]＋名词"两种固定的表达模块，帮助留学生避免出现类似的偏误。

这些形式上的错误是比较容易改正的，因为这两种表达式有时可以互换。但在一些特定的语境中，这两种表达式之间存在着语义上的差异。如下例：

(121)在家里休息时习惯看一本当代中国经济史。这样情况下，越看越有意思经济史了。(这种)

这里用"这种"就明显比"这样的"可接受度更高。可以看出，这两种表达式并非是完全等同的，需要我们对“这样”组合与“代＋量＋名”组合的语义差异进行细致的分析。

(二)两种回指形式在语义上的差异导致的偏误

从语义上看，指量结构与名词的组合一般都是实有所指，而“这样/那样”与名词的组合，往往是一种类指关系。因此，选择哪一种表达不仅在于加不加“的”这种外在形式上的差异，而且还要根据实际情况而定。下面将结合具体的语境，对这两种表达式之间可接受度的差异进行对比分析。

首先，“这样/那样”与表示个体的指量结构“这个”“这件”等之间的错用。

(122)她还有一个男朋友。他是有钱的人，比她大八岁。这样的事前者男朋友也知道。(这件)

(123)但那时我不爱学习就想：“几天后就拉倒。”但我这样的想法过了几个星期就变了。(这个)

(124)所以我打算，不管我明白不明白装出懂的样子。有一天，我忘了这样的想法，表示我不太懂他的意思。(这个)

(125)我一般不爱说中国话，但是本学期这样的习惯有所改善了。(这个)

(126)现在的水平不是我想象那么低。听力和口语的水平是在这样的过程中提高的。(这个)

(127)我的留学的目标是提高口语水平的。最近我羡慕她的口语水平。因为这样的理由，所以我最爱她，而且羡慕她。(这个)

上例中作为中心语的名词“事、想法、习惯、过程、理由”或指某个具体事物，或指某一抽象概念，都是实有所指且是确指的，因此需要使用“代＋量＋名”组合。使用“这样的＋NP”结构往往表示类似情况，与作者表达意图不符。

其次，“这样/那样”与表示多量的指量结构“这/那些”的错用。当回指前面所说的多量的具体事物时，不可以用“这样/那样”，而要用“这些/那些”来回指。请看下例：

(128)比如，每天的洗衣和打扫，做饭。我觉得这样家务是太麻烦。(这些)

(129)上面写的四个方面就是这学期的变化。我之所以汉语水平提高，是因为有这样的变化。(这些)

(130)发音的时候，经常弄混第一声和第四声；还有同义词辨析的问题越学越难，所以造句子的时候，容易弄糊涂。这样的缺点得克服。(这些)

(131)韩国人喜欢喝酒。如果你遵守这样的习惯，应该他们也给你好好做吧。(这些)

以上各例中的“家务、变化、缺点、习惯”都在前面罗列出来了，回指时要以“这些”来照应，是确指，而非类指。因此，我们要提醒留学生：回指中无论数量多少，如果是确指的，最好使用指量结构，也就是“代＋量＋名”组合，而不用“这样/那样＋的＋名词”。下例也是：

(132)我真舍不得告别老师。……那样的事情，已经过了九年了。现在在道路上，商店里，看见身材矮小的女性，就想起来那位我的老师。(那些)

在这篇作文中作者叙述了自己跟老师的许多往事。作为对上文的总括，需要把“那样的事情”改为“那些事情”，这样才更易接受。

再次，“这样”与表示类别的指量结构“这种”之间的错用。

(133)那个饭店服务也好，离我住的地方不太远。这样条件下怎么不成常客呢？(这种/在这样的)

我们可以用“这种”，也可用“在这样的条件下”。在语料中我们也发现，很多情况下“这样的＋名词”与“这种＋名词”可以互换，两种往往都可以接受，当然，其可接受程度与具体的上下文语境有关。

最后，不同的指量结构与“这样”的错用之间存在可接受度的差异。

从上面的分析我们发现，“这样/那样”和“这/那＋量词[如：种、些、个、件……]”指量结构在总括性回指时，不仅形式上有差异，语义上也不相同，因为“这/那＋量词[如：种、些、个、件……]”等指量结构往往都是实有所指的。但是由于各个量词范围的差异，不仅这两大类表达式之间存在差异，“代＋量＋名”组合内部也因量词的不同而存在很大的差异。从以上分析可见，选用不同的指示代词来进行总括性回指时，其可接受度存在一定的差异，具体表现为“个体量词—多量量词—类别量词—这样”，这是一个不断与“这样”接近的连续统。由于类别量词与“这样”之间是最为接近的，因此才会有多例“这种”与“这样”均可接受的状况。值得一提的是，这两种回指表达式虽然有时可以互换，但其在语义上并非完全等同，还是存在细微差异的，只是差异没有前面两类那么明显而已。请看下例：

(134)常常故意不太遵守约定时间，常常对她不太重视随便做。这样跟以前完全不一样的态度让雪力感觉很难受。(这种)

这里用“这种”是最合适的，是类指，也是确指，而“这样”所指的范围相对宽泛一些，所以用“这种……态度”才合适。语料中我们也发现类别量词与“这样”之间的界限有时并不那么明显，往往不是简单的“对与错”的问题，而是选择哪一个更合适的问题，因此，在很多情况下，这两种情况难以区分，需要根据具体的上下文语境而定。

(135)在我的心目中，中国人没有礼貌，但耿璐把我这样的想法改变了。她很尊敬老人，坐车总是给老人让座。(这个/这种)

这里可用“这个”，也可用“这种”回指前面认为“中国人没有礼貌”的想法。下面三例中也是用“这种”更好，用“这样”也可以接受。

(136)期中考试变成三次小测验。虽然学习比较紧张但对我来说这样的办法对我有很好的好处。(这种)

(137)我觉得通过这样学习我可以了解中国人的思想并提高我的阅读水平。我很满意这样的学习方法。(这种)

(138)一边看电视剧，一边模仿演员说的话。用这样的方法感觉提高了口语水平。(这种)

虽然“这样的想法/办法/方法”在汉语中也可以使用，但在语义上其与“这种”是存在差异的。后者是确指，明确指代上文所说的内容。

总之，在总括性回指时，“这样＋的＋名词”的功能“主要起指示作用，指示事物的性质和状态”[①]，而用于称代时类似“这种……”的情况，与表示“个体”和“多量”的指量结构差异明显，与“类别量词”的差异不够明显，需要在具体的上下文中进行分析。

---

① 朱青.语义指称论与表征论的对比研究[J].科技文汇，2009(6)：248.

二、“这样/那样”与各种代词之间的错用

前面分析了在有名词的情况下，“这样＋的＋NP”与“代＋量＋名”组合之间的确指程度存在差异，在留学生的语料中这类偏误比较多。在语料中我们还发现“这样”及其他各种代词在总括性回指中的错用偏误。

在“这样”的错用中，我们针对留学生的偏误，提出“这样”做宾语是有条件的，前面的动词要是“想、希望”等能够带小句的，如果是“做”，就不可以是“做这样”，而要改为“做这样的事情”等。有些动词后面的宾语可以是名词，也可以是动宾结构，其后是否可以使用“这样”就需要根据具体情况而定了。如下例：

(139)我喜欢买电子用品，可是他不喜欢这样的。(这些/这样)

由于“喜欢”的宾语可以为名词，也可以为一个动宾结构，这里我们可以用“这些”指代前句中的“电子用品”，也可用“这样”回指“买电子用品”这个动宾结构，两者都可以接受。

其他还有一些与“这样”相关的表达错误，如下例“这样”与“这”的错用：

(140)问他“你爱我吗”他吃了一惊。他没想到她这样问他。他这样以后他也慢慢有了好感。(这/这样)

“这样”和“这”单独使用时，都可以回指上文所说的内容。这里之所以用“这”，是因为“这”通常用于回指某个事件，此处指前面所说的事情发生后“他”的改变。“这样”往往与某种动作行为或某个情形有关，我们平时也会说“这样以后……”，只是此处用“这”更好。从语言的经济原则出发，我们更倾向于使用“这”。可见，选择哪种回指形式并非绝对的，这也是留学生难以把握的地方。

我们前面谈到留学生倾向于使用比较复杂的回指表达式而导致多余的偏误。这种倾向在与“这样/那样”有关的回指中同样存在。请看下例：

(141)还有我来中国以后也常常寄给我一封信。我觉得这样的事是非常麻烦的。(这)

“这样的事”在此显得很啰唆，因为是主语，是已知信息，用更简洁的表达方式更容

易被接受。

总之,在总括性回指中"这"明显比"这"系列的组合表达式使用范围广,其语义内涵也更加宽泛,有时不仅可以替代一些名词性成分,也可以回指上文叙述的情形,后面无须出现任何名词,简洁又经济。以上这些错用偏误基本上反映了留学生在回指中偏爱使用复杂表达式的倾向。

三、"这样/那样"与一些固定表达之间的错用

现代汉语中"这样"在篇章中还可以作为连接词语,充当连接成分,用于两个或者几个分句中,既前指上文所说的情况,又连接下文,使上下文成为一个连贯的整体。如下例:

(142)如果我感兴趣的话,可以一起练。是这样,我也开始练武术了。(这样/就这样)

这里该用"这样"或"就这样"来延续话题,却用了具有解释功能的"是这样"。"这样/那样"往往有些固定的搭配,如"就这样、这样吧、这样一来、是这样"等,究竟什么时候该用哪种组配方式,留学生往往搞不明白,又由于没有掌握好各种表达方式,所以出现了各种错误:

(143)学习口语就要多说才能提高水平,她是就这样教我口语。(这样/就这样)

这里把"是"和"就"都用上了,除了括号中的改法以外,还可以改为"她是这样教我口语的"。可见,留学生的错误源于对"这样"的各种用法掌握不够精准,在使用中出现了杂糅的错误。此外,还有一些与"这样"有关的偏误,也与一些固定表达有关:

(144)因这样的原因,刚开始学习的时候,我压力很大。(因此)

(145)我不应该因这而满足,学语言是由每天的努力才能做好的东西,这个学期给我了这个启示。(因此)

"因此"中的"此"是古汉语常用的词,"因此"的意思是"因为这个缘故",(144)(145)两个例句的错误都是未使用"因此"这个简洁的异形回指的表达式,而造成表达

的重复冗余。我们有必要给留学生解释清楚，避免类似的偏误。

(146)(上一段介绍了韩国端午节的风俗)这个以外，还有祭神、跳农乐舞、演假面剧、射箭、跳跳板、尤茨游戏等端午节活动的主打节目。(除此以外/此外)

(147)这些是我们饮酒习惯大概的内容。这些以外有很多习惯。(此外)

"此外、除此以外"这些现代汉语常用的词语，是与古汉语有关的连词，也需要向留学生详加解释，要让留学生记住其实际的意义及用法，以免出现这种自造的错误表达。有时即使没有错误，也会出现留学生重复上文内容导致的信息冗余，如下例：

(148)我还记得刚来的时候，我汉语还不能说得很流利。要去他们的家还觉得很麻烦。因为觉得很麻烦，有时候我心里想："不用去找他们了吧。……"(因此)

此例中画线部分虽然没有错误，但是使用"因此"这个固定表达可以使表达更简洁。

(149)外婆教育孩子的时候比较严格，连自己的孙子也不例外。因为这样我妈妈开玩笑说……

(150)我的阅读能力和词汇也提高了很多，但我不能因为这样而忘了还存在的问题……

这里画线部分如果不修改也没什么问题，完全可以接受，但用"因此"可以更加简洁。这是由于留学生对这种连接词语掌握不好，所以往往以重复的方式来回指。

还有一点需要提醒留学生，与"这样"有关的各种固定表达有的中间可以加入其他内容，如"这样的话"，变通为"这样做的话、这样干的话……"都可以接受，而有的固定用法是不可以分开的，如"这样一来"：

(151)这样反复练习一来，既阅读速度越来越快又判断正确性提高了。(Φ)

这个错误可能是由于留学生将目的语规则过度类推，把"这样的话"的扩展模式推广到了“这样一来”。教师需要在教学中提醒留学生，哪些固定表达可以扩展，哪些则不能扩展，以避免偏误发生。

四、“这样/那样”的习得难度等级

从以上分析可见，作为几乎可用于任何句法位置的“这样/那样”，对留学生来说要完全掌握实在有一定的难度，需要在教学过程中分阶段地进行讲解，先帮助留学生掌握一些最基本的用法，然后再不断提高难度。我们通过对四个不同年级留学生“这样/那样”的整体使用及偏误情况进行对比分析，再结合二语习得的相关理论，排出了一个习得“这样”不同句法位的难度等级序列：

定语→状语→主语→宾语→谓语→补语

难度等级　低————————→高

需要说明的是，由于不同年级汉语水平、语料本身，以及语体等都存在差异，习得难度等级序列是在统计数据的基础上，结合前人的研究成果和我们对偏误的分析、预测而确立的。下面将分三大类进行分析论证：第一类是数量占绝对优势的定语和状语，第二类是相对多一些的主语和宾语，第三类是谓语和补语。

第一，在总括性回指中，留学生最常用“这样/那样”做定语、状语。其中最先也最容易习得的是其做定语，这很可能与“代＋量＋名”组合类推效应有关；使用第二多的是状语，这是“这样/那样”与其他指代词之间所不同的地方，也往往是教师在教学过程中不断强调的，由于其凸显性，留学生很容易掌握。

第二，做主语和宾语虽然在数据上看相差不多，但仔细考察，还是存在细微差别的。沈家煊根据标记理论列出了不同的词类在语义、语用之间的“关联标记模式”①，如下：

	名词	形容词	动词
语义类	事物	性质	动作
语用功能类	指称	修饰	述谓

句法成分和语用功能类有直接的联系，要确定一个语词的语用功能类，不能不看它在句中充当什么成分。因此，在词类和句法成分之间也可以建立一种关联标记模式：

无标记组配	无标记组配	无标记组配
主宾语	谓语	定语
名词	动词	形容词

① 沈家煊.不对称和标记论[M].南昌：江西教育出版社，1999：257-258.

可见，做主语是名词的典型功能，做谓语是动词的典型功能，做定语是形容词的典型功能。这些都是无标记的。

指代词具有名词性特征，因此，根据前面名词的语义和语用功能，做主语和宾语是典型功能，习得难度要相应低一些。值得注意的是，做主语和做宾语这两者之间还是有区别的，沈家煊认为主语和宾语不是在同一个层次上的，主语通常是话题，而宾语先跟动词一起构成谓语，谓语再对主语（话题）作出说明。[①] 此外，从信息角度看，主语多为已知信息，是定指；宾语多为新信息，一般使用不定指。语料统计数据也证明了这一点，主语的使用量比较多，且正确率也比较高，宾语的使用量明显少于主语。

第三，谓语及补语的使用量较少。赵成新对英汉指示指称词的对比研究发现，中文指示指称词语的主要句法功能为：主语、宾语、定语、状语和表语。[②] 有的固定用法如"（不）是这样""就（是）这样"，当留学生获得一定输入量的类似表达后，就可以慢慢掌握这种句法位置。最难的是补语。在实际的使用中，"这样"做补语的情况极少，我们在有声媒体语料库里只查到一例："你看闹得这样，你图啥。"

作为连接成分的"这样"及一些固定用法，随着年级的升高，使用越来越多。这种连接功能往往作为插入语单独使用，其习得难度并不大，关键在于让留学生明白各种固定用法所表达的意义及其在运用中的差异。

本书探讨了各种回指表达式之间的细微差异，提出了如何帮助留学生分辨其中的差异，了解不同表达式的使用条件，从而让留学生能够在篇章中更加精准地使用各类回指表达式。以"这样"与"这"为例，两者都可以单独使用，且都可以回指上文所说的内容，但是，"这"往往回指某个具体事件，而"这样"与某种动作行为或某个情形有关，可见，不同表达式的存在都有其独特的功能，需要在教学中帮助留学生辨析清楚。

第五节　针对总括性回指的教学策略

在具体篇章中的一些总括性回指偏误，往往属于"偏"而不是"误"的问题；是用哪一个表达式更好的问题，而不是"对"与"错"的问题。因此，各种回指表达式的选择往往并非绝对的、唯一的，有时多种不同的回指表达都可以接受。如下例：

---

① 沈家煊.不对称和标记论[M].南昌：江西教育出版社，1999：224.

② 赵成新.汉英指示指称词语对比及汉语习得研究[M].开封：河南大学出版社，2009：107.

(152)后来,我改变了学习方法,我每天都要看报纸,每天也看新闻,也常常看电视。这方法使我对报刊阅读课的兴趣有显著的提高。(这/这方法/这种方法)

这里用代词或代词与名词的组合都可以接受。需要说明的是,虽然回指方式并非强制性的,但也不能随意使用,我们需要向留学生讲解清楚每一种回指表达式的确切意义,同时还要向其介绍与回指选择有关的各种篇章因素。

第一,语言的经济性原则。原本使用指代词语可以节省笔墨,也能使语言表达紧凑简练,语句之间更好地衔接,篇章更加自然流畅,而留学生篇章中往往出现过度使用比较复杂的回指表达式的倾向,一些可用代词的地方用了代词与名词的组合,可用“这”的却用了比较复杂的“这”系列代词等,导致代词本身的篇章功能无法有效实现,甚至还影响了篇章的衔接与连贯。如下例:

(153)另外跟亲戚见面,孩子还可以得到红包。这些地方跟中国的春节一样吧?(这些)

(154)一直聊到三、四点。我们不停地聊天,聊着聊着不知不觉睡着了。我喜欢这个时间。(这样)

在教学过程中我们可以告诉留学生,在篇章中进行总括性回指时,能用“这”系列代词的就不用其与名词组合的方式,能用“这”的就不用“这个、这些、这样……”等其他“这”系列代词来回指,这样,既符合语言的经济原则,又使上下文更加连贯。

第二,语体差异。语料中我们发现一些留学生会把口语常说的话用在篇章中,让人读起来觉得很别扭。因此,语体因素也是需要教师提醒留学生的,在中高级阶段有意识地向留学生输入“语体”概念,如提醒留学生在篇章中进行总括性回指时可以使用“这”,而不是他们在口语中常用的“这个”。

第三,话题因素。总括性回指中往往使用“这”或“这”系列来开启一个新的话题,如果在话题链内,上下文在延续同一个话题,往往使用零形式,这样连接比较紧密,也能使上下文更加连贯。

第四,前景与背景的差异。在篇章中,一些指代词的可用可不用、可用而不用或不用不行等情况的背后往往是受前景背景因素的驱动。下面例句的偏误也印证了这一点:

(155)她马上来问我怎么回事。她知道这情况后,睁大眼睛,向售货员追

究了。(事情的真相/真相)

画线部分所在的小句提供的是一个背景信息,不需要用"这"来强调,直接使用"事情的真相"或"真相"就可以了,这与其信息地位的影响有关。

在教学中,我们除了要把每个词语之间的差异讲解清楚外,还要从篇章整体的角度出发,帮助留学生建立篇章概念,以及如何由字词组成句子,并由句子组成衔接连贯的段落和篇章。我们要告诉留学生,不仅要了解语言的一些基本原则,还要树立语体意识,并在此基础上组建话题链,同时还要考虑前景信息与背景信息的差异,以及各种修辞手段等篇章建构过程中非常关键的问题。这些对代词的隐现有直接影响的篇章因素,是目前我们在教学中常常忽略的,也正是今后在教学中需要特别关注的。

第六节　本章小结

本章对总括性回指中容易混淆的表达式进行了比较深入的分析,有了一些新的发现:

第一,对总括性回指中的"代+量+名"组合与"这样+的+NP"组合之间差异度进行了细分,提出了由"个体量词—多量量词—类别量词—这样"不断接近的连续统,有助于留学生更清晰地了解其中的异同。

第二,"这/那"与"这个/那个"之间的错用,有一个不容忽视的因素,那就是语体差异,这种错用往往是受口语的影响所致。

第三,发现了"这样/那样"在不同句法位置上的习得难度等级序列:

定语→状语→主语→宾语→谓语→补语

难度等级　低————————→高

特别针对其做宾语时的偏误,提出了"这样/那样"在宾语位置上的使用条件,这些发现不仅能够帮助留学生避免再出现类似的偏误,也对汉语的本体研究有一定的推进,是以往学者所没有关注的内容。

第四,对"这"系列的各种指代词进行了细分。如"这样"的连接功能对留学生来说习得难度并不算大,但因其句法位置复杂多变,往往令留学生不知所措。而作为连接功能的"这样"往往在句子中间,有时会有标点符号,如"……。这样,……"的结构,或者一些固定用法"这样的话、这样一来……",这种在篇章中既有形式标记,又有连接功能的表达形式很容易记忆。因此,我们认为,"这样"作为连接功能对留学生未必是最难的，最难的是在具体的篇章中，究竟选择哪一个总括性回指表达式最合适。在语料中我们发现，留学生习惯用复杂的形式进行总括性回指。根据现有语料中的偏误，我们有必要提醒学生用“这”或“这”系列代词替代比较复杂的指示词与名词组合表达式。因此，本章对各种回指表达式之间细微的差异进行了深入的探讨，是一个值得研究的方向。

第八章　结　语

本书以30多万字的中介语语料库为依据，对其中的各种指称偏误进行了详细的标注，并运用中国传媒大学国家语言监测与研究有声媒体中心开发的检索软件进行数据统计，通过定量和定性相结合的研究方法对各种指称偏误进行了分类并确立了指称偏误分析框架，对篇章中的各种指称偏误进行了系统全面的描写，还从指称的可及性、信息结构、话题链接、前景背景等方面对篇章建构过程中的指称偏误进行分析和解释，以期观察到指称偏误的全貌，发现其背后的真实动因，提出改进对外汉语教学的对策。

一、本书的主要结论

本书主体部分的五章分别从五个方面对各种指称偏误进行了描写和解释，主要包括：先行语、同形、异形和总括性回指以及人称代词回指的偏误，而且每一章都有一些新的发现。

第一，通过对先行语偏误的分析，我们发现一个值得关注的问题——话题引入过程中数量结构的缺失偏误。通过对其背后动因的考察，发现留学生习得汉语不同指称表达式是一个阶段性发展过程，就是由定指逐渐过渡到不定指，而且这个发展过程伴随着句式使用方式的由易到难的发展轨迹。我们从偏误中归纳出汉语学习者句式选择和指称使用的一个大概的发展轨迹：

动词	是		有		其他存现动词……	
宾语部分的指称	定指	不定指/类指的	定指	不定指	定指	不定指
学习时间	开始——————→					

因此，对学生引入篇章话题过程中出现的各种先行语偏误，应有一个整体的、动态的、发展的眼光。

第二，在留学生偏爱的同形回指偏误中我们发现，留学生篇章中普遍存在使用低可及性回指表达式的倾向;另外,量词的错误也不像以往学者认为的那样都是局部性的,有些具有篇章特征,隐蔽性强,需要结合上下文才能发现。

第三,在难度较大的异形回指偏误中发现:(1)汉语中指代词"这/那"及其系列在表达中除了存在时空距离的差异以外,也存在着情感距离差异;(2)"代+量+名"组合中量词的有无与主观表达之间存在一定的联系,不是随意隐现的;(3)有些错用偏误与语体有关,如"这/那"与"这儿/那儿"之间的错用是受口语的影响。

第四,在对人称代词偏误的研究中发现,存现句引入的话题人物在后续小句中人称代词的隐现与实际的篇章表达有关,提出了"定格效应",并对篇章中回指选择的制约机制提出了一个由宏观到微观、从大到小的等级序列:

小句<超句结构<话题链<段落<篇章<篇章修辞手段[包括各种情感因素等]

一般左边的项目要受制于右边的项目,当前后发生矛盾时,右边的项目往往可以超越左边的制约,在篇章中发挥作用。

第五,在总括性回指中发现:(1)"代+量+名"组合与"这样+的+NP"之间存在差异度,提出了一个由"个体量词—多量量词—类别量词—这样"不断接近的连续统;(2)提出了"这样/那样"在不同句法位置上的习得难度等级序列,特别提出了"这样/那样"在宾语位置上的使用条件,这些是留学生最容易出错的地方。

除了以上新发现以外,我们还发现了留学生指称使用偏误中的共同特征,主要有以下几个方面:

第一,留学生的指称偏误与语体因素有关。

在语料中我们发现各个等级的指称偏误都与语体的使用有关。一些学生会把口语常说的话用在篇章中,让人觉得很别扭。如"这/那"与"这儿/那儿"的错用是北京话中"儿"化与具有区别意义的功能"儿"混淆所致,"代+量+名"组合的名词缺失偏误明显也是受口语表达习惯的影响;此外,进行总括性回指时可以使用"这",而不是口语中常用的"这个"等。可见,在汉语学习中高级阶段要有意识地向学生输入"语体"概念,帮助学生建立语体意识。

第二,与先行语和回指偏误都有关的话题链意识的缺乏。

一般在话题链内,上下文延续同一个话题,往往使用零形式,这样连接比较紧密,也能使上下文更加连贯。这是因为回指表达式的选择不仅与表层的句法位置有关,而且与话题链直接相关。话题链不仅与定指或不定指先行语的选择有关,而且也与回指表达式的选择直接相关。在回指中存在名词、代词和零形式这三种不同的形式,留学生只有单句的概念,没有话题链意识,该用代词或零形式的却用了名词,作文中一个个看似正确的句子组合在一起,感觉总是别别扭扭的。

第三，回指中普遍存在使用可及性低的指称表达式的倾向。

在语料中我们发现，很多地方原本使用代词或零形式回指可以节省笔墨，也能更好地衔接语句，而留学生往往使用比较复杂的回指表达式，一些可用零形式的用了代词或名词，可用代词的用了复杂的名词组合方式，可用“这”的却用了比较复杂的“这”系列代词等，导致回指本身的篇章衔接和连贯功能无法有效实现。

总之，本书借鉴了前人的研究成果，通过对指称偏误的描写和解释，发现了前人没有关注或研究还不够深入的一些语言现象，这些发现既是在前人研究的基础上获得的，也是对前人研究的有益补充和拓展。

二、本书的不足和有待研究的问题

指称偏误的产生往往是多种因素共同作用的结果，除了篇章这个宏观的角度以外，也和学生的母语背景及学习策略等个体因素有一定的关系，我们在分析偏误时，这些因素虽然有所涉及，但是没有专门分国别进行研究，研究的颗粒度还有待于进一步精细化。

由于时间和篇幅所限，本书对留学生篇章中的有些指称没能进行研究，如时间指称前期已经进行了标注，但本书没有涉及，希望今后能继续进行下去。

图书在版编目(CIP)数据

语篇指称偏误研究/高玮著. --北京:中国传媒大学出版社,2020.11
ISBN 978-7-5657-2793-1

Ⅰ. ①语… Ⅱ. ①高… Ⅲ. ①汉语－指称语义－研究 Ⅳ.①H13

中国版本图书馆 CIP 数据核字(2020)第 192057 号

语篇指称偏误研究

YUPIAN ZHICHENG PIANWU YANJIU

著　　者 高　玮
策划编辑 李水仙
责任编辑 李水仙
封面设计 大鹏设计
责任印制 李志鹏

出版发行 中国传媒大学出版社
社　　址 北京市朝阳区定福庄东街 1 号　**邮　　编** 100024
电　　话 86-10-65450528　65450532　**传　　真** 65779405
网　　址 http://cucp. cuc. edu. cn
经　　销 全国新华书店

印　　刷 北京玺诚印务有限公司
开　　本 787mm×1092mm　1/16
印　　张 15. 75
字　　数 308 千字
版　　次 2020 年 11 月第 1 版
印　　次 2020 年 11 月第 1 次印刷

书　　号 ISBN 978-7-5657-2793-1/H・2793　**定　　价** 69. 00 元

本社法律顾问:北京李伟斌律师事务所　郭建平